供应链绩效管理

主　编　黄燕东　陆增翔

北京理工大学出版社

BEIJING INSTITUTE OF TECHNOLOGY PRESS

内 容 简 介

"供应链绩效管理"是供应链运营专业的核心课程,其目标是使学生具有评估、监控和管理供应链绩效的能力。本书按任务驱动的项目化教学思路编写,力求体现"理论够用,重在实训"和"简便明了,方便实用"的高职教育特色。本书按照供应链绩效管理的工作过程设置了两大模块共十一个项目,其中基本操作模块七个项目,能力发展模块四个项目。模块一基本操作篇包括认识供应链绩效管理、建立绩效管理的工作流程、评估供应链的价值增加、建立适当的绩效指标、管理采购职能部门的绩效、管理供应商绩效、管理采购人员绩效;模块二能力发展篇包括评估供应商财务数据、控制供应链成本、评估供应链资本货物、分析供应链商务数据等;每个项目则包括2~3个任务。

图书在版编目(CIP)数据

供应链绩效管理 / 黄燕东,陆增翔主编. -- 北京:
北京理工大学出版社,2023.7
ISBN 978-7-5763-2615-4

Ⅰ.①供⋯　Ⅱ.①黄⋯②陆⋯　Ⅲ.①企业管理-供
应链管理-研究　Ⅳ.①F274

中国国家版本馆 CIP 数据核字(2023)第 133768 号

责任编辑:封　雪　　文案编辑:封　雪
责任校对:刘亚男　　责任印制:施胜娟

出版发行 / 北京理工大学出版社有限责任公司
社　　址 / 北京市丰台区四合庄路6号
邮　　编 / 100070
电　　话 / (010) 68914026 (教材售后服务热线)
　　　　　　(010) 68944437 (课件资源服务热线)
网　　址 / http://www.bitpress.com.cn

版 印 次 / 2023 年 7 月第 1 版第 1 次印刷
印　　刷 / 三河市天利华印刷装订有限公司
开　　本 / 787 mm×1092 mm　1/16
印　　张 / 15.5
字　　数 / 355 千字
定　　价 / 85.00 元

图书出现印装质量问题, 请拨打售后服务热线, **负责调换**

前　言

党的二十大报告指出，要"着力提升产业链、供应链韧性和安全水平"。2023 年 1 月 31日，中共中央总书记习近平在中共中央政治局第二次集体学习时进一步强调，要"增强产业链供应链的竞争力和安全性"。高质量供应链物流发展受到各方的高度重视；同时，对供应链运营专业的高素质、高技能的人才培养也提出了更高要求。

"供应链运营"专业是近年来在"物流管理"专业基础上发展起来的新兴专业，与行业发展同呼吸共命运。2019 年 4 月，教育部等 4 部门联合印发了《关于在院校实施"学历证书+若干职业技能等级证书"制度试点方案》，鼓励高等职业院校在面向本校学生开展教学的同时，积极为社会成员提供职业培训服务。编写此书的目的是使学生尽快地熟悉供应链绩效管理的基础知识，掌握必要的知识和技能来胜任"供应链运营"专业的相关岗位，同时还可作为社会人员的培训教材，助力行业发展对所需人才的培养。

本书以培养"供应链运营"专业的岗位综合技能为宗旨，以培养学生的职业能力为目标，按照"供应链绩效管理"的工作任务和工作过程，整合、精选教学内容，突出职业教育的特色，培养岗位职业道德，从内容到形式都有创新。

本书根据高等职业院校人才培养目标，结合供应链运营的最新动态，突出"以就业为导向"的职业教育特点，遵循"完整、简明、实用、够用"的原则，把供应链绩效管理整合为两大模块共十一个项目，每一项目包括 2~3 个工作任务，由任务描述、任务分析、相关知识、知识要点及拓展、任务实施、任务考核/评价等部分组成。每个项目除了包含项目介绍、知识目标、技能目标、素质目标外，还配有案例引入、实例分析、岗位素养及素质提升、项目评价与反馈和同步训练题等，力求满足高职"工学结合"的教学需要。

本书在课程思政方面也进行了一定探索，在每一个项目中均设计了素质目标，具体实施则是在实例分析之后设计了岗位素养或素质提升栏目。岗位素养定义为从事供应链运营岗位必须具备的素质和修养，即上岗条件之一；素质提升定义为能够胜任更高级岗位需要具备的职业素质和思想品格，即升职条件之一。

本书是"供应链运营"专业的"1+X"证书制度的配套教材，它既可以作为供应链运营、物流管理等专业的相关课程的教学用书，也可以作为物流公司、供应链管理的企事业单位的业务培训用书。

由于编者水平有限，本书难免存在不足之处，还望各位读者批评指正。

目　　录

模块一　基本操作篇

模块二　能力发展篇

模块一

基本操作篇

认识供应链绩效管理

【项目介绍】

本项目是供应链绩效管理的认识篇。供应链的实质是货物的实际支付过程（delivery），这一过程对于公司价值创造的贡献程度需要应用绩效管理来进行监控和改进。通过学习盈利状况核算（任务一）与供应成本分析（任务二），学生能够建立一个单变量的供应链绩效管理系统（任务三）。更多绩效管理相关知识可以参阅各任务中的【相关知识】部分。

【知识目标】

（1）使用绩效指标来评价企业运作的成功性和竞争力；

（2）了解最顶层的两个绩效指标即效力和效率；

（3）掌握绩效评价的作用。

【技能目标】

（1）判断企业能否盈利；

（2）对企业产品成本进行初步分析；

（3）建立一个单变量的供应链绩效管理系统。

【素质目标】

（1）理解企业的社会责任；

（2）明白供应链管理部门是企业社会责任的执行者之一。

案例引入

快递服务满意度和时限准时率

国家邮政局发布的快递服务满意度调查显示，2021年我国快递服务总体满意度得分为76.8分。其中，公众满意度得分为83.7分，时限测试满意度得分为69.9分。总体满意度和公众满意度得分居前5位的快递服务品牌是：顺丰速运、京东快递、EMS、中通快递、韵达速递。

全国重点地区快递服务时限准时率测试结果显示，2021年全国重点地区快递服务全程时限为57.08小时，同比缩短1.15小时；72小时准时率为77.94%，同比提高0.83个百分点。从月度情况看，除8月、10月和11月的时限有一定延长外，其他月份同比均有改善。

在全程时限方面，顺丰的时限在 48 小时以内；时限为 48~60 小时（含 48 小时）的品牌包括京东快递、中通快递、EMS、韵达速递、圆通速递。在 72 小时准时率方面，顺丰的准时率在 90% 以上；准时率为 80%~90%（含 80%）的品牌为京东快递、中通快递。相比于 2020 年，2021 年快递服务时限水平呈上升态势，全国重点地区快递服务全程时限和 72 小时准时率均有提升，尤其是 48 小时准时率达到 66.64%，比 2020 年提高了 3.86 个百分点，提升效果明显。这主要得益三个方面的变化：一是快递春节"不打烊"的利好。2021 年，很多快递小哥响应国家"就地过年"号召，节后行业快速复工，由此带动一季度时效水平显著高于 2020 年；二是干线运输水平的提升，企业加大投入力度，通过优化运输线路、减少中转频次、扩大自有干线车辆规模、增加全货运飞机数量等多种措施，有效压缩了干线运输时长，缩短了运输时限；三是末端投递方式的影响。另外，末端共同配送方式的广泛应用不仅节约了企业的成本，更进一步提高了投递效率；同时，快递服务站、智能快件箱等在末端的应用比例不断提高，也在一定程度上压缩了投递时限。

按照国家邮政局发布的中华人民共和国邮政行业标准《快递服务》(GB/T 27917) 的规定，同城快递服务时限不超过 24 小时，国内异地快递服务时限不超过 72 小时。同城快递服务彻底延误时限为 3 天，国内异地快递服务彻底延误时限为 7 天。快递服务全程时限包括 3 个环节，分别是寄出地处理环节时限、运输环节时限、寄达地处理环节时限，快递延误需要从这 3 个环节寻找原因。

任务一　核算红双喜公司的盈利状况

【任务描述】

请根据红双喜公司的年收支状况核算其盈利状况。红双喜公司是一家从事 LED 节能灯生产和销售的公司。假设 2022 年 1—12 月，红双喜公司收到销售收入现金 12 000 元，支付职工工资 5 000 元，支付利息费用 4 000 元，当年发生租金 2 000 元，但至年末尚未支付；同时，再假设该公司当年没有其他收入和支出，请问：该公司 2022 年的利润是多少？假设 2023 年该公司销售收入增加到 15 000 元，其他情况未变，请问 2023 年的利润是多少？销售收入增长率是多少？利润增长率是多少？毛利润增长率是多少？

【任务分析】

完成本任务需要明确利润公式、利润率公式及相应的增长率公式的含义和一定的财务基础知识，但它们比较简单。根据以上分析及【任务描述】中的要求，完成该任务的操作思路如下：

步骤 1：查找核算公司利润的计算公式；查找核算毛利润的计算公式；查找核算利润增长率的公式；查找核算毛利润增长率的公式。

步骤 2：分析任务描述中各项收支是成本还是收入。

步骤3：设计一个有计算利润功能的表格，将任务描述中的各项收支填入相应栏目中。

步骤4：利用利润表核算该公司每年的利润。

步骤5：利用毛利润公式、利润增长率公式、毛利润增长率公式计算公司毛利润、利润增长率、毛利润增长率。

步骤6：对公司盈利状况得出基本结论，即该公司是否盈利，盈利是否增长，盈利和盈利增长的原因。

【相关知识】

1.1.1　企业的商业运作

各个行业的公司（组织）具有不同的形式和功能，但是它们有一个共同点，那就是需要根据企业目标，高效力、高效率地运行各种业务。企业决策由战略计划指引，而战略计划通过战术和操作流程来实现。企业管理层受长期战略计划贯彻运行的影响，执行中期战术管理并指导日常操作流程。

组织大多具有由各个职能部门组成的管理结构，包括以下几种或全部相互联系的职能部门：①财务部门；②人力资源部门；③研发/设计部门；④产品/服务运作部门；⑤市场部门；⑥采购部门；⑦行政管理部门。采购部门是本书的讨论对象，也可以将其称为公司的供应链部门。

1.1.2　企业是否成功——效力与效率

评估企业在市场中竞争所达到的目标成果，最顶层的两个指标是"效力"（effectiveness）和"效率"（efficiency）。效力是指在一定时间内，对利益相关者或者客户的需求的满足程度的测量，也就是说，企业运营的商业模式是否正确，是否有市场，以及是否有竞争优势。效率是在给定的利益相关者或者客户满意度水平条件下，对组织资源利用的经济性的测量，也就是说，是否能把事情做正确。这两个概念指明了企业及其部门绩效评价的两个基本方面。

1.1.3　企业利润与成本

对于企业运营而言，最为重要的是能否在市场竞争中存活下来，若用两个基本指标来测量，就是利润和成本，而供应链绩效管理对这两者都有影响。企业销售给客户的产品和服务都是有成本的，其主要成本有劳动力、原材料、管理费用和利润。无论是在私营部门还是在公共部门，都需要了解成本的具体构成，懂得如何计算成本以及如何制定价格（注意市场中成本和价格的区别）。一件产品或一种服务的成本与客户支付的价格不总是有直接的联系，这里有许多市场因素，如资金、时间和质量水平等，能够被客观地计算数量和价值。而其他一些因素则更加主观，如服务质量、艺术性或美学价值、业务关系等。因此，成本的测量既要考虑客观信息，也要考虑主观因素。

对于私营企业，常用的测量指标有：公司利润、资本收益率、资金价值、成本的降低、库存的减少、客户服务质量等。这些指标可以通过测量时长进行区分：长期战略指标测量 1~4 年，中期战术指标测量 1~2 年，短期交易/操作指标测量 6~12 个月。另外，每个指标也是组织中广泛存在的持续改进程序的一部分，它们对于组织计划和部门管理具有重要意义。

【任务一知识要点】

（1）企业运营成功的基本指标是利润和成本，其基本公式是利润=营业收入-成本，其中采购原料（或产品）是供应链（采购）部门的工作。对利润的贡献是供应链绩效的重要表现方面之一。

（2）评估企业市场竞争力的最顶层的两个指标是"效力"和"效率"。效力与效率相比，更重要的是做正确的事（改进效力），而不是把事做正确（提高效率）。

【任务实施】

在该任务中，获得净利润、毛利润、净利润增长率和毛利润增长率的计算公式是比较简单的，关键是判断各类收支分属于哪一个会计分录，针对此部分内容，同学之间可以相互讨论，也可以和指导教师一起讨论。对于任务一中各步骤的执行状况，各位同学可以按表 1-1 中的步骤，对照【任务考核/评价】部分给出的各步骤主要结果自行进行检查，并逐条完善。

表 1-1　任务一执行状况

任务一简述	是否执行 （是打√，否打×）	是否正确 （是打√，否打×）	错在何处 （记录在空白处）
步骤 1 查找公式			
步骤 2 区分会计分录			
步骤 3 设计利润表			
步骤 4 核算利润			
步骤 5 核算增长率			
步骤 6 结论和原因分析			

【任务考核/评价】

各位同学可以对照下列本任务各步骤的主要结果，利用表 1-1 进行自我评价和纠正。任务一各步骤的主要结果如下。

1. 盈利指标的各公式

（1）净利润=营业收入-营业成本-管理费用-财务费用；

（2）毛利润=营业收入-营业成本；

（3）销售收入增长率 $=\dfrac{\text{本年销售收入}-\text{上年销售收入}}{\text{上年销售收入}}\times100\%$；

（4）利润增长率 $=\dfrac{\text{本年净利润}-\text{上年净利润}}{\text{上年净利润}}\times100\%$；

（5）毛利润增长率 $=\dfrac{\text{本年毛利润}-\text{上年毛利润}}{\text{上年毛利润}}\times100\%$。

2. 红双喜公司2022—2023年的利润

红双喜公司2022—2023年的利润见表1-2。

表1-2　红双喜公司2022—2023年的利润　　　　　　　　　单位：元

项目		2022年	2023年
营业收入		12 000	15 000
减	营业成本	5 000	5 000
	管理费用	2 000	2 000
	财务费用	4 000	4 000
净利润		1 000	4 000

3. 盈利增长的结果

（1）销售收入增长率 $=\dfrac{15\,000-12\,000}{12\,000}\times100\%=25\%$；

（2）利润增长率 $=\dfrac{4\,000-1\,000}{1\,000}\times100\%=300\%$；

（3）毛利润增长率 $=\dfrac{10\,000-7\,000}{7\,000}\times100\%=42.86\%$。

4. 公司盈利及增长的原因

（1）公司是盈利的，可以在市场中生存；

（2）公司盈利是增长的，可以进一步获得发展空间；

（3）盈利及其增长原因是公司毛利润增长较快。

任务二　分析商品的供应成本

【任务描述】

采购人员的一项重要工作是对供应商报价的合理性及时准确地做出评价。假如你是红双喜公司的采购员，正在管理供应办公桌的合同，供应商的报价是每张桌子2 690元，具体成本组成部分见表1-3。请你对供应商报价的合理性进行分析，从而判断自己的议价空间。

表1-3 供应商对桌子的成本分析

中型办公桌	成本	
	金额/元	百分比/%
人工	1 190	44
材料	960	36
管理费用	540	20
合计	2 690	100

【任务分析】

完成本任务需要一定的生活经验和加工制造方面的专业知识，根据以上分析及【任务描述】中给出的条件，建议完成该任务的操作思路如下：

步骤1：查找办公桌的制造工艺，此处需要具备家具制造的专业知识，可以在网上搜索，不同商品因制造工艺不同，可以有很大差价；

步骤2：查找中型办公桌的技术参数，商品技术参数不同，价格相差也很大，桌子的技术参数包括规格（尺寸、功能组成）、装饰面材料、使用的金属五金件等，可以在网上搜索后自行选择；

步骤3：核算每张桌子需要的材料数量、消耗工时、消耗的管理费等，此处需要家具制造的专业知识，可以进行百度搜索，也可以查找国家统计局或所在省统计局网站提供的行业平均数据，也可以查找行业标杆企业的数据；

步骤4：查找各种材料单价、工时单价和管理费用单价，可以在网上搜索，也可以查找国家统计局或所在省统计局网站提供的行业平均数据，也可以查找行业标杆企业数据；

步骤5：用办公桌消耗的每种材料数量乘以单价、消耗工时乘以工时单价计算出每张办公桌消耗的材料费和人工费；

步骤6：设计一个成本组成统计表，将收集到的成本项目填入相应栏目中，合计中型办公桌的成本并计算各部分所占比例；

步骤7：和供应商提供的成本分析表进行比较，判断是否有议价空间。

【相关知识】

1.2.1 商品成本分析的重要性

采购商品和服务是一个复杂和需要使用多种专业知识和技能的过程，从选择供应源、讨价还价、签订合同到最终的送货，采购人员都必须慎重应对，这不仅关系到公司经营的成本，还会对公司正常的经营产生重大影响，如公司原料的即时供应、生产工艺流程的正常运行，以及向消费者即时供货等。

假如掌握了计划购买产品的成本信息，就可以知道成本在何处产生，也可以根据不同的目的而使用这些信息，例如可以对产品进行比较进而选择供应商，也可以对成本构成要素的价格进行实时监控以便即时控制产品的价格。

很显然，不同的货物和服务的成本有很大的差异。其中一些成本以人工成本为主，另一些成本原材料费用占很大比例，而还有一些成本包含不同的管理成本和利润水平。对于本书而言，特别强调通过更加详细的成本分析，让采购人员可以为管理绩效提供更有用的信息。

1.2.2　商品成本分析的方法

货物和服务的成本由多种要素组成，最常用的成本分析思路是，把各个组成部分以成本会计进行分类再进行价格累计，以得到生产成本或供应成本。更多的成本分析方法可以参考项目九（控制供应链成本）。

对供应商的产品成本进行准确测算时，首先需要有精确的数据来源，可以选择行业内的标杆企业的数据作为标准；其次需要把成本分成人工费用、原材料费用、管理费用和利润，并分别计算所支付的各部分成本所占的百分比；最后还可以向供应商索要其企业的成本分析表，对两者进行比较，并以此作为讨价还价的依据。

【任务二知识要点】

通过更详细的成本分析，采购人员可以为绩效管理提供更有用的信息。各项成本通常可以归类为人工费用、原材料费用、管理费用和利润，应分别计算所支付的各部分成本所占的百分比。成本是供应链绩效的重要组成部分之一。

【任务实施】

该任务的实施比较复杂，主要难度在于必须了解家具制造的工艺流程，掌握一定该行业的专业知识，这也进一步说明供应链运营专业是一个跨学科的专业。供应链是具体行业的供应链，如生鲜供应链、电子消费品供应链、化工供应链等，若要在某一行业从事供应链工作，掌握相关知识和技能，需要付出更多的努力。

对于任务二各步骤的执行状况，各位同学可以按表1-4中的步骤顺序，对照【任务考核/评价】部分给出的各步骤主要结果自行进行检查，并逐条完善。

表1-4　任务二执行状况

任务二简述	是否执行 （是打√，否打×）	是否相同 （是打√，否打×）	不同的原因 （记录在空白处）
步骤1 查找工艺			
步骤2 选择技术参数			
步骤3 核算单张消耗量			
步骤4 查找单价			
步骤5 计算各项成本			
步骤6 设计表格并合计			
步骤7 比较并得出判断结果			

【任务考核/评价】

各位同学可以对照下列本任务各步骤的主要结果，利用表 1-4 进行自我评价和纠正，也可以和指导教师一起讨论，还可以将此任务总结为实训报告，让指导教师进行批阅和点评。

任务二各步骤的主要结果如下。

1. 办公桌制造的工艺流程

办公桌通常的制作流程包括设计（管理费）、原料购买（材料费）、开料加工及拼接组装（人工费）、油漆、安装五金等。桌子的价格和用料有很大关系，例如原木家具和板材家具的价格相差很大。

2. 选用中型办公桌的技术参数

规格：1 600 mm×800 mm×740 mm。其中：

（1）基材采用国内优质品牌 E1 级环保实木颗粒板（厚度≥25 mm），经防潮、防虫、防腐处理，强度高、刚性好、不易变形，各种物理、化学性能指标均达到国家相关标准。

（2）饰面采用优等天然胡桃木皮，厚度≥0.6 mm，实木封边，封边深度≥2.5 mm；表面均需进行脱脂、除锈、酸洗、磷化处理，优质环保亚光塑粉高压静电喷涂。

（3）金属五金件：采用优质五金连接件，安装严密、平整、端正、牢固，结合处无崩茬和松动；国内优质品牌隐藏式托底导轨，滑动无杂音；国内优质品牌锁具。

3. 计算每张办公桌消耗的材料量、人工工时和管理费用

（1）每张办公桌消耗的板材用料总量为：桌面用料量+两边侧板用料量+背条用料量+顶板用料量+抽屉用料量。其中，台面板用料为 $1\,600×800=1.28$（m^2）；侧板两块的用料为 $2×[740×800]=1.184$（m^2）；背板（背条）用料为 $1\,563×250=0.391$（m^2）；为了台面承重，一般还会在台面下面加入顶板，其用料为 $1\,563×779=1.218$（m^2）；假设需用两个抽屉，用料为 $2×[0.2×0.4×2+0.4×0.7+0.2×0.7×2]=1.44$（$m^2$）。

合计用料为：$1.28+1.184+0.391+1.218+1.44=5.5$（$m^2$），即一张办公桌大约需要 $5.5\ m^2$ 的板材。

实木颗粒板材的规格是 $1.22×2.44=2.976\,8$（m^2），所以制造每张中型办公桌需要大约两张板材。

（2）查询可知制造每张办公桌需要 40 工时。

（3）管理费包含设计费（图纸）、水电费、保险费、租金、销售费用（宣传、广告等），需要分摊到每个产品上（具体分摊方法可以查阅项目十）。

4. 核算每张办公桌的材料费、人工费和管理费

（1）查询国内著名品牌兔宝宝的板材批发价格为每张 150 元，所以每张办公桌消耗板材价值是 300 元。

（2）每张桌子五金的价格及其他木胶等辅料的价格是 300 元。

（3）将上两项材料费加总，所以材料费共计每张 600 元。

（4）每张桌子需要 40 工时，家具厂一个木工的工资为 6 000 元/月，每月 4 周，每周共 40 工时，相当于人工成本（40/160）×6 000＝1 500（元·张）。

（5）管理费参考行业企业标准为每张 300 元。

5. 设计表格并合计

将上述成本分别列入设计的表格中，具体见表1-5。

表1-5　供应商的桌子成本组成核算

中型办公桌	成本	
	金额/元	百分比/%
人工	1 500	62.5
材料	600	25
管理费用	300	12.5
合计	2 400	100

6. 比较和判断

通过对供应商的桌子成本组成核算（表1-5）和供应商提供的成本分析（表1-3）的比较，可以知道核算后的每张办公桌的成本是2 400元，原因是技术进步后材料费用占比较少，人工费用占比提高，办公桌的价格还可以有290元的下降空间，考虑到需要给供应商一定的利润，这样供应商才能接受还价，可以适当再降低一些实际成交价格。

任务三　建立一个针对快递时间绩效的管理系统

【任务描述】

快递时间无疑是快递企业的重要指标或者战略指标之一，直接影响其运营状况和市场竞争力。若快递时间过长，无疑会增多客户的抱怨和投诉，增加运营成本，从而影响企业的市场竞争力。

假设你是一家快递公司的管理者，需要对快递时间进行管理，请设计一个针对快递时间绩效的管理过程（系统）。

【任务分析】

从前述引入案例中的规则可知，同城快递服务时限不超过24小时，国内异地快递服务时限不超过72小时。同城快递服务彻底延误时限为3天，国内异地快递服务彻底延误时限为7天。这实际上表明快递时间有两类标准，第一类是竞争性标准，必须比竞争对手更快；第二类是基本任务标准，即不能彻底延误，否则不能称为快递公司。

要建立针对快递时间绩效的管理系统，就要对已完成的快递进行以下判断：

（1）同城快递服务时间是否超过24小时？在1个月内超过的单数及其所点百分比是多少？

（2）国内异地快递服务时间是否超过72小时？在1个月内超过的单数及其所占百分比是多少？

（3）同城快递服务时间是否超过3天？在1个月内超过的单数及其所占百分比是多少？

（4）国内异地快递服务时间是否超过 7 天？在 1 个月内超过的单数及其所占百分比是多少？

（5）对超过时限的快递单进行回溯，分别查看寄出地处理环节时限、运输环节时限、寄达地处理环节时限，快递延误需要从这 3 个环节寻找原因，以求不断改进。

（6）对于管理层级较低，比如快递员需要对超过时限的每张快递单进行回溯，寻找到原因，并判断是个人原因还是公司的原因。对于管理层级较高的管理者而言，往往关注超期单的比例，比如若高于行业平均水平，则可能是公司的系统性问题，需要统一解决。

通过以上分析，作为公司主管，建议你完成该任务的操作思路如下：

步骤 1：设定快递时间的目标值；

步骤 2：建立快递时间的测量系统（测试时点、负责人等）；

步骤 3：将测量值和目标值进行比较（测试）；

步骤 4：若测量值超过目标值（也就是超过警戒值），还要上交一份超时分析报告，即寄出地处理环节、运输环节、寄达地处理环节分别超时多少以及超时占比是多少，以求找出超时原因。

步骤 5：寻找超时原因，并提出改进建议。

步骤 6：试运行。通常针对某个绩效指标的管理过程在建立后还需要试运行一段时间，以检验其是否便捷、有效。

【相关知识】

1.3.1　什么是绩效管理

企业绩效管理是对企业经营成果进行评价，进而进行持续改进的过程。企业绩效的顶层指标是效力和效率。绩效管理一直被视为企业计划与控制的有机组成部分。

供应链本质上是一个货物支付系统，供应链管理是通过前馈的信息流和反馈的物料流将供应商、制造商、分销商直到最终用户联系起来的一个整体的管理模式，它与传统的企业管理模式有较大差别，在绩效评价上也有所不同。

供应链虽然是企业内部部门级别的管理，但其管理的范围却包含了企业内部和外部，从而增强企业在供应链上的竞争优势以及整个供应链的竞争优势。供应链绩效管理的过程如图 1-1 所示，通过指标选择、指标测量，将测量值与目标值进行比较，来实现对公司采购和供应链业务的持续改进，其最终的目标指向提高采购（供应链）部门的效力和效率，进而提高公司绩效。

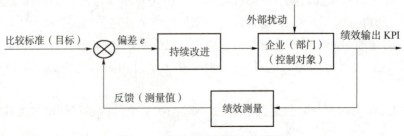

图 1-1　供应链绩效管理的过程

1.3.2 供应链绩效评价的主要内容

通常情况下，每项指标都有 3 个指标值，即理想值、目标值和当前值。供应链绩效管理的目的就是按照理想值设定目标值，既而根据目标值改进现有的绩效状况。

对于复杂的供应链情况，必须建立相应的综合性的绩效评价系统，将对顾客的服务质量作为评价供应链整体绩效的最重要手段。具体而言，它可以包含以下十方面内容：

（1）有形体的外在绩效，用于评价企业内的工具、设备、人事，甚至营销手册等实体的外在绩效；

（2）可靠性，反映供应链或者企业履行承诺的能力，如物流管理就是要度量其能否正确地满足客户的订货需求；

（3）响应速度，反映企业服务于客户的意愿和提供服务的迅捷性，时间是该指标的主要度量变量；

（4）能力，是指要达到既定的服务水平，员工必须掌握的技能和知识；

（5）服务态度，与客户接触时，企业或者服务人员表现出来的礼貌性、友好性、考虑问题的周全性，以及对客户的尊重；

（6）可信性，反映供应链或者企业按时交货的能力；

（7）安全性，反映企业降低和避免风险、危险和冲突的能力；

（8）可接近性，即客户或者供应链外的组织与供应链成员接触的便捷性，如客户能够以多快的速度找到客户服务代表；

（9）沟通能力，企业与客户或者其他成员的交流能力，如标准的语言、符号等；

（10）理解客户能力，反映企业对客户的理解能力，如企业是否真正了解了客户的需求。

1.3.3 供应链绩效评价的范围

通过考察企业或任何一个组织的运作可以发现，采购在任何管理团队中都是一个非常重要的职能，根据业务本质的不同，采购的支出金额可以占到整个公司营业额的 50%～60%。但是采购和供应还只是整个供应链的上游和前端，对于供应链竞争而言，比较的是整个供应链的绩效。采购属于全部供应链中的一个环节，也可以表达为供应链的采购和供应功能，采购绩效管理是企业的部门绩效管理，是供应链绩效管理的一个重要部分。

供应链管理（supply chain management）覆盖了整个物流和服务的管理过程。供应链管理能够对公司的绩效和利润造成直接影响。供应链管理的范围与过程涉及与外部环境、内部管理和业务流程的接口。它形成了三类供应链或物流问题：①进货供应问题；②货物在仓库里的管理问题；③货物的交付问题。供应链管理的范围和过程如图 1-2 所示。

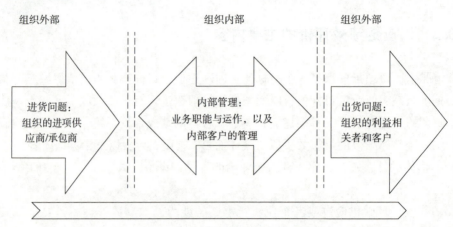

图1-2　供应链管理的范围和过程

【任务三知识要点】

供应链绩效管理是指通过指标选择和指标测量，进行指标值与目标值的比较，来实现对公司的采购和供应链业务进行持续改进的过程，其最终目标是提高采购（供应链）部门的效力和效率，进而提高公司绩效和市场竞争力。

【任务实施】

此任务比较简单，重要的是要能够掌握绩效管理的主要过程。对于任务三各步骤的执行状况，各位同学可以按表1-6中的步骤顺序，对照【任务考核/评价】部分给出的各步骤主要结果自行进行检查，再逐条完善。

表1-6　任务三执行状况

任务三简述	是否执行 （是打√，否打×）	是否相同 （是打√，否打×）	不同的原因 （记录在空白处）
步骤1 设定目标值			
步骤2 建立测量系统			
步骤3 比较测量值与目标值			
步骤4 是否提交超时报告			
步骤5 分析超时原因			
步骤6 试运行			

【任务考核/评价】

各位同学可以对照下列任务三各步骤的主要结果，利用表1-6一起自我评价和纠正，也可以和指导教师进行讨论。更多的供应链绩效指标可以从【知识拓展】中进行选择，同学们可以试着选择其中一个作为供应链绩效指标，并为其设计相应的管理系统。任务三各步骤的主要结果如下。

1. 设定快递时间的目标值

根据【案例引入】部分的数据设定快递时限目标值，具体见表1-7。

表1-7　快递时间的目标值

快递类型	竞争性指标目标值	基本任务指标目标值
同城	24 小时超过比例 10%	3 天超过比例 1%
异地	72 小时超过比例 10%	7 天超过比例 1%

2. 建立快递时间测量系统

测量的周期不能太长也不能太短，太长会耽搁问题的解决，太短则问题还没有显现出来，此处我们选择月报（也可以周报）。快递时间是指从快递员扫描录单开始至送到消费者手中的这段时间，现在各快递公司都开发了物流记录系统，后台数据运营部门对于每单快递消耗的时间都有记录。

此处设定每月第二周的周五下午 3 点之前，请数据运营部的某员工负责将本月的快递超时比例结果送到某秘书处。

3. 测试结果

假设每月提交的测试结果见表1-8。

表1-8　快递时限的测量值

月份	同城 24 小时超时比例	异地 72 小时超时比例
一月	9%	8%
二月	9%	12%
三月	10%	10%
四月	9%	9%
五月	7%	7%
六月	8%	11%

4. 提交超时分析报告

对于测量值超过目标值（即超过警戒值）的，还要上交一份超时分析报告，即寄出地处理环节、运输环节、寄达地处理环节分别超时多少，以及超时占比是多少，以求找出超时原因。根据表1-8 中的数据结果可以判断出，二月需提交异地 72 小时超时分析报告；三月需提交同城 24 小时超时分析报告和异地 72 小时超时分析报告；六月需提交异地 72 小时超时分析报告。

5. 分析快递超时原因

造成快递超时的原因有很多，对于管理者而言，更为关心系统性的、客观性的普遍性问题，对这些问题进行改正，可以大幅降低快递时间超限率。例如，快递超时情况可能集中地发生在某一区域，这可能和该区域的网点或基础设施不足有关，于是就需要完善该区域的快递网点。

6. 进行试运行验证

通常针对某个绩效指标的管理过程在建立后还需要试运行一段时间（比如半年），以检验是否便捷、有效。由此可以得出的一个结论是：通过试运行，该绩效管理系统可以继续使用。

实例分析 <<<<<<<<<<<<<<<<<<<<<<<<<<<<<<<<<<<<<<<<<

京东商城的供应链竞争力

京东是中国的一家综合网络零售商，属于中国电子商务领域广受消费者欢迎和具有影响力的电子商务网站之一，在线销售家电、数码通信、电脑、家居百货、服装服饰、母婴、图书、食品、在线旅游等 12 大类共数万个品牌、百万种优质商品。京东在 2021 年中国自营 B2C 市场中占据 49% 的份额，其凭借强大的供应链继续扩大自身在中国电子商务市场的竞争优势。目前，京东已经建立华北、华东、华南、西南、华中、东北六大物流中心，还在全国超过 360 座城市建立核心城市配送站。京东商城的营业收入在 2022 年已达到 10 462.39 亿元。

如果品牌商自己做 B2C 的电子商务平台，自建物流、配送和货到付款的支付体系，那么其后台体系的成本是销售额的 12%～18%，而京东商城却能把成本压到 6% 左右，这对于品牌供应商来说具有极大的吸引力。后台成本的降低幅度超过 5 个百分点这个事实便成为打动供应商的重要原因。而且在京东商城，库存周转的周期是 12 天，而国美、苏宁这一类实体店竞争对手的库存周转周期通常至少为 40 天。对于更新速度极为快速的电子产品行业（京东最主要的业务范围）来说，供应链的速度快一天，就能在产品过时掉价之前多卖一天，也就能多获得一天的利润，因此，这也凸显了京东强大的竞争力。所以，京东的物流、商流、资金流和信息流运转效率比传统渠道的要高出很多。

对于 B2C 平台来说，供应链得以提速，依赖于后台的仓储物流体系的高效运转。这些年来，京东一直把发展物流作为第一任务，不断加大对仓、运、配等物流后台的扩建。截至 2022 年，京东在全国运营的仓库已超过 1 500 个，其中 700 余个是 2020—2022 年建的。自建的物流体系不仅为用户提供了更好的服务，更重要的是缩短了供应链流程，大大缩减了运营成本。自建物流节省开支，由企业内部人员做物流比较放心，可以给客户更贴心的感觉，提高互联网企业的用户体验满意度。可以使企业掌握对物流的控制力，以保持旺盛的竞争力。同时，自营物流还可以使物流、资金流、商品流、信息流的结合更加紧密，从而提高物流作业效率，减少资金占用。

但是自建物流也面临着不少问题。自建物流增加了企业的投资负担，削弱了企业抵御市场风险的能力。初期投入较高，且在初期建设未完善之前会存在系统管理跟不上、专业化程度不够高、运行效率较低、存储货物过多、难以管理等问题。同时，京东也面临其他问题，例如，售后服务问题突出，由于京东的供应商和经销商与京东缺乏直接的售后服务沟通，京东客服在接到投诉后，会通过供应商后台系统的工单留言，交给供应商进行处理，但由于经过这样一道程序，就比较容易出现处理不及时的情况。

企业的社会责任

　　京东在刘强东的带领下，股票价格持续升值，收入和利润均大大增加，在 2021 年成为我国第一大民企。刘强东创业成功后，时刻谨记国家的扶持，每年都会为慈善事业捐款，2022 年更是以捐款 149 亿元成为中国新首善。

　　做企业不应只为赚钱，还应该为消费者、为社会以及企业员工创造价值，包括坚持职业操守、绿色环保、参与公益事业等，这些事项统称为社会责任。这句话包含两层含义：第一，企业要赚钱，有财富才有钱投入公益事业；第二，赚钱的企业要承担社会责任，这样的责任同样适用于企业的供应链部门。供应链部门是企业社会责任的具体执行部门之一。

【项目评价与反馈】

　　请每位同学独立完成本项目的学习内容和工作任务，以百分制分数（满分 100）的形式对个人进行单独评价。

序号	考核项目要求	权重	评分标准	自评得分	教师评价
1	遵守纪律，能按时独立完成工作任务	10%	在该项目学习结束时没有完成工作任务的，每延时 2 学时扣 2 分，直至扣完为止，延迟超过 1 周的，本项目成绩得 0 分		
2	案例导入阅读	10%	阅读 5 遍得 10 分，每少一遍扣 2 分，未阅读得 0 分		
3	任务一	15%	正确 15 分；基本正确 10 分；有缺陷 5 分；不正确 0 分		
4	任务二	20%	正确 20 分；基本正确 15 分；有缺陷 10 分；不正确 0 分		
5	任务三	15%	正确 15 分；基本正确 10 分；有缺陷 5 分；不正确 0 分		
6	实例分析阅读	10%	阅读 5 遍得 10 分，每少 1 遍扣 2 分，未阅读得 0 分		
7	素质提升阅读	10%	阅读 5 遍得 10 分，每少 1 遍扣 2 分，未阅读得 0 分		

续表

序号	考核项目要求	权重	评分标准	自评得分	教师评价
8	总结拓展	10%	用词准确（2分），逻辑清晰（2分），语言简练（2分），语意完整（2分），要点明确（2分）		

请根据以上打分情况，对本项目的学习效果进行总体评述（从素质的自我提升方面，应知、应会的职业能力提升方面进行书评，分析自己的不足之处，并描述对不足之处的改进措施，其结果计入总结拓展得分项）

综合得分		学生自评得分×50%+教师评价得分×50%

【同步训练题】

1.1 评价企业经营是否成功的顶层指标是什么？

1.2 一个企业通常包括哪些职能部门？

1.3 对于企业而言，最为重要的两个绩效指标是什么？

1.4 企业供应链绩效管理的过程是什么？

1.5 供应链绩效评价的主要指标有哪些？

1.6 供应链绩效管理处于哪个层级的绩效管理？

1.7 供应链绩效管理的评价范围是什么？

建立绩效管理的工作流程

 【项目介绍】

完备、有效的工作流程是企业竞争力的重要方面，本项目即是在公司内部建立供应链绩效管理的工作流程，其包括两个层次：一是从公司整体层面设计供应链绩效管理流程（任务一）；二是从业务操作层面建立绩效测量的工作步骤（任务二）。更多关于建立绩效管理工作流程方面的思路，可以参阅各任务的【相关知识】部分。

【知识目标】

（1）掌握绩效管理的工作流程；

（2）了解绩效管理的优缺点；

（3）分解供应链岗位的工作任务并选择恰当的绩效评价指标。

【技能目标】

（1）建立供应链绩效管理的工作流程；

（2）设计绩效测量的工作步骤并完成绩效测量工作。

【素质目标】

（1）知识国家的经济与社会发展状况也可以用各种指标来展现；

（2）能够选择恰当的经济与社会发展评价指标并绘制这些指标的发展趋势。

 例引入

长城汽车的竞争力来自其工作流程

长城汽车股份有限公司是全球知名的 SUV、皮卡制造商，于 2003 年、2011 年分别在港股和 A 股上市，截至 2022 年年底，总资产达 1 780.98 亿元。旗下拥有哈弗、WEY、欧拉、坦克和长城皮卡五个整车品牌，产品涵盖 SUV、轿车、皮卡三大品类，具备发动机、变速器等核心零部件的自主配套能力，拥有下属控股子公司 80 余家，员工近 7 万人。

长城汽车的快速发展得益于其从管理层到实际操作层的普遍的标准化工作流程，例如长城汽车规定了其市场部销售管理的具体流程：

1. 销售业务授权

市场部人员对外签订合同，必须得到公司总经理的签字授权，未经签字授权的合同无效。该授权为一对一授权，即按每一笔合同进行授权。

2. 销售提成办法

（1）原则上按市场部人员的销售额比例进行提成。

（2）销售部人员对外销售应进行价格管理。

（3）销售部人员在销售中，不得在未经授权的情况下，擅自越权下浮销售价格或恶意上浮销售价格，一旦发生，如经核实，公司有权给予经办人员严处直至开除。

（4）销售部人员在销售中，超出公司规定销售价格的销售部分，公司按超出部分额度的30%（含税）给予奖励。

（5）销售部人员按年度签订销售定额，市场部人员完成订额或超额完成订额，年终核算后由公司总经理给予红包奖励。市场部人员未完成销售订额，公司将视情况，给予扣罚一定比例的提成直至解聘。

（6）销售部人员领取销售提成的办法。按销售合同总额，回款率达到销售总金额的80%时，市场部人员可领取应提成金额的30%，而当回款率达到销售总金额的100%时，市场部人员可领取应提成金额的60%，先发放50%，余额10%待年终核算后领取。

此案例表明，流程对于企业尤其是那些大型企业和连锁经营企业显得尤为重要，正如文中所提到的，好的流程制度的设定可以通过不断地复制以节约时间成本和劳动成本，甚至可以产生颠覆性的运作成果，将企业复杂的工作流程加以规范和简化，也可以清楚明白地进行考核和激励。

在实际经营中，流程的建立要确保能够将企业80%以上的工作变成例行工作，更要注意流程规划后的管理和与时俱进，不要让流程只流于形而疏于质。在流程的设计和实施过程中，要不断对流程进行改进，以期获得最佳效果。对现有工作流程的梳理、完善和改进的过程，称为流程的优化。

对流程的优化，不论是对流程整体的优化还是对其中部分的改进，如减少环节、改变时序，都以提高工作质量、提高工作效率、降低成本、降低劳动强度、节约能耗、保证安全生产、减少污染等为目的。

任务一　确定绩效管理的工作流程

【任务描述】

请根据【相关知识】中的供应链绩效管理原理及其相关内容，设计绩效管理的一般工作流程，即完成表2-1中的绩效管理的工作流程。

表 2-1　绩效管理的工作流程

序号	工作流程	主要工作内容	要求
1			
2			
3			
4			
5			
6			

【任务分析】

供应链绩效管理原理（图 2-1）显示了完成绩效管理时需要完成的 11 个环节和它们的先后顺序，但在企业实际操作过程中，它们不会均等地消耗资源，因此出于对有效管理的考虑，在设计工作流程时需要综合考虑这些环节的重要性、工作量、先后顺序、完成时点等因素，对工作量进行恰当的组合和分配，力求以比较高的效率完成绩效评估工作。根据以上分析及【任务描述】的要求，完成该任务的操作思路如下：

步骤 1：认真阅读供应链绩效管理原理（图 2-1）及其相应注释；

步骤 2：管理者通常将流程分为 6 个工作量基本相当的工作步骤，分别按顺序列入表 2-1 的第二列；

步骤 3：对每一步骤的主要工作内容进行简述并填入表 2-1 的第三列；

步骤 4：对完成每一步骤的主要成果进行简述并填入表 2-1 的第四列。

【相关知识】

2.1.1　供应链绩效管理的工作流程

供应链部门或者采购部门实施针对供应链业务或采购过程的绩效管理，此时绩效管理是一个部门层次的管理工作，这个部门工作是实现企业战略目标的一个部分，并通过日常具体的操作流程得以实现。通常，顶层指标如前文所述是效率和效力指标，但怎样做才是有效力和有效率的，以及应该达到什么样的层次，需要操作流程来具体指导，即具体的实施需要一系列的工作流程将不同的底层指标进行采集和综合，从而最终判断供应链部门是否做了正确的事情（效力）和实现怎样的收益水平（效率）。

被选择或设计的从顶层到底层的评价各流程的绩效指标也称为关键绩效指标（key performance indicators，KPI），绩效管理围绕 KPI 展开，其工作流程如图 2-1 所示。

图 2-1 描述了一个基于 KPI 监控的采购部门的绩效管理工作原理。对于这个过程，绩效测量是一个基础性工具。它对整个供应链的工作是否高效、是否支持组织的总体战略目标进行监控和评价，并指出需要改进之处。部门的管理目标服从组织的战略目标，供应链成本的降低和效率的提高是一个部门整体的目标，而这一目标的实现有赖于各种具体产品的供应

链成本，为此，还需要对涉及的每一种资源和具体流程进行分析，以制订相应的行动计划并进行具体实施；同时，还要对实施效果进行绩效监控。

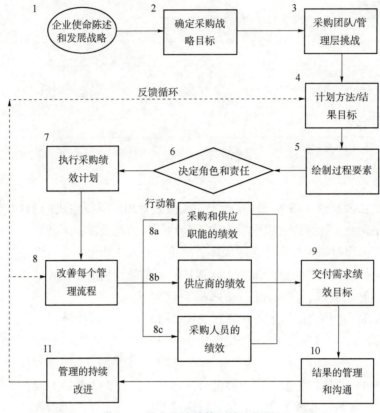

图 2-1　供应链绩效管理的工作原理

图 2-1 标示出了企业供应链绩效管理的关键步骤，具体包括：

（1）企业管理团队或董事会确定组织的使命陈述；

（2）确定采购职能的战略目标；

（3）采购管理团队接受挑战；

（4）采购经理制订方法和目标；

（5）采购经理或管理团队制订计划，确定整个过程该怎样做？

（6）决策点：谁做什么？即在供应链业务中，指出需要谁完成什么具体工作任务，评价其绩效的指标是什么？

（7）开始执行计划；

（8）启动行动箱：细分为采购职能绩效、供应商绩效和采购人员绩效；

（9）归集并递交所需要的 KPI；

（10）对这些 KPI 进行沟通、检验和验证；

（11）对这些 KPI 的持续改进进行管理。

注意，图 2-1 中的虚线部分表示反馈和循环回路，即如有必要，重复整个过程。

2.1.2　绩效管理的优缺点

1. 绩效管理的优点

如果绩效管理使用得当，则绩效管理的优势可以得到充分发挥：①采购与供应过程对组织的总体战略目标作出贡献；②采购人员将精力集中于能够为企业带来最大收益的地方；③当没有达到预定的目标要求时，进行引导、干预、修正和支持；④采购人员知道组织对他们的期望是什么；⑤更好地取得内部客户的理解与支持，赢得供应链管理职业上的尊敬；⑥激励优秀的采购人员更好地发展采购职业；⑦找到工作中的问题所在，并以此作为改进的依据；⑧帮助组织修正和改进其采购系统和采购流程；⑨可以为公司总结出高水平的采购思想和实践方法。

2. 绩效管理的缺点

如果绩效监控使用不当，会被采购人员视为他们进行专业工作的障碍。下面给出了一些绩效评价应用不当的情形：①绩效没有达到标准是因为既定目标太高或市场环境已经变化等；②忽略对采购工作过程的控制和督导；③绩效评价的结果不是帮助员工解决工作中的实际问题；④表面公平的绩效评价制度；⑤主管根据自己的喜好进行员工绩效评价；⑥过于强调绩效考核的奖惩作用。

因此，绩效评价应当被视为持续改进的辅助工具，而不是全部。

【任务一知识要点】

绩效管理的标准工作流程非常复杂，实际操作时需要将其划分为工作量近似相同的前后相连的几个部分，分别是：①明确组织的战略目标；②将组织战略目标分解至采购部门；③对支出和资源进行分析；④制订行动计划；⑤计划实施；⑥对实施效果进行绩效监控。

【任务实施】

完成此项任务并没有什么难度，只是比较烦琐，同学们可以互相讨论，也可以和指导教师一起讨论。针对任务一各步骤执行状况，各位同学可以按表 2-2 中的步骤顺序，对照【任务考核/评价】部分给出的各步骤主要结果自行进行检查，并逐条完善。

表 2-2　任务一执行状况

任务一简述	是否执行 （是打√，否打×）	是否不同 （是打√，否打×）	不同在何处 （记录在空白处）
步骤1 反复研读			
步骤2 列出基本步骤			
步骤3 填入工作内容			
步骤4 填入要求			

【任务考核/评价】

各位同学可以对照下列本任务各步骤的主要结果，利用表2-2进行自我评价和纠正。任务一各步骤的主要结果如下：

企业的供应链业务流程非常繁杂，其绩效管理涉及多方面内容，最好不要占据管理者太多的工作时间。此时，选择绩效指标并据此设计绩效管理的工作流程就显得非常重要，管理者通常将其分为几个具体的工作步骤：

步骤1：明确组织的战略目标；

步骤2：将组织战略目标分解至供应链部门（采购部门）；

步骤3：对支出和资源进行分析，将行动和支出分解到具体的岗位，并使岗位职责和能力、报酬相匹配；

步骤4：制订每个岗位的行动计划以及评价指标；

步骤5：实施计划；

步骤6：根据实施效果对绩效指标进行调整。

1. 明确组织的战略目标

实现组织的战略目标是管理供应链过程的出发点。尽管类似的组织可能存在很多相似之处，但通常来讲，每个组织的战略目标是不同的。企业经常用到的战略目标表达有：①提高 $x\%$ 的市场份额；②减少 $x\%$ 的营运成本；③和 X、Y、Z 公司建立联盟等。

2. 将组织战略目标分解至采购部门

为了实现组织战略目标，必须将这些目标分解为各级部门的一系列具体目标以及这些具体目标下的可以管理的任务。例如，某组织的战略目标中有一项要求是将营运成本减少 $x\%$，那么分解到采购部门时，其具体目标可能包括下面列出的一个或几个：

目标1：采购价格是多少，对于那些已经被认定对组织总体运营成本有较大影响的一系列主要原材料或零配件，设定其具体的价格；

目标2：投资于库存的现金是多少，减少投资于库存的现金到多少；

目标3：简化采购流程。减少并简化采购产品、工作或服务的管理过程，例如考虑引进采购卡来代替价值较小的订单。

3. 对支出和资源进行分析

战略目标分解到供应链管理部门以后，还需要将其再分解成为多个战术层子目标和操作层子目标，从而形成多个可管理的任务，这样可以使参与供应链管理过程的每个人（包括采购部门的管理层和员工）都在实现企业的总体战略目标中发挥作用。战术层子目标可以按产品进行分配，也可以按人员进行分配，也可以按分组进行分配。

4. 制订行动计划

一旦完成分析，找出了改进的机会，就一定要针对实现这些改进的途径制订计划。制订计划时的重点是保证计划是具体的，并在合适的时间范围内实施。制订计划的一般步骤是：

第一，可以预期节约的成本有哪些；

第二，确定哪些产品、材料或服务和相关的供应商可以产生这些节约；

第三，明确如何实现具体的节约目标；

第四，确定什么时候可以实现具体节约目标；

第五，确定负责实现节约目标并且承诺实现这个目标的人员。

5. 计划实施

制订完实施计划后，就要采取所需要的行动了。行动成功与否取决于采购者的能力，还取决于对控制采购绩效的采购管理的理解、意愿和能力。

6. 对实施效果进行绩效监控

绩效测量是这样一种方法，即一旦组织设立了供应链管理的总体目标，就必须确保每一部分都能够以某种方式进行测量和监控。

任务二　确定绩效测量的工作步骤

【任务描述】

绩效测量是绩效管理工作的一个重要组成部分，主要集中在图 2-1 中所示的 8a、8b、8c 部分。请根据任务一【相关知识】中图 2-1 和任务二中【相关知识】的内容来确定绩效测量的一般工作流程，即完成表 2-3 工作流程的填写。

表 2-3　绩效测量的工作流程

序号	工作流程	主要工作内容	要求
1			
2			
3			
4			
5			
6			

【任务分析】

确定工作流程需要根据每个环节的工作量和资源进行恰当组合和分配。根据以上分析及【任务描述】中的要求，建议完成本任务的操作思路如下：

步骤 1：认真阅读图 2-1 及其注释；

步骤 2：管理者通常将流程分为 6 个工作量基本相当的工作步骤分别按顺序列入表 2-3 的第二列；

步骤 3：对每一步骤的主要工作内容进行简述，并填入表 2-3 的第三列；

步骤 4：对完成每一步骤的主要成果进行简述并列入表 2-3 的第四列；

【相关知识】

2.2.1 选择恰当的测量指标

绩效管理的测量指标应该根据采购部门或供应链部门对企业成功的贡献，也就是在商业计划中成功达到的目标来进行设计。在图 2-1 中的第 8 个环节部分，应当根据每个方框分支来确定测量绩效的不同 KPI。

（1）8a 环节的 KPI 与采购职能的管理和组织有关系：例如，从接到客户需求到下达订单的处理过程的时间是关键指标；某个 KPI 值与上一个季度的值相比较变化了多少等。

（2）8b 环节的 KPI 与采购经理所选择的供应商绩效有关，例如，公布的供应商目录的绩效等级；上个季度前 5 名供应商的交货准确度绩效等。

（3）8c 环节的 KPI 与组织中采购部门的个人绩效有关。例如，将节约目标与实际的节约情况进行对比；上个季度的某个采购组的目标实现了多少等。

上述例子都能够被扩展，例如，一个在 8b 环节的 KPI 可能针对一个特定的供应商就变得更加生动、具体。例如，一个关键供应商发送一件特定产品的交付绩效可以做如下述表达：①目标：按约定日期交货的准时送达率为 95%；②测量：按月给出完成目标结果的百分比和偏差；③反馈和行动：对于结果和误差进行矫正。

2.2.2 持续改进绩效

1. 分析产品和服务

供应链实际是对企业所需产品的"门到门"送货服务，管理者需要不断审视、发现和回答产品及流程中出现的一系列问题，才有可能识别出改进的机会：

（1）是否必需，即需求部门所要采购的物料和服务是否必需？非必需的则应剔除采购清单。

（2）是否有低价或更低价的可替代品？尤其是那些昂贵和不容易获得的物料是否有价格更低或容易采购的可替代品？如以国产零部件代替进口零部件。

（3）管理费是多少、工作时间有多长？不同类别物料和服务采购所花费的管理费用是多少？是否采购那些低价值的物品也占用了很多的人工时间？

（4）哪些物料有机会降低采购价格？是否可以获得更为优惠的折扣？是否能够通过简化采购流程降低采购管理成本？

（5）是否可以通过提高采购物料质量减少不必要的退货活动？是否因供货不及时造成生产上停工待料，造成缺货成本过高？

2. 和供应商持续合作

和供应商保持良好的合作关系符合双方的共同利益。对供应商进行分析可以产生的改进机会包括：

（1）是否可以减少供应商数量？

（2）是否可以找到价格更低的可替代供应源？

（3）是否可以增强供货的及时性？

（4）是否可以从制造商那里直接采购？

（5）是否可以考虑开发综合性供应商？

【任务二知识要点】

开发并实施供应链绩效测量包括如下一系列前后相连的活动：①确定需要评估的绩效类型；②设定具体绩效测量指标；③建立绩效测量标准；④选定绩效评估人员；⑤确定绩效测量时间和测量频率；⑥实施测量并反馈结果。

【任务实施】

此项任务并没有什么难度，只是比较烦琐，同学们可以相互讨论，也可以和指导教师一起讨论。针对任务二各步骤执行状况，各位同学可以按表2-4中的步骤顺序，对照【任务考核/评价】部分给出的各步骤主要结果自行进行检查，并逐条完善。

表2-4 任务二执行状况

任务二简述	是否执行 （是打√，否打×）	是否不同 （是打√，否打×）	不同在何处 （记录在空白处）
步骤1反复研读			
步骤2列出基本步骤			
步骤3填入工作内容			
步骤4填入要求			

【任务考核/评价】

各位同学可以对照下列本任务各步骤的主要结果，利用表2-4进行自我评价和纠正。任务二各步骤的主要结果如下：

供应链绩效评估系统的开发需要企业高层管理者的支持和承诺，他们需要提供系统所必需的资金支持。管理层也要求所有的采购与供应点尽量采用相同的系统结构，这能减少重复工作并节约开发与实施成本。开发并实施供应链绩效测量包括如下一系列活动：①确定需要评估的绩效类型；②设定具体绩效测量指标；③建立绩效测量标准；④选定绩效评估人员；⑤确定绩效测量时间和测量频率；⑥实施测量并反馈结果。

1. 确定需要评估的绩效类型

供应链绩效通常从三个方面进行测量：采购与供应职能部门绩效测量、采购人员绩效测量和供应商绩效测量。这三个方面的绩效均包括多个绩效类型，如采购职能部门的绩效类型包括财务节约程度、客户服务水平和采购系统的能力，而每个绩效类型可以设定不同的指标进行测量。

在供应链绩效测量中，首先就要确定公司所需评估的绩效类型。一个企业要根据自身的实际情况选择不同的绩效类型进行组合，并形成一个指标体系，所选择的绩效类型必须与公司及采购部门的目标和任务相结合。选择绩效类型是开发采购绩效评估系统的关键一步。

2. 设定具体绩效测量指标

一旦确定了绩效测量类型，接下来的工作就是确定具体的绩效测量指标，成功的采购绩效测量指标必须清晰、可衡量。所谓清晰，就是指员工必须正确理解该指标的含义，并认同该指标，这样才能引导绩效按期望的结果发展。所谓可衡量，就是指建立的估计指标必须是能够准确测量、估计和计算的。本书的项目五介绍了典型的采购职能绩效指标，项目六阐述了供应商绩效测量指标，项目七介绍的是采购人员绩效测量指标，因此，同学们可以结合实际进行参照。对于供应链绩效测量，则可以根据需要测量的绩效类型从这些指标中选择。

3. 建立绩效测量标准

为每项指标建立相应的绩效标准也是十分重要的，标准能够量化要求的绩效目标和目的。管理部门不能规定高得不可能完成的标准，而太容易达到的标准又没有挑战性。因此，好的绩效评估标准一定要适度。绩效测量标准必须是现实的，反映企业内外部的实际情况，这意味着标准是具有挑战性的，并且经过刻苦努力是可以实现的。采购绩效测量标准通常有4种设定方法：①历史标准；②预算标准；③行业平均标准；④目标绩效标准。

4. 选定绩效评估人员

采购绩效的评估工作是一项系统性工作，需要各个方面人员的参与，主要包括：①采购部门主管；②会计部门或财务部门；③生产与工程部门；④供应商；⑥外界专家或管理顾问。

5. 确定绩效测量时间和测量频率

好的采购绩效测量系统要对不同的绩效类型设定不同的评估时间和频率，这样才能保证评估的结果及时有效。因此，管理者必须确定什么样的频率对不同的绩效类型更有效。比如，一个对入库运输状况的评价就必须是频繁的（每天或是实时的），而对于供应商绩效的总评价则可以按每周一次或每月一次的频率进行，时间可在每周一或是月初。

6. 实施测量，并反馈结果

实施测量是一个系统性工作，需要很多部门的良好沟通与配合，实施的结果要及时反馈。这时候管理者要思考的问题是如何才能更好地利用反馈的结果。这个结果一方面表明了采购部门所取得的成绩；另一方面揭示了采购中存在的诸多问题。另外，在肯定成绩的同时，也要着力解决发现的问题，因为只有这样，才能实现采购绩效评价的目的。

实例分析 ‹‹

华谊公司采购部绩效考核办法

1. 总则

1.1 制订目的

为提升采购部门各项采购绩效，提高采购人员的士气，特制订本办法。

1.2 适用范围

本公司采购部门与采购人员之绩效测量。

1.3 权责单位

总经理室负责本办法制订、修改、废除等起草工作。

总经理负责本办法修改、废除的核准。

2. 采购绩效评估办法

2.1 采购绩效评估的目的

本公司制订采购绩效评估的目的，包括以下几项：

（1）确保采购目标达成；

（2）提供改进绩效之依据；

（3）作为个人或部门的奖惩参考之一；

（4）作为升迁、培训的参考；

（5）提高采购人员的士气。

2.2　采购绩效评估的指标

采购人员绩效评估应以5R原则为核心，即适时（right time）、适质（right quality）、适量（right quantity）、适价（right price）、适地（right place），并用量化指标作为考核尺度。

2.2.1　价格与成本绩效

由以下指标考核采购价格与成本管理绩效：

（1）实际价格与标准成本的差额；

（2）实际价格与过去平均价格的差额；

（3）比较使用时之价格和采购时之价格的差额；

（4）将当期采购价格与基期采购价格之比同当期物价指数与基期物价指数之比进行比较；

（5）采购金额占销售收入的百分比；

（6）采购部门的费用。

2.2.2　交货绩效

由以下指标考核采购交货准时性：

（1）停工断料，影响工时；

（2）紧急采购（如空运）的费用差额。

2.2.3　质量绩效

由以下指标考核采购物料质量管理绩效：

（1）进料品质合格率；

（2）物料使用的不良率或退货率。

2.2.4　库存绩效

由以下指标考核库存管理绩效：

（1）呆料物料金额；

（2）呆料处理损失金额；

（3）库存金额；

（4）库存周转率。

2.2.5　效率指标

（1）新开发供应商的数量；

（2）采购计划完成率；

（3）错误采购次数；

（4）订单处理时间。

2.3　采购绩效评估的方式

本公司采购人员的绩效评估方式，用目标管理与工作表现考核相结合的方式进行。

2.3.1　绩效评估说明

（1）目标管理考核占采购人员总绩效评估的70%；

（2）公司的人事考核（工作表现）占绩效评估的30%；

（3）两次考核的总和即为采购人员之绩效，即绩效分数＝目标管理考核×70%＋工作表现×30%。

2.3.2 目标管理考核规定

（1）每年分两次，公司制订年度目标与预算；

（2）采购部根据公司营业目标与预算，提出本部门次年度的工作目标；

（3）采购部各级人员根据部门工作目标制订个人次年度的工作目标；

（4）采购部个人次年度的工作目标经采购部主管审核后报人事部门归档；

（5）采购部依"采购目标管理表"对采购人员进行绩效评估。

2.3.3 工作表现考核规定

（1）依公司有关绩效考核之方式进行，参照《员工绩效考核管理办法》；

（2）工作表现直属主管每月对下属进行考核，并报上一级主管核准。

2.3.4 绩效评估奖惩规定

（1）依公司有关绩效奖惩管理规定给付绩效奖金；

（2）年度考核分数80分以上的人员，次年度可晋升一至三级工资；

（3）视公司整体工资制度规划而定；

（4）拟晋升职务等级的采购人员，其年度考核分数应高于85分；

（5）年度考核分数低于60分者，应调离采购岗位；

（6）年度考核分数为60~80分者，应加强职位训练，以提升工作绩效。

附录（略）

（1）采购目标管理表；

（2）《员工绩效考核管理办法》。

素质提升 ‹‹‹‹‹‹‹‹‹‹‹‹‹‹‹‹‹‹‹‹‹‹‹‹‹‹‹‹‹‹‹‹‹‹‹‹

国家经济与社会发展的 KPI

国家统计局发布的国民经济和社会发展统计公报显示，2021年国内生产总值1 143 670亿元，比2020年增长8.1%，两年平均增长5.1%。其中，第一产业增加值83 086亿元，比2020年增长7.1%；第二产业增加值450 904亿元，增长8.2%；第三产业增加值609 680亿元，增长8.2%。第一产业增加值占国内生产总值比例为7.3%，第二产业增加值比例为39.4%，第三产业增加值比例为53.3%。全年最终消费支出拉动国内生产总值增长5.3个百分点，资本形成总额拉动国内生产总值增长1.1个百分点，货物和服务净出口拉动国内生产总值增长1.7个百分点。全年人均国内生产总值为80 976亿元，比上年增长8.0%。国民总收入1 133 518亿元，比2020年增长7.9%。全员劳动生产率为146 380元/人，比2020年提高8.7%。

这说明，一个国家或地区的经济与社会发展状况，也可以用一系列KPI来表示，而且这些宏观经济指标也影响着微观企业的投资、生产等经营决策。图2-2所示为2017—2022年国内生产总值及其增长率，从该图中一眼就可以看出中国的国内生产总值每年都在增长（柱状部分），且增长率都是正值（折线部分）。

图 2-2　2017—2022 年国内生产总值及其增长率

【项目评价与反馈】

请每位同学独立完成本项目的学习内容和工作任务，以百分制分数（满分 100）的形式对个人进行单独评价。

序号	考核项目要求	权重	评分标准	自评得分	教师评价
1	遵守纪律，能按时独立完成工作任务	10%	在该项目学习结束时没有完成工作任务的，每延时 2 学时扣 2 分，直至扣完为止，延迟超过 1 周的本项目成绩得 0 分		
2	案例导入阅读	10%	阅读 5 遍得 10 分，每少 1 遍扣 2 分，未阅读得 0 分		
3	任务一	25%	正确 25 分；基本正确 20 分；有缺陷 15 分；不正确 0 分		
4	任务二	25%	正确 25 分；基本正确 20 分；有缺陷 15 分；不正确 0 分		
5	实例分析阅读	10%	阅读 5 遍得 10 分，每少 1 遍扣 2 分，未阅读得 0 分		
6	素质提升阅读	10%	阅读 5 遍得 10 分，每少 1 遍扣 2 分，未阅读得 0 分		
7	总结拓展	10%	用词准确（2 分），逻辑清晰（2 分），语言简练（2 分），语意完整（2 分），要点明确（2 分）		

请根据以上打分情况，对本项目的学习效果进行总体评述（从素质的自我提升方面，应知、应会的职业能力提升方面进行述评，分析自己的不足之处，并描述对不足之处的改进措施，总结结果计入总结拓展得分项）	
综合得分	学生自评得分×50%+教师评价得分×50%

 【同步训练题】

2.1　解释持续改进流程与学习曲线概念的关系。

2.2　为掌握更多关于计划购买产品的成本，请设计一个表格，让供应商填写。

2.3　在商业运营时，由于货物和服务供应中断导致的成本或损失是什么？

2.4　假设一个企业为某项工程提供工程物流配送服务，用什么KPI进行评价比较合适？

评估供应链的价值增加

 【项目介绍】

商业活动的本质是为客户创造价值，其价值量等于客户价值减去企业运营成本。作为企业管理的一部分，供应链绩效管理也不例外；否则，其也就失去了存在的价值。供应链流程的改变（任务一）和供应链的整合（任务二）创造的价值，最终都可以归结为人力资本投资（任务三）创造的价值。更多的价值增值方法可以参阅各任务的【相关知识】部分。

【知识目标】

（1）了解采购和供应给公司带来增值的原理；

（2）了解改进供应链流程为公司带来的增值机会；

（3）了解降低存货成本和管理费用为公司带来的增值机会。

【技能目标】

（1）测量供应链流程改进为公司带来的价值增值；

（2）测量降低存货成本和管理费用为公司带来的价值增值；

（3）测算人力资本投资为公司带来的价值增值。

【素质目标】

（1）知道供应链价值增加的多种形态；

（2）知道"纸碳"和"绿色"是供应链的发展方向。

供应链解耦带来的时间价值

更快的供应链服务对企业的价值增加有很大的帮助，这里举个供应链解耦创造时间价值的例子。解耦（decoupling）的概念最早来自数学和物理学，在供应链中的定义是指"在材料的供应和使用之间建立非相关性。通常是指在前后道工序之间建立库存，使供应的波动不会限制下道工序的生产或使用率。"其中的工序也叫工艺路线，它是详细说明生产某一产品的制造方法的信息，包括操作过程、加工顺序和相关的工作站等。

比如快餐店做一个汉堡包，使用的主要原材料是面包、肉饼、芝士和蔬菜等辅料。操作过程就是把两片烤热的面包，夹住煎熟的肉饼和辅料，再淋上一些酱汁。其加工顺序则是要先加热面包，然后沿着流水线把酱汁、芝士、蔬菜和已煎熟的肉饼依次放在纸盒里。涉及的工作站有面包加热机、煎肉饼机、流水线料理台等。具体见图3-1，图中圆圈中的数字表示加工时间，方框中乘号及数字表示加工一个汉堡的材料使用量。

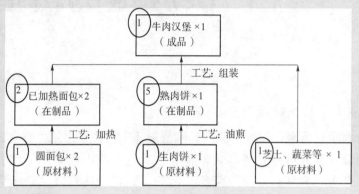

图3-1　一个汉堡的材料清单和工艺制作过程

假设加热圆面包需要2分钟，把肉饼煎熟需要5分钟，而最后的组装需要1分钟。从图3-1可以看到完整的物料清单和制作出一份汉堡包需要的累计时间，累计制造周期是完成产品生产所需最长的时间总和，做汉堡包一共需要1+5+1=7（分钟）。

当顾客完成点单后，收银的店员就把销售订单转换成生产订单，后厨的工作人员就要开始制作。此时他们需要参考物料清单来选择对应的原材料，开始加热面包、煎肉饼。但如果做个汉堡包要7分钟，顾客的体验度就会很差，下次可能就不来光顾了。显然，原先的生产工艺中存在着瓶颈工位，那就是煎肉饼。

煎肉饼的加工时间是无法缩短的，因为肉饼只有变熟后，才能够正常地被人体吸收。既想缩短汉堡包制作时间，又要保证食物的品质，这似乎是一个悖论。但如果快餐店使用供应链解耦策略，就可以成功地缩短汉堡包的出品时间。

后厨新的作业方式是预先把一批肉饼煎熟了，放在一个个小抽屉里保温，等到看到生产订单时，拉开抽屉，夹出肉饼就可以了，这样就把原来需要的5分钟，成功缩短到了1分钟，一下就把瓶颈问题解决了。解耦以后的累计制造时间是1+2+1=4（分钟），但代价是增加了熟肉饼的库存。

供应链解耦在制造业中有着广泛的应用，它可以缩短交货期，加快响应速度，并进一步减缓瓶颈压力，提高产量。

任务一　测算运输包装改变带来的价值增加

【任务描述】

潘逸公司是一家供应链企业，它每年向苏州一家显示器生产企业飞跃公司采购显示器并运送给欧洲客户。每月平均采购量是 120 000 台。目前飞跃公司向潘逸公司送货的情况是这样的：①采用托盘运输，托盘标准：1.2 m×1 m，高 1.2 m，托盘重 20 kg，每票出货为 11 个托盘；②每台显示器重 5 kg，按照现有包装规格，一托盘可以放置 42 台显示器；③潘逸公司先将货物用卡车从工厂运到机场，再空运到欧洲给客户；④每票出货时，卡车运费为 600 元，出口报关费 310 元，空运费为 31.2 元/kg；⑤潘逸公司采购部门决定改变包装规格，每个托盘上可以放置 60 台显示器。请计算运输包装改变带来的价值增值。

【任务分析】

若想知道运输包装的改变能带来多少价值增值，首先要计算包装改变前后每月的总运输费用是多少，然后再进行总费用比较，节约的总费用就是价值增值的一种形式。每月总运输费用则是每票运输费用乘以每月运输票数。每票出货总费用则等于出口费用+空运费。

根据【任务描述】的要求和以上分析，可以确定完成本任务的操作思路如下：

步骤 1：测算包装改变前的总运输费用，查找空运费计算公式，计算包装改变前的空运费；

步骤 2：查找每票运输费用计算公式，计算包装改变前每票运输费用；

步骤 3：查找每月运输票数计算公式，计算包装改变前每月运输票数；

步骤 4：查找每月总运输费用计算公式，计算包装前每月运输总费用；

步骤 5：利用以上公式和过程，重复步骤 1~步骤 4，计算包装改变后每月总运输费用；

步骤 6：比较包装改变前后每月总运输费用，测算每月的价值增值量。

【相关知识】

3.1.1　商业运作中增值的一般原理

价值增值（add value）的一个定义就是收益或实现等价的财务节约，但并非仅仅基于单位价格的变动。在某些情况下，增值的收益是主观估计的，比如快递的及时交付给顾客带来喜悦。

迈克尔·波特（Michael E. Porter）在他经典的价值链模型中（图 3-2），阐述了更为广泛运用的价值链（value chain）原理，其中显示了当工艺流程中的基本活动和支持活动创造产品功能，增加产品价值的时候，利润是如何被创造的。利润作为一个结果，它是对基本活动和支持活动管理水平的函数。每个功能和活动都是公司管理的一部分，可以使营业毛利增加或减少。因此，企业管理团队的成员有责任和义务帮企业实现利润。在这个模型中，波特把采购作为一个支持性活动，它为主要增值过程提供服务，最后为企业带来利润。

对于每一个基本的采购和供应活动，均可以选择一个恰当的 KPI 来测算其获得的价值增值量，包括：①进货物流；②生产制造阶段；③出货物流；④市场和销售；⑤服务，即与产品增值直接关联的服务成本。

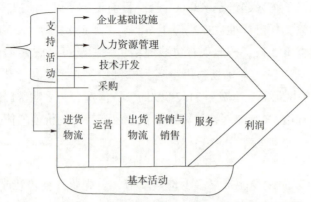

图 3-2 价值链：创造并保持最佳绩效

3.1.2 测量增值绩效

采购人员（buyer）的一项重要责任是给公司带来增值，从本质上说，公司财富都是员工创造的。"采购人员"是一个广义的术语：是指为了满足企业需要，履行从货品寻源、制订价格到下达订单、将货品送到指定地点等职能的企业员工。这个定义也指明了企业采购部门的主要工作内容。这个角色包含供应链最前端的过程，是一个联络点，而且是组织和外部供应市场的接口。制订或修补供应链绩效评价方法需要考虑的因素见表 3-1。

表 3-1 制订或修补供应链绩效评价方法需要考虑的因素

效率	效力
1. 采购过程的实际成本	1. 客户服务水平
2. 每张订单的成本	2. 货物/服务的预算
3. 购置成本	3. 质量水平
4. 实现的节约	4. 货物和服务的准时送达客户
5. 获得的增值	5. 服务交付给客户
6. 周期（网络流动）	6. 关系的改进
7. 信息技术的使用	7. 对资本效率、资产管理和利润的影响
8. 组织结构	—
9. 供应商管理	—
10. 劳动力评估	—

【任务－知识要点】

采购和供应链实现增值的机会包括：①进货物流；②生产制造阶段；③出货物流；④市场和销售；⑤服务。对于每个基本的采购和供应活动，均可以选择一个恰当的 KPI 来测算其获得的价值增值量。

【任务实施】

完成此任务没有太大难度，计算公式均来自常识，若有问题，同学们可以相互讨论，也可以和指导教师一起讨论。针对任务一各步骤的执行状况，各位同学可以按表 3-2 中的步骤顺序，对照【任务考核/评价】部分给出的各步骤主要结果自行进行检查，并逐条完善。

表 3-2 任务一执行状况

任务一简述	是否执行 （是打√，否打×）	是否正确 （是打√，否打×）	错在何处 （记录在空白处）
步骤 1 测算前空运费			
步骤 2 测算前每票费用			
步骤 3 测算前票数			
步骤 4 测算前月总费用			
步骤 5 测算后月总费用			
步骤 6 测算每月增值			

【任务考核/评价】

各位同学可以对照下列本任务各步骤的主要结果，利用表 3-2 进行自我评价和纠正。任务一各步骤的主要结果如下：

1. 计算目前潘逸公司的每票和每月的出货运输费用

（1）每票的出货运输费用。

每票出口费用＝报关费＋卡车运输费＝310＋600＝910（元）

每票空运费＝一票托盘数×（每托盘货物重量＋托盘重量）×每千克货物空运费

＝11×(42×5＋20)×31.2＝2 530×31.2＝78 936（元）

每票出货总费用＝出口费用＋空运费＝910＋78 936＝79 846（元）

（2）每月的出货运输费用。

每月平均出货票数＝[120 000/(42×11)]＝260（票）

每月总运输费用＝260×79 846＝20 759 960（元）

2. 计算改变包装以后的运输费用

（1）每票运输费用。

每票空运费＝一票托盘数×(每托盘货物重量＋托盘重量)×每千克货物空运费

＝11×(60×5＋20)×31.2＝3 520×31.2＝109 824（元）

每票出货总费用＝出口费用＋空运费＝910＋109 824＝110 734（元）

（2）每月的出货运输费用。

每月平均出货票数＝[120 000/(60×11)]＝182（票）

每月总运输费用＝182×110 734＝20 153 588（元）

3. 计算出改变包装以后可以节省的运输费用

节约的运输费用＝改变前每月运输费用−改变后每月运输费用＝20 759 960−20 153 588＝606 372（元）

由上面计算可知，通过改变货物的运输包装，每月可以为公司多创造 60 万元的价值，这样每年就可增加 720 万元的价值，可以计入公司利润。

任务二　测算价值放大倍数

【任务描述】

红双喜公司是一家非常有经营能力的公司，经过几年的发展，年销售额达到了 6 亿元，其中物料成本占比 60%，收款平均用时 60 天，付款平均用时 55 天。假设红双喜公司库存周转率分别是 10 次和 20 次，请分别计算该公司在两种经营水平下的价值放大倍数。

【任务分析】

全年的物料采购总量和库存量是两个不同的概念，库存量乘以库存周转次数就是年物料采购总量。库存量和库存周转率（次数）则反映了经营能力，可以用经营放大倍数来表示，即可以用小资金撬动更大的生意，这是供应链增值的重要体现，但它属于综合性的结果。

通过以上分析，可以确定完成本任务的操作思路如下：

步骤 1：查找库存（存货）周转率计算公式，计算公司库存周转天数。

步骤 2：查找现金周转天数计算公式，计算公司现金周转天数；

步骤 3：查找现金总需求量计算公式，计算公司现金总需求量；

步骤 4：查找最佳现金持有量计算公式，计算公司最佳现金持有量；

步骤 5：查找价值放大倍数计算公式，计算不同经营水平下的价值放大倍数；

步骤 6：比较不同经营水平下的价值放大倍数，说明供应链增值的比例。

【相关知识】

供应链为公司带来增值的基本要点是：①对于相同的货物和服务，获得较低的成本；②对于相同的成本，获得更高的货物或服务质量；③既降低成本，又提升货物或服务的质量——这是供应链管理的终极目标。

3.2.1　改变初始需求和规格

购买过程开始于最终用户或客户明确表明他们对想要购买的产品或服务的需求或规格（例如项目一任务二中对桌子规格的要求）。采购者在详细审查这些需求或规格之后，可以提出下列两方面的建议：①能否采用替代品，既能够满足最终用户的需求，价格又较低；②改变所要求的规格，比满足最初需求时的价格低。

【小案例3-1】

用改变需求规格的策略实现增值

有一家纺织品制造公司，该公司的计算机80%的时间都在做文档，只有20%的时间才真正使用计算机的全部功能。公司采购低档次的计算机，以节约大量投资。

也可采取废旧利用措施实现增值。比如，某公司生产线上使用的阀门坏了，计划全部采购新阀门替换。后来，该公司鼓励对拆下来的旧阀门进行维修后的二次利用，因此节省了大量采购成本。

3.2.2 用成本低的品项替代

终端用户常常通过和销售人员详细面谈来决定所提供的产品或服务能否满足他们的需求，然后不再进行更多的市场调查就决定购买。根据所采购产品或服务的价值，采购人员在接到终端用户申请购买某项产品或服务的请购单时，很可能知道存在产品或服务的其他替代品，这些替代品同样可以满足该终端用户的需求，价格也更低，有时还可以提高产品质量。这就是采购人员所具有的专业能力。

【小案例3-2】

用成本低的品项替代实现增值

某光电组件制造企业要为工人们安装一种可在装配线上使用的照明箱。刚开始打算采购金属板制作的照明箱，成本为每个30元。但采购人员建议公司使用塑料箱，每个只需花费6元，而且设备变得更轻，使用和安装也变得更方便。最重要的是，最终用户还将其视为更理想的产品。因此，采购人员需要做的便是说服最终用户，使他们相信自己所建议的替代方案有更好的现金价值，应当作为本采购项目的优先选择。

3.2.3 降低库存成本和管理费用

库存有价值，也有成本。为了做出是否需要持有库存的价值判断，组织需要识别这些成本在何处产生。了解在库存管理中成本发生在哪个环节，采购经理就能知道有多少机会以及采取什么样的措施来降低成本。一个企业提供产品或服务的总成本可以用总所有权成本来表达，它的组成部分由成本等式来表达，如图3-3所示。

图3-3 成本等式

例如，从货物进入到离开仓库的流程来考虑，当库存物品经过仓储/库存控制系统时，都有哪些成本产生呢？仓库运作的成本=获取存货的成本+建筑物与仓库设备的成本+仓库人员的成本+货物搬运、管理和盘点的成本。

在制造业组织中，加工成本沿着供应链的流程而产生：从购买原料、搬运库存、组装和搬运零配件到最后输出和配送产成品。而批发、零售和服务行业的流程则不是这样，需先大批量进货并储存，再单个地销售给客户。

3.2.4 使用寄售库存设施

寄售库存（consignment stock），也称为代销代储方式，是指买方同供应商签订代销合同，供应商按照合同将买方所需物资预先存放在买方仓库中而形成的库存。买方在自己的仓库为供应商免费保管物资（有些买方企业也会加收代管费），但是物资的所有权仍然属于供应商。各供应商的物资由买方统一进行保管。每隔一段时期（如每两个月），买方按照实际使用数量与供应商进行开票账款结算。

【小案例3-3】

密卫公司的寄售库存

近年来，密卫公司结合自身的实际情况，采用寄售库存采购策略，成功实现了"零库存"目标。密卫公司将寄售库存采购策略形象地比喻为"自来水仓库"。其基本运作方式是：对于本公司生产所需的电线、小螺丝、电阻等标准件，与供应商签订购买合同，并将本企业的仓库无偿出借给供应商，而供应商则将合同商品交由密卫公司代为保管。密卫公司根据生产需要随用随取，按合同约定方式付款。这种供应商与需求方之间的新型库存管理运行模式犹如供水公司与用户之间的关系，即供水公司供应并储存自来水，用户只需要打开水龙头就可用水，不需要再用桶、盆等器皿储存水。

【任务二知识要点】

供应链管理为公司带来增值的途径的基本要点是：①对于相同的货物和服务，获得较低的成本；②对于相同的成本，获得更高的货物或服务质量；③既降低成本，又提升货物或服务的质量——这是供应链管理的终极目标。

【任务实施】

完成此任务有一定难度，计算公式均不太容易理解，同学们可以互相讨论，也可以和指导教师一起讨论。针对任务二各步骤的执行状况，各位同学可以按表3-3中的步骤顺序，对照【任务考核/评价】部分给出的各步骤主要结果自行进行检查，并逐条完善。

表3-3 任务二执行状况

任务二简述	是否执行 （是打√，否打×）	是否正确 （是打√，否打×）	错在何处 （记录在空白处）
步骤1 计算库存周转天数			
步骤2 计算现金周转天数			
步骤3 计算现金总需求量			

续表

任务二简述	是否执行 （是打√，否打×）	是否正确 （是打√，否打×）	错在何处 （记录在空白处）
步骤4 计算最佳现金持有量			
步骤5 计算价值放大倍数			
步骤6 比较经营水平			

【任务考核/评价】

各位同学可以对照下列本任务各步骤的主要结果，利用表3-3进行自我评价和纠正。任务二各步骤的主要结果如下：

1. 基本概念及公式

（1）库存（存货）周转率=销售的物料成本/财务期平均库存。公司经营状况好，即产销都很顺利，库存周转快，即库存周转次数多，周期短。这可以是一个主动的结果，即通过加快库存周转以弥补购买原材料的资金的不足。

（2）现金周转天数=存货周转天数+应收账款周转天数-应付账款周转天数。

（3）现金总需求量=获得销售收入所需物料成本金额=销售收入×物料成本占比。

（4）最佳现金持有量=预计现金总需求量/现金周转次数。

（5）价值放大倍数=销售收入/最佳现金持有量。

2. 计算过程

（1）计算库存周转天数。

①如果库存周转率为10次，则库存（存货）周转天数为：360/10=36（天）（一年按360工作日计算）。

②如果库存周转率为20次，则库存（存货）周转天数为：360/20=18（天）。

（2）计算现金周转天数。

①如果库存周转率为10次，则现金周转天数=36+60-55=41（天）。

②如果库存周转率为20次，则现金周转天数=18+60-55=23（天）。

（3）计算现金总需求量。

现金总需求量=企业销售收入×物料成本占比=6亿元×60%=3.6亿元。

（4）计算最佳现金持有量。

①如果库存周转率为10次，则最佳现金持有量=3.6/（360/41）=0.41（亿元），即每次需用现金0.41亿元购买原料，周转一次，但年末实现的销售收入是6亿元；

②如果库存周转率为20次，则最佳现金持有量=3.6/（360/23）=0.23（亿元），即每次需用现金0.23亿元购买原料，周转一次，但年末实现的销售收入是6亿元。

（5）计算价值放大倍数。

①如果库存周转率为10次，则价值放大倍数=6/0.41=14.63倍；

②如果库存周转率为20次，则价值放大倍数=6/0.23=26.09倍。

如果库存周转率可以视为经营水平，则价值放大倍数被认为是经营绩效。也就是说，同样的现金（资本），在不同的企业家手里创造出的价值水平和增长率相差很大，所以未来的社会更期待优秀的企业家。

任务三　测算人力资本投资增值

【任务描述】

供应链实现的价值增值最终都可以归结为人创造的价值，所以公司采购的商品和服务并不一定全部是或只能是公司的成本，它们也可以是投资，在未来很长一段时间内都可以带来持续回报，如新设备、教育和培训项目的采购等。

假设你是一家公司的老板，现在的员工都是你的同学，再假设公司现在需要为每位员工配发一台计算机，请问如何购买最合适？

方案1：如前述案例3-1，由于大部分员工有20%的时间才真正使用计算机的全部功能，公司采购低档次的计算机以节约成本。这些计算机5年后全部折旧，残值为零。

方案2：新员工入职自己购买，产权归员工所有，公司按不同职位与计算机价格给予每月300~400元补贴，并持续补贴2年。计算机是人力资本投资项目，而员工通过计算机所学到的知识可以再继续使用10年，且每年的回报率是6%。

请问：你选择哪一个方案？

【任务分析】

企业内不同人员对计算机的需求不同，差别很大，涉及购买计算机的品牌、规格、价格、售后维修，以及旧计算机处理等一系列问题，所以采购计算机等电子产品往往是吃力不讨好的事情。方案2显然更受欢迎：员工开心，因为花钱买了自己喜欢的计算机；财务开心，因为现金流更好，计算机寿命更长；企业员工也开心，更珍惜计算机，坏了就自己修；老板也开心，因为员工回家加班更方便了。

但问题的关键还不在于上述的好处，而是在于第二种方案是人力资本投资，而第一种方案只是单纯消耗的成本，人和机器等价。可以通过比较两种方案的净收益来做比较（可以同时均不考虑时间价值，若考虑时间价值，请参阅项目十评估供应链资本货物）。

根据【任务描述】给出的条件和以上分析，可以确定完成该任务的操作思路如下：

步骤1：查找公司需购买计算机的规格型号，生成单价，根据公司人数确定总价；

步骤2：设计计算统计每年净收益的表格，每年净收益=年收入−年成本；

步骤3：用表格计算方案1的每年净收益；

步骤4：用表格计算方案2的每年净收益；

步骤5：分别计算方案1和方案2的总收益；

步骤6：从中选择方案，并说明理由。

【相关知识】

3.3.1　供应商管理库存技术

供应商管理库存技术（vendor managed inventory，VMI）与寄售库存相似。但寄售库存是供应商将库存放在采购方的仓库里，而 VMI 则是将库存放在供应商仓库，采购方什么时候需要，供应商就随时送货。注意，VMI 是技术而不是文本式的某种方案，是以开发应用软件（VMI 软件）为主的技术。

当采购方与供应商距离较远时，运送时间和送货方式难度较大，可以采用寄售库存采购策略，将库存放在采购方自己的仓库，随用随取。当采购方距离供应商较近时，供应商可以采用 VMI 技术随用随送。

【小案例 3-4】

洁丽雅公司的 VMI

这里以洁丽雅公司与一个香港零售商实施的 VMI 技术为例来介绍 VMI 的实施效果。该零售商有 10 个店铺和 1 个配送中心。项目实施前，零售商采用手工方式向洁丽雅公司下达采购订单。在 VMI 实施前，洁丽雅商品单品数为 115，中心仓库库存时间为 8 周，店铺库存时间为 7 周，缺货率为 5%。洁丽雅公司在详细分析零售商居高不下的库存和缺货率以后，选择实施 VMI 技术来解决产品的有效补货问题。VMI 系统从 2000 年 7 月开始运行，3 个月后业务指标便得到了显著提高，经济效益也提升了。零售商销售洁丽雅产品的数量增加 40%，洁丽雅商品单品数为 141，增加 26%；中心仓库库存时间为 4 周，降低 50%；店铺库存时间为 5.8 周，降低 17%；缺货率为 3%，降低 40%。

3.3.2 改善与供应商签订的合同条款

采购人员可以通过改善合同的条款和条件来增加价值，谈判时一般讨论的问题清单见表 3-4。

表 3-4 采购谈判讨论问题清单

条款和条件的讨论问题	增值机会
采购价格	价格能降低吗？
现在的折扣	基于此项交易和将来的长期合作，折扣能提高吗？
清算条款	能够在不增加价格的情况下，扩大购买者的利益吗？
质量保证条款	在不增加价格的情况下，能够延长备件的保修期吗？
质量/服务	在同等价格的情况下，能获得更好的质量或服务吗？
交易和管理成本	能减少书面/电子交易的次数吗？

（1）延长付款期：赊账通常被视为现金的来源，因为只要在一个比较合适的期限内延长付款时间，就相当于拥有一笔无利息的贷款。

（2）质量保证期：较长的质量保证期可以使采购方减少由于采购物品的质量问题带来的损失。

（3）价格保证条款：采购方应在采购合同中对采购产品价格发生变动后的处理进行规定，约定供应商不能随意变更产品报价，避免价格上涨或降低形成的损失以及重新进行价格谈判带来的成本。

3.3.3　通过提高运作效率增值

提高采购活动的运作效率需要考虑的主要因素有：①人力资源因素，包括：采购人员的个人能力或专业能力——技巧、知识、经验、资格和态度；②系统和流程因素，包括：采购流程、战略、战术、交易、关系、商务信息技术系统和交流。

许多企业通过联合购买来管理采购业务，因为它们在成本和效率方面都拥有各自的优势和劣势。采购经理的工作是注意机会，并判断评估应用可用资源进行采购的效力和效率，从而为企业提供增值服务。

> **【小知识3-1】**
>
> ### 网络采购可以提高效率
>
> 据统计，采用网络采购方式，平均交易费用可从107元下降到30元，采购周期从7.3天降到2天，生成订单的平均成本从35元下降到不足1元，直接进货成本从60元下降到5元，专职采购人员从29名减少到2名。因此，网络采购可以有效提高采购效率，降低采购成本。

3.3.4　集中采购

集中采购也称杠杆采购，是将各企事业单位或不同部门的采购需求集中起来，统一进行采购的方式。集中采购可扩大采购量，增加与供应商的议价空间，避免各自采购造成组织内不同单位向同一个供应商采购相同物资，但价格却不同，而且彼此并不知情，白白失去节省采购成本的机会。另外，集中采购也能大大减少原先分散采购时的工作量，降低管理成本。例如，某企业有四个分厂，当进行分散采购时，每个分厂均要进行供应商搜寻、订单下达等工作，如果改为集中采购，则可把四个分厂的工作进行合并处理。

【任务三知识要点】

供应链增值的方式是多种多样的，包括①消除或改变最终用户或客户指定的初始需求；②改变产品/服务规格或标准；③取代低成本项目；④延期支付条款；⑤延长质量保证期条款；⑥减少库存或使用寄售库存设施；⑦改进运作效率；⑧降低管理成本；⑨降低交易成本。

【任务实施】

完成本任务没有太大难度，计算表格来自常识，关键在于转变观念，以人为本，即认可对于人的投资是值得的。同学们可以相互讨论，也可以和指导教师一起讨论。针对任务三各步骤的执行状况，各位同学可以按表3-5中的步骤并对照【任务考核/评价】部分给出的各步骤主要结果自行进行检查，并逐条完善。

表 3-5　任务三执行状况

任务三简述	是否执行 （是打√，否打×）	是否正确 （是打√，否打×）	错在何处 （记录在空白处）
步骤 1 确定总价			
步骤 2 设计净收益表格			
步骤 3 计算方案 1			
步骤 4 计算方案 2			
步骤 5 计算总收益			
步骤 6 选择			

【任务考核/评价】

各位同学可以对照下列本任务各步骤的主要结果，利用表 3-5 进行自我评价和纠正。任务三各步骤的主要结果如下：

（1）假设公司有员工 50 位，采购华为 MateBook X Pro 2022，该机价值为每台 1 万元，则购买总价为 50 万元。

（2）方案 1 将计算机作为成本，分摊到未来 5 年中，相当于每年年末都有一项支出，计为 10 万元（暂不考虑时间价值），计算过程见表 3-6。

表 3-6　方案 1 的每年净收益　　　　　　单位：万元

年份	第 1 年	第 2 年	第 3 年	第 4 年	第 5 年
成本	-10	-10	-10	-10	-10
收益	0	0	0	0	0
净收益	-10	-10	-10	-10	-10

（3）方案 2 将计算机作为教育培训投资，分摊到未来 10 年中，相当于每年的年末都有一项收益为 50 万元×6%＝3 万元（暂不考虑时间价值），计算过程见表 3-7。

表 3-7　方案 2 的每年净收益　　　　　　单位：万元

年份	第 1 年	第 2 年	第 3 年	第 4 年	第 5 年	第 6 年	第 7 年	第 8 年	第 9 年	第 10 年
成本	-25	-25	0	0	0	0	0	0	0	0
收益	3	3	3	3	3	3	3	3	3	3
净收益	-22	-22	3	3	3	3	3	3	3	3

（4）方案 1 的总收益是-50 万元，选择方案 2 的总收益是-20 万元（-50+3×10=-20 万元）。

（5）选择方案 2，进行人力资本投资的回报有利于公司，也有利于社会，还可以提高每个人的劳动效率。

寻找降低采购成本的金钥匙

每一个行业中企业的供应链增值方法是不尽相同的，下面看一个具体实例。

江苏某石化公司通过 JIT（just in time，准时制）直供和代储代销（寄售库存）等形式，淘汰了 150 家供应商，仅 2019 年就减少流动资金占用 2.5 亿元，仅利息就少支付 1 000 多万元。该企业们通过物资采购方面的改革，找到了降低成本的金钥匙。

1. 包装材料实现零库存

该石化公司过去为了保证生产的需要，物资采购和库存的量比较大，以前仅包装材料每月入库额就达 400 多万元，占用的流动资金较多，采购成本较大。同时，企业在采购过程中承担着很大的采购风险。为了降低采购成本，抵御市场风险，公司首先对部分原辅材料、包装材料变间接供应为直接供应的方式，就是生产需要多少包装材料，供应商就直接将需要的包装材料送到生产现场，定期结算，不占用流动资金。

为了确保原材料的稳定供应，公司还组织供应商参与生产经营过程，供应商根据公司的生产经营状况安排物资供应，根据公司的生产及时调整物资的供应品种和数量。2020 年第二季度以来，公司由于受市场低迷的影响，生产经营形势处于低谷，与公司签订协议的供应商就把多生产出来的原材料封存在自己的仓库里。公司原涤纶三厂设备大修理期间，一家供应商准备了 50 多万元的密封件，由于现场大修人员采用修旧利废措施，仅用了价值为 10 万元的密封件，供应商把剩余的密封件调剂到浙江一家用户。如果在科技水平不高的过去，这些备件就成了公司的库存积压物资。公司使用的包装材料等物资采用直供方式，不仅保障了物资供应，也保障了物资的质量，为公司生产长期稳定安全运行创造了有利条件。由于实行物资的直供方式，包装材料等物资已经实现了零库存，仅凭此一项，公司去年就减少流动资金占用 2 亿元。

2. 供应商争相代储代销（寄售库存）

在包装材料等物资实行直供的基础上，该公司开始对部分仪表、电气、轴承和阀门等易耗品实行代储代销的形式组织物资供应。代储代销是一种新型的物资流通模式，由于公司物资采购量大、品种多，许多设备配件的供货周期长，一开始，不少供应商因代储代销占用很多的流动资金，不太愿做。于是该公司挑选了为其供货多年甚至 10 多年的企业资信、产品质量及售后服务都比较好的 56 家供应商进行试点。

在推行代储代销的过程中，公司通过实施供应商绩效考评，加强考核和过程控制，实现了供应工作优选优化，并形成了代储代销供应商优胜劣汰的动态管理机制。淘汰了 150 家不符合要求的供应商。同时，通过这种形式，许多供应商占领了该公司这块大市场，取得了较好的收益，现在许多供应商争着做代储代销供应商。公司利用这一有利时机，逐步扩大代储代销物资的范围，如各种泵、机封、熔体、泵内齿轮等备件也成为代储代销的物资，代储代销的供应商已经达到 110 多家。

实行代储代销方式后，该公司物资供应的效率明显提高。过去，大修中采购急需的配件，从做计划、找供应商，进行询价比价，到最后备件运到现场，最快也要一个星期的时间。2020 年 3 月，在该公司进行 PTA 生产中心大修时，泰州一家供应商主动抽调人员进入大修现场，他们根据大修的需要及时为现场加工密封垫等配件。公司实施物资供应代储代销后，没有发生一起因质量问题而退货的现象，也没有发生一起因备货不定、交货不及时而影响生产的现象。

3. 供应商协助清仓利库

该公司近几年的发展给许多供应商带来很大的市场机遇，许多供应商一方面感到与公司做生意诚信度高、没有资金风险，有广阔的市场前景，另一方面也为自己积累了无形资产。有长远眼光的供应商追求的不单纯是买卖关系，而是通过合作建立良好的长期伙伴关系。

该公司通过代储代销工作方式，利用与供应商建立的良好合作关系，进一步挖掘降低成本的潜力，如针对过去一些备品配件库存多的情况，与供应商进行协调，促使供应商逐步回购库存物资。通过与供应商一起清仓利库处理积压物资，进一步改善了库存结构。该公司过去采购一家公司的密封件，一直没用完，造成了物资的积压。经过努力，泰州这家供应商克服自身困难，为该公司回购了价值 40 多万元的积压物资。通过组织供应商回购积压物资，使公司的库存积压物资不断减少。2020 年，该公司通过供应商回购的方式，减少了 750 万元的积压物资。

岗位素养 ‹‹‹‹‹‹‹‹‹‹‹‹‹‹‹‹‹‹‹‹‹‹‹‹‹‹‹‹‹‹‹‹‹‹‹‹‹‹‹

价值增值的多种形态：什么是金山银山

供应链价值增值有多种形态，以多种方式提升供应商、生产商、批发商、零售商、消费者和整个社会的价值。能够令人注意的是增加金钱价值，但金钱价值不一定带来社会福利的增加。而商品种类和数量的增加，则可以实实在在地提高全社会居民的生活水平和质量。社会福利、美好生活不止于此，还包括空气良好、环境优美、精神文明、社会和谐等多方面内容，因此，供应链的价值增加需要从多个维度进行考察。

优秀的供应链价值增值可以带来多方面的社会福利的增加。例如，京东物流在全国 50 多个城市投放使用的新能源车已达 20 000 万辆，每年可以减少约 40 万 t 的二氧化碳排放量；建成行业首个"零碳"物流园区；常态化投入可重复使用的循环快递箱、循环保温箱、循环中转袋等累计使用超过 2 亿次，减少消耗一次性泡沫箱 6 000 万个，一次性冰袋约 6 万袋，干冰约 3 万 t。

所以"绿水青山就是金山银山"的重要论断对供应链的发展具有重要的指导意义：绿色供应链才是供应链发展的目的和道路，供应链的"低碳"和"绿色"不仅为供应链发展带来更多的价值增值，也会为实现社会和谐以及人和自然的和谐做出巨大贡献。

【项目评价与反馈】

请每位同学独立完成本项目的学习内容和工作任务，以百分制分数（满分 100）的形式对个人进行单独评价。

序号	考核项目要求	权重	评分标准	自评得分	教师评价
1	遵守纪律，能按时独立完成工作任务	10%	在该项目学习结束时没有完成工作任务的，每延时 2 学时扣 2 分，直至扣完为止，延迟超过 1 周的本项目成绩得 0 分		
2	案例导入阅读	10%	阅读 5 遍得 10 分，每少 1 遍扣 2 分，未阅读得 0 分		
3	任务一	15%	正确 15 分；基本正确 10 分；有缺陷 5 分；不正确 0 分		
4	任务二	20%	正确 20 分；基本正确 15 分；有缺陷 10 分；不正确 0 分		
5	任务三	15%	正确 15 分；基本正确 10 分；有缺陷 5 分；不正确 0 分		
6	实例分析阅读	10%	阅读 5 遍得 10 分，每少 1 遍扣 2 分，未阅读得 0 分		
7	岗位素养阅读	10%	阅读 5 遍得 10 分，每少 1 遍扣 2 分，未阅读得 0 分		
8	总结拓展	10%	用词准确（2 分），逻辑清晰（2 分），语言简练（2 分），语意完整（2 分），要点明确（2 分）		

请根据以上打分情况，对本项目的学习效果进行总体评述（从素质的自我提升方面，应知、应会的职业能力提升方面进行书评，分析自己的不足之处，并描述对不足之处的改进措施，其结果计入总结拓展得分项）

综合得分		学生自评得分×50%+教师评价得分×50%

【同步训练题】

3.1　描述绩效测量和绩效管理的关系。

3.2　举例说明在供应链的主要阶段，即进货、存货、出货等阶段所获得的增值的测算方法。

3.3　列举3个采购增值机会并把它们推荐给中级经理，目的是提高他的工作绩效和对组织的贡献，请为每个机会写一段简短的说明。

3.4　什么是与持有库存有关的机会成本？

3.5　你将如何评估与供应商进行的商业谈判会议的效力？

3.6　从增值的角度，描述一个拥有完全集成的 IT/IS 系统的企业的运作效率优势。完全集成的 IT/IS 系统［也就是企业资源计划（ERP）］，如 SAP 和 Oracle 等。

建立适当的绩效指标

【项目介绍】

绩效指标的优劣直接决定了绩效管理工作的成败及效率的高低，所以在初步选择绩效指标之后，需要对其进行检验（任务一）。此外，需要特别注意的是，指标是体现在具体行动中的（任务二）。也就是说，所设计的绩效指标应该都是可以实施的，涵盖从测量到持续改进的整个过程。

【知识目标】

（1）了解供应链部门为公司业务运营所做的贡献；

（2）了解绩效测量指标应满足的要求；

（3）学会根据采购流程和评价对象选择恰当的 KPI。

【技能目标】

（1）评价绩效指标能否满足要求；

（2）制订提高绩效的行动计划；

（3）选择恰当的采购结构。

【素质目标】

（1）知道二十大报告指出的未来主要任务目标是全面建成社会主义现代化强国；

（2）知道社会主义现代化强国也可以用具体的 KPI 来表达。

案 例引入

从接受标准到制订标准

国际标准化组织（International Organization for Standardization, ISO）是一个全球性的非政府组织，也是国际标准化领域中一个十分重要的组织。ISO 的任务是促进全球范围内的标准化及其有关活动，以利于国际上产品与服务的交流，以及在知识、科学、技术和经济活动中发展国际相互合作。ISO 的主要机构及运作规则都在一份名为《ISO/IEC 技术工作导则》的文件中予以规定，通过这些工作机构，ISO 已经发布了 9 200 个国际标准，如 ISO 公制螺纹、ISO 的 A4 纸张规格、ISO 的集装箱系列（世界上 95% 的海运集装箱都符合 ISO 标准）、ISO 的胶片速度代码、ISO 的开放系统互联（OS2）系列（广泛用于信息技术领域）和有名的 ISO 9000 质量管理系列标准等。

ISO 9000 标准是 ISO 融合现代管理学最新的理念精华，推出的质量管理体系标准。它适用于各种类型、各种行业的组织，为组织提供了科学、系统的管理方法，使其融入以"客户为中心""流程再造"等先进管理理念，规范内部管理、提升质量水准、增强竞争能力、实现与国际接轨。

ISO 14001 是 ISO 制订的环境管理体系标准，是目前世界上最全面和最系统的环境管理国际化标准，适用于任何类型与规模的组织。ISO 14001 认证是对政府、社会和众多相关方（包括股东、贷款方、保险公司等）的承诺，其核心内容是衡量一个组织的环境管理体系是否符合环境管理体系审核准则。

ISO 45001 是 ISO 制订的职业健康与安全管理体系标准，是一个国际性职业安全卫生管理体系评审的系列，目的是通过管理减少及防止因意外而导致生命、财产、时间的损失，以及对环境的破坏。

随着中国经济的不断发展、技术的不断进步，新经济模式不断涌现，中国在世界标准化领域的影响力也越来越大。2022 年 11 月 23 日，ISO 正式将中国国际贸易促进委员会（简称中国贸促会）商业行业委员会牵头制定的《数字贸易——基本概念与关键倡议》注册为国际标准预研工作项目。同年 12 月 27 日，中国贸促会新闻发言人杨帆在例行新闻发布会上介绍道，截至目前，中国贸促会商业行业委员会累计负责召集 ISO 的 11 个工作组，牵头研制了 18 项国际标准，涉及共享经济、数字贸易和在线旅游等新兴领域。

杨帆表示，贸促会在参与国际标准制订过程中已实现多个专业领域零突破。"我们围绕新服务、新产业、新业态、新模式，在共享经济、在线旅游、展览会议、校企合作等多个专业领域，实现中国牵头制定国际标准的零突破。例如，由我们主导研制的《在线住宿预订平台服务指南》是全球范围内首个在线旅游国际标准，目前英国已将该国际标准等同作为英国国家标准。"

随着技术进步和供应链业务的不断提升和发展，未来的中国也将会参与制订供应链业务的全球标准，并在这些标准的执行过程中发挥积极作用。

任务一　检验绩效指标是否符合 SMART 标准

【任务描述】

洁莱雅是一家全球知名的日化用品公司，其管理委员会为公司制定的目标是：与上一财政年相比较，销售收入增长 5%，这个目标是年度业务计划的一部分。请你用 SMART 标准评估这个特定的目标，即完成表 4-1 的填写。

表 4-1　SMART 标准

SMART 标准	公司的目标是：与上一财年相比，销售收入增长 5%
S	
M	

续表

SMART 标准	公司的目标是：与上一财年相比，销售收入增长 5%
A	
R	
T	

【任务分析】

上述任务需完成确定绩效指标的两件事，一是设定了一个绩效目标；二是评价该指标的质量。在通常情况下，我们需要对指标体系进行逐一的审核，甚至在实践中进行事后的审查和修改，才能最终确定采用的具体关键绩效指标体系。根据以上分析和【任务描述】的要求，可以确定完成该任务的操作思路如下：

步骤 1：理解 SMART 标准的含义，可以查阅【相关知识】中的内容；

步骤 2：设计一审查表以方便记录审查过程；

步骤 3：检查该指标是否是 Specific（具体的）并记录下来；

步骤 4：检查该指标是否是 Measurable（可测量的）并记录下来；

步骤 5：检查该指标是否是 Achievable（可达到的）并记录下来；

步骤 6：检查该指标是否是 Relevant（相关的）并记录下来；

步骤 7：检查该指标是否是 Timed（有时限的）并记录下来；

步骤 8：判断该指标是否可以通过 SMART 检验，得出结论。

【相关知识】

4.1.1 实现管理层制定的目标

站在企业战略层的高度（参考图 4-1）才能更好地选择、评价与主要业务有关的 KPI。战略层次的 KPI 是组织长期规划的一部分，当决定选择一套绩效测量指标时，经理应保证在需要的时候能够获得相关的数据。适合战略层的 KPI 应当包括：①盈利率（生产和运营）；

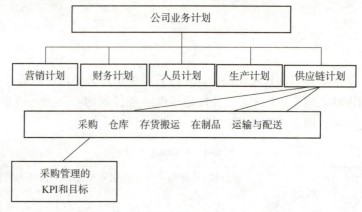

图 4-1　制造业企业的商务计划和管理结构中的供应链管理

②投资回报率（拥有投资能力和/或项目）；③现金流；④客户服务水平；⑤销售增长；⑥产品/技术工艺水平（向科技型企业发展，获得可持续发展能力）；⑦和预算对照的绩效；⑧成本管理（供应链管理的最主要领域）；⑨人力资源目标；⑩研究开发（研发新产品和进入新领域）。

这个 KPI 清单反映了在设定的时间周期内，公司和关键部门的目标，包括能够达到的水平和获得的市场竞争优势。

4.1.2 SMART 质量标准

SMART 标准是一个用于判断指标质量的管理工具。SMART 是一组单词的首字母，经常用于一般管理领域。我们可以运用这个管理工具来选择绩效评价的类型。

4.1.3 实现监控和管理目的

选择绩效评价指标的类型和具体种类，需要花费大量的时间在所有的管理层次上进行深思熟虑：

（1）目标是量化的，并在未来的某个时候可以实现；

（2）目标是客观的，评价指标告诉我们将有多快、多好地实现目标；

（3）目标会有各种不同的形式，例如：①一个简单的是/否目标：那件事我们做了吗？②一个成功的目标：销售额增加了百分之多少？③一个减少的目标：询问/抱怨次数减少了百分之多少？④一个结果目标：项目按照时间/预算完成了吗？⑤一个质量目标：提高了质量/服务了吗？

4.1.4 种类制定指南

如果我们回答了这些基本问题，就能够使用下列六点指导来帮助选择绩效测量的类型。绩效测量指标应当是：①可靠的：基础数据来源于健全、可靠和稳定的信息源；②有意义的：KPI 是相关的，它是合适的评价指标，对企业和相关人员都有价值和意义，被考核人必须清楚这点；③有针对性的：评价指标应当关注核心业务或运作性问题；④公平和平衡的：KPI 应当反映出运作的各个方面；⑤能够变化和改进：选择恰当的 KPI 将使得供应链更能适应环境的变化；⑥目的不只是达到目标，而是在规定的时间内改善结果。

【任务一知识要点】

绩效指标质量的好坏直接影响绩效管理的有效性，评价绩效指标的质量可以有许多标准，其中 SMART 质量标准是最常用的标准之一。

【任务实施】

完成此任务没有太大难度，若有问题，同学们可以相互讨论，或者和指导教师一起讨论。对于任务一各步骤的执行状况，各位同学可以按表 4-2 中的步骤并对照【任务考核/评价】部分给出的各步骤主要结果自行进行检查，然后逐条完善。

表4-2　任务一执行状况

任务一简述	是否执行 （是打√，否打×）	是否相同 （是打√，否打×）	不同在何处 （记录在空白处）
步骤1理解			
步骤2设计表格			
步骤3检验S			
步骤4检验M			
步骤5检验A			
步骤6检验R			
步骤7检验T			
步骤8得出结论			

【任务考核/评价】

上述工作的完成，确定了绩效指标的两件事，一是设定了一个绩效目标；二是评价该指标的质量。在通常情况下，我们需要对指标体系进行逐一审核，甚至在实践中进行事后的审查和修改，才能最终确定具体采用的关键绩效指标体系，其具体过程就是完成对表4-1中每一条的审核，见表4-3。

表4-3　洁莱雅公司SMART检查标准

洁莱雅公司SMART 检查标准	公司的目标是：与上一财年相比，销售收入增长5%
S	是的，公司新财年的营业额的目标具体明确
M	是的，通过原来的资料可以进行测量，销售的金额是客观的
A	具体的销售收入取决于公司运营的市场情况，通常5%是合理的、积极的目标
R	对于生产企业来说，这个测量指标是与业务核心相关的
T	是的，有明确的时间限制，一个财政年度

根据上述检查全过程，可以得出基本结论，即销售收入增长5%这一绩效指标是SMART的，是可以用作绩效测量指标的。

任务二　制订降低成本的行动计划

【任务描述】

表4-4是红双喜公司某一原料采购的成本清单，请准备一个行动计划来降低公司运营

成本，即确定一个在一段时间（半年）内可以测量的、可达到的成本降低目标（比如每个下降 5 元或 5%）。

表4-4　红双喜公司原材料采购的成本清单

项目	单价或单位费用/元	该项目占总采购成本之比/%
采购价	54.31	54.31
运输费	8.72	8.72
保险费	2.86	2.86
运输代理	0.04	0.04
进口关税	2.99	2.99
流通过程费用	0.60	0.60
库存利息	1.42	1.42
仓储费用	1.34	1.34
退货包装等摊销	0.13	0.13
不合格品内部处理费用	0.63	0.63
不合格品退货费用	0.20	0.20
付款利息损失	0.77	0.77
开发成本摊销	9.05	9.05
提供给供应商的专用模具摊销	8.18	8.18
包装投资摊销	8.76	8.76
其他费用	0	0
总计	100	100

【任务分析】

一个基本的行动计划应该包括识别行动、目标数据、人员（谁来完成）和时间（多少时间内完成）。此外，行动是一个过程，即先做什么，再做什么，直至最后完成。最好设计成一个表格，以求表达简明扼要。

根据以上分析和【任务描述】的要求，可以确定完成该任务的操作思路如下：

步骤 1：分析数据，明确目标，确认可降低的成本子项目；

步骤 2：设计行动计划表格，将先完成的事项放在表格前面，将后完成的事项放在表格后面；

步骤 3：确定测算当前成本值，以及执行人和完成日期；

步骤 4：确定整体目标值应达到值，以及执行人和完成日期；

步骤 5：确定子目标 1 应达到值，以及执行人和完成日期；

步骤 6：确定子目标 2 应达到值，以及执行人和完成日期；

步骤 7：确定子目标 3 应达到值，以及执行人和完成日期；

步骤 8：确定子目标 4 应达到值，以及执行人和完成日期；

步骤9：确定子目标5应达到值，以及执行人和完成日期；

步骤10：确定本任务的执行部门和完成日期。

【相关知识】

4.2.1 选择评价采购的 KPI

供应链经理可以使用6点选择指南和 SMART 评估工具来选择绩效评价指标。供应链经理应关心供应链的各个组成环节：进货，货物在仓库里的管理和出货。我们主要将重点放在供应链的上游，特别是对输入的采购的绩效管理。采购的作用是与外部供应商和内部客户或使用部门建立相连接的接口。用基本术语讲解，即采购经理收到从使用者发出的供应需求指令，寻找供应源，对货物和服务下订单。只有在考察了采购经理的核心任务之后，才能更好地选择合适的评价采购工作的 KPI。

一般采购的流程包括：①下订单；②现场采购；③达成协议；④拟定合同；⑤管理长期协议。这些任务和术语不是互相排斥的，而是根据角色和工作头衔的不同而经常交叉重叠。采购部门可能在战略层、战术层和运作层执行采购工作。为了选择评价采购的 KPI，企业首先需要制订采购任务的工作范围，详见表4-5中的采购绩效测量的种类。

表4-5　采购绩效测量的种类

采购业务计划层次	典型的采购业务中的任务	通常的采购绩效 KPI
战略	与主要的利益相关者/使用者合作	管理供应商的基础
	管理主要的供应商	管理长期关系
	发展内部和外部的关系	管理削减成本计划
	建立长期协议/合作伙伴	进行采购调研
	获得/评估报价，建议和投标	计划中期的供应/服务交付
战术	管理一般的供应商	管理当前的供应商关系
	与运作部门工作，获得并核对价格	连接客户需求与供应市场
交易	管理库存订单和非库存订单	每周/月处理的订单数量
	管理数据的输入程序	每周询价的次数

采购人员对利润最重要贡献之一的 KPI 是材料成本的节约。材料成本节约测量的基本定义是：能够在一些已经确认的成本基础上节约多少成本？这个基础可能是上一次支付的价格、预算价格或者预估目标成本，所有这些成本基础与价格波动有关。

例如，如果某产品的市场价格比去年上涨了2.5%，然而我们以去年的价格支付，这样相对于上涨的价格，至少预期了2.5%的有效节约。若要及时指导产品价格，需要对其进行价格跟踪，瞄准等于或低于被跟踪产品价格的上涨幅度。采购人员有许多成本节约的机会和技术，企业也因此可以在供应市场中适应价格不断波动的环境。对于绩效评价而言，最重要的是建立基本价格，跟踪市场的变化，购买产品，然后测量它们的差异。

【小训练 4-1】

采购成本对利润的影响

采购成本对利润率的影响可以通过一些基本计算进行演示,例如表 4-6 所示的某公司的基本的损益表。

表 4-6 某公司损益表

会计科目		金额/万元	占成本百分比/%	占销售百分比/%
销售收入		325.0		100.0
减:营业成本	劳动力	149.0	51.0	
	材料	109.0	37.3	
	管理费用	34.0	11.7	
	合计	292.0	100.0	89.8
=利润		33.0		10.2

这里的毛利润为 330 000 元,占销售收入的 10.2%,营业成本总额是 2 920 000 元,其中原材料成本为 1 090 000 元,占 37.3%。现在假设采购经理能够将原材料成本降低到 1 035 500 元,降低率为 5%。从成本变化对损益(表 4-7)的影响可以看出,这个节约直接影响利润,现在的利润是 385 000 元,即毛利率增加了 1.6%。

表 4-7 成本变化对损益的影响

会计科目		金额/万元	占成本百分比/%	占销售百分比/%
销售收入		325.0		100.0
减:营业成本	劳动力	149.0	52.0	
	材料	103.55	36.1	
	管理费用	34.0	11.9	
	合计	286.55	100.0	88.2
=利润		38.5		11.8

4.2.2 测量采购能力

能力在任何领域都是重要的,但是这并不意味着你在行动前必须要"知道所有的事"。例如,一名新律师可能没有能力处理一件复杂的诉讼,因为他缺少出庭的经验和技巧。有些能力需要在真实环境中实践一段时间才能获得。

能力可以通过几个要素进行测评,包括技巧、经验、知识和态度,而当它们与一种资格相结合时,将会产生最佳的效果。许多商业领军人物并没有认识到自己已经具备大多数能力要素。然而,有计划地提升能力是业务或组织对个人的需求。有些人只就学术知识进行学习,而另有些人则通过实践进行学习进而获得经验和技巧。

测量能力的方法可以是客观的，也可以是主观的。客观的测量方法有：①根据一套规定的能力水平，需要弥补多少"差距"？②对于个人、团队或部属来说，达到某种能力水平的时间是多少？③是否有可测量的进步？

主观的测量方法有：①这个人的工作干得如何？②指导或培训后的进步如何？③团队合作或业务关系有所改进吗？

4.2.3 选择恰当的采购结构

采购位于组织结构中的什么位置？在大型组织中，结构更复杂，例如：在一个国家有若干个办公地点；在几个国家有若干个办公地点；总部在一个国家，运作和销售分部在其他国家，零部件制造商和供应伙伴在不同的地点；有的公司有库存和配送，有的没有库存。

首先，采购是如何组织的？这里有一些可供选择的形式：

（1）中央采购部门；

（2）分散采购——完全授权给运作分部或辅助部门；

（3）总部领导的行动网络（center-led action networks，CLAN）——总部领导的管理层与分公司的分类采购授权相结合；

（4）分类采购——专门采购特定种类的货物或服务；

（5）社团采购（consortium purchasing）——主要是为相似的非竞争性服务的公众服务，例如大学或当地政府社团；

（6）合作采购——在具有相似需求的团体之间进行合作采购。

对于采购结构的决定是一个战略决策。设定和启动一个采购结构是中期到长期的决策，它将直接影响成本和运作的效力和效率。在任何组织中，决策需要高级管理层/董事会仔细考虑，需要充分地评估"商业风险"的成本和收益。这里没有唯一最佳的解决方案，但是对于特定的组织来说，何种结构能够运作得最好，就需要什么样的结构。在战略生命周期中做出的决定，将对组织的业务或服务产生长期的影响。

【任务二知识要点】

一个基本的行动计划应该识别行动、目标数据、人员（谁来完成）和时间（多少时间内完成）。绩效管理的目的是控制采购成本以及持续改进，但都需要实际行动。行动的成功与否，取决于采购人员能力的高低，而有些能力需要在真实环境中实践一段时间才能获得。

【任务实施】

完成此任务有一定难度，同学们可以相互讨论，或者与指导教师一起讨论。对于任务二各步骤的执行状况，各位同学可以按表4-8中的步骤对照【任务考核/评价】部分给出的各步骤主要结果自行进行检查，并逐条完善。

表4-8　任务二执行状况

任务二简述	是否执行 （是打√，否打×）	是否相同 （是打√，否打×）	不同在何处 （记录在空白处）
步骤1 调查数据			
步骤2 设计表格			
步骤3 测算当前值			
步骤4 确定整体目标值			
步骤5 确定子目标1			
步骤6 确定子目标2			
步骤7 确定子目标3			
步骤8 确定子目标4			
步骤9 确定子目标5			
步骤10 确定执行部门和完成日期			

【任务考核/评价】

一个基本的行动计划应该识别行动、目标数据、人员和时间。各位同学可以对照下列本任务各步骤的主要结果，利用表4-8进行自我评价和纠正。任务二各步骤的主要结果如表4-9所示。

表4-9　降低成本的行动计划

主题：降低材料成本	详细描述	行动清单和时间
问题：成本高	原材料成本高的原因	1周
产品或服务	在产品中占用的比例	2周内
现在的成本	100元/个	2周内
节约目标	95元/个	2周内
子目标1：降低采购价3元/个；	达到51.31元/个	张三，25周内
子目标2：降低运输费0.5元/个；	达到8.22元/个	李四，25周内
子目标3：降低库存利息0.25元/个；	达到1.17元/个	王二，25周内
子目标4：降低仓储费用0.25元/个；	达到1.09元/个	张三，25周内
子目标5：降低模具摊销1元/个；	达到7.18元/个	李四，25周内
什么时候完成	半年后	25周内
由谁来完成	采购部	25周内

仓储式超市的竞争力

随着各家电商平台的引入，消费零售市场的竞争变得异常激烈，线上和线下、超市和百货商店、普通超市和仓储式超市都在想方设法吸引更多消费者，呈现出非常复杂的竞争局面。其中仓储式超市大有取代普通超市的趋势，那么为什么仓储式超市会更有竞争优势呢？

仓储式超市又称为仓库商店、货仓式商场、超级购物中心等，是一种集商品销售与商品储存于一个空间的零售形式。这种商场规模大、投入少、价格低，大多利用闲置的仓库、厂房运行。场内极少豪华装饰，一切以简洁自然为特色。商品采取开架式陈列，由客户自选购物，商品种类多，场内工作人员少，应用现代信息技术进行管理，即通过商品上的条形码和托盘上的RFID（射频识别技术）实行快捷收款结算，实现对商品进、销、存的科学合理的控制，既方便了人们购物，又极大提高了商场的销售管理水平。

仓储式超市可以采取会员制，也可以不用会员制。仓储式超市的大多数商品的零售标价比其他传统超市和商场的零售标价低很多。按通常的市场情况，食品百货店的毛利率（进销差价）通常是20%~25%，有些超级市场甚至高达40%，而仓储式商场的毛利率仅为8%~10%。销售商品的品种数保持在3 000种左右，且一般不会超过5 000种，这些商品通常是当地市场上最畅销的商品。仓储式连锁商业已形成相当规模。据不完全统计，全球共有14家仓储式连锁商业集团，下辖700多个仓储式连锁商场（店）。

与超市等零售业态不同的是，仓储式超市具有简朴实用的特点以及价格低廉的优势。仓储式商场大多位于公共交通便利的市郊交界处，由于市郊地租便宜，加上商店又由货仓改建，集营业场所与仓储场所于一处，不需要另设仓库，节省投资费用，只进行简单装修即可，以最少的投资建造最实用的大型商场，且全面支持无人售货，各项成本费用较低，加上由于销售额高，便可以从生产厂家得到大幅折扣；同时，商品大多从生产厂家直接购进，减少了流转环节，节省了流通费用，创造了价格竞争优势。仓储式商场有许多大型百货商场不可比的优点，因此吸引了大批客户。厂家更是因为少了销售的中间环节，自然可以通过降价来让利给消费者，而厂家也有盈利，买卖双方皆大欢喜。

新时代、新征程的KPI

党的二十大是在我国迈上全面建设社会主义现代化国家新征程、向第二个百年奋斗目标进军的关键时刻召开的具有划时代、里程碑意义的大会。二十大报告指出了未来的主要任务目标：全面建成社会主义现代化强国，2020—2035年基本实现社会主义现代化；从2035年至21世纪中叶，把我国建成富强、民主、文明、和谐、美丽的社会主义现代化强国。这一战略安排明确了全面建成社会主义现代化强国的时间表、路线图，展现了中华民族伟大复兴的壮丽前景，令人鼓舞、催人奋进。

社会主义现代化强国也可以用具体的关键指标来表达，它们分别是：

（1）人均国内生产总值达25 000美元；

（2）我国全球创新指数排名进入世界前列；

（3）人均预期寿命提高到 80 岁以上；

（4）碳排放总量在 2030 年前实现达峰后的稳中有降。

从这些关键 KPI 可以看出，我国要全面建成的社会主义现代化强国，既要具备世界主要现代化强国的一般特点，也要具备体现中国特色社会主义本质要求和我国国情的鲜明特征，还应具备反映中华文明对人类文明进步做出更大贡献的天下情怀。全面建成这样的社会主义现代化强国，实现经济社会全面进步、国家"硬实力"和"软实力"全面提升，使人民物质富足、精神富有，将充分彰显中国共产党矢志不渝为中国人民谋幸福、为中华民族谋复兴的初心。

 【项目评价与反馈】

请每位同学独立完成本项目的学习内容和工作任务，以百分制分数（满分 100）的形式对个人进行单独评价。

序号	考核项目要求	权重	评分标准	自评得分	教师评价
1	遵守纪律，能按时独立完成工作任务	10%	在该项目学习结束时没有完成工作任务的，每延时 2 学时扣 2 分，直至扣完为止，延迟超过 1 周的本项目成绩得 0 分		
2	案例导入阅读	10%	阅读 5 遍得 10 分，每少 1 遍扣 2 分，未阅读得 0 分		
3	任务一	25%	正确 25 分；基本正确 20 分；有缺陷 15 分；不正确 0 分		
4	任务二	25%	正确 25 分；基本正确 20 分；有缺陷 15 分；不正确 0 分		
5	实例分析阅读	10%	阅读 5 遍得 10 分，每少 1 遍扣 2 分，未阅读得 0 分		
6	素质提升阅读	10%	阅读 5 遍得 10 分，每少 1 遍扣 2 分，未阅读得 0 分		
7	总结拓展	10%	用词准确（2 分），逻辑清晰（2 分），语言简练（2 分），语意完整（2 分），要点明确（2 分）		

请根据以上打分情况，对本项目的学习效果进行总体评述（从素质的自我提升方面，应知、应会的职业能力提升方面进行述评，分析自己的不足之处，并描述对不足之处的改进措施，总结结果计入总结拓展得分项）	
综合得分	学生自评得分×50%+教师评价得分×50%

 【同步训练题】

4.1 绘制一张简单的流程图，写明选择一个采购和供应 KPI 的关键步骤。

4.2 以你的组织和经验为例回答，直接节约材料成本对底线利润造成的影响是什么？

4.3 请通过检查采购和供应的交易和处理时间，分别列出三种降低采购成本的方法。

4.4 当一个组织的运作分部从 1 个发展到 3 个，你将如何改善其采购和供应的组织结构？

管理采购职能部门的绩效

 【项目介绍】

评价采购职能部门的绩效就是要考查采购部门工作事项的完成程度、对公司利润及竞争力做出多少贡献、对公司战略目标的实现起到了多少作用等。本项目将管理采购部门绩效的工作分解成两个部分，先是编制绩效指标体系（任务一），后是在此基础上制订评分标准并测算绩效（任务二）。

【知识目标】

（1）组织的一些战略目标可以分解成采购部门的多项目标，包括多个战术层子目标和操作层子目标；

（2）不同类型的企业需要不同的，但是完整有效的评价采购部门的绩效指标体系。

【技能目标】

（1）制订采购部门的盈利贡献指标并确定评分标准和权重；

（2）制订采购部门的基本工作量指标并确定评分标准和权重；

（3）制订采购部门的能力指标并确定评分标准和权重。

【素质目标】

（1）知道公司制度普遍存在委托代理问题；

（2）采购人员需签订反腐倡廉承诺书。

绩效的负极限管理：腾讯反腐

2022年年底，腾讯反舞弊调查部在"阳光腾讯"官方微信公众号公布前三季度调查结果：共发现查处违反"高压线"案件40余起，其中60余人因触犯"高压线"被辞退，10余人因涉嫌违法犯罪被移送公安司法机关，这也是腾讯首次向社会公众主动公布调查结果。

人们通常会认为，腐败问题主要出在政府机关和国有企业，私营企业不会存在腐败问题，但实际上这是认识误区。由于现代公司制度存在代理人问题，即股东并不能直接管理公司，需要聘请职业经理人直接管理公司，所以对于私营企业而言腐败问题也很难避免。正如华为CEO任正非所言："没有什么可以阻挡公司前进，唯一能阻挡的，就是内部腐败。"

媒体披露，腾讯公司2022年12月15日召开线上内部员工大会，会上马化腾表示，内部贪腐问题"真的是触目惊心"，"很多业务做不起来并不是管理者问题，而是贪腐漏洞太大，业务被掏空了"。

对于腾讯而言，因为内部腐败问题导致了两种基本情况不同程度存在：一种是腐败让企业可获取的营收减少了，即"低卖"；另一种是腐败让企业需要付出的成本费用增加了，即"高买"。这两种情况都牵扯到复杂的商业合作关系调整。当然，腐败现象的存在，还会引发企业内部的内耗增加等。目前，腾讯反腐败主要是解决"低卖"和"高买"问题，即通过业务压缩调整、商业模式调整、成本费用调整等，都能产生一定的效果，也就是通过调整压缩"低卖"或者"高买"的空间，希望能够完全切断发生两种可能的链条。

企业反腐的控制手段可以有很多，通俗来讲，就是80%靠机制建设，20%靠人员自律。在事前预防方面，企业一般会制定《采购系统职业道德协议》，员工在入职时就会签署，以实现对员工的自我约束。在事中控制方面，企业常会采用内部审计、价格稽核、内部轮岗、AB角采购等方法。

腾讯是一家在中国香港上市的股份有限公司，其反腐案例其实说明了一个最基本的问题，即腐败和所有制结构并没有直接的关联性，而是和普遍存在的委托代理关系密切关联，解决腐败问题最关键之处是要更加深入地研究委托代理关系，并在此基础上设计恰当的激励和约束机制。

任务一　编制绩效指标体系

【任务描述】

红双喜公司现在为采购职能部门编制一份绩效考核指标体系，基本要求是：总分100分，其中利润贡献占比60%，工作量占比20%，采购能力占比20%。请阅读【相关知识】和【实例分析】部分的内容后，为该公司采购部门选择恰当的绩效评价指标体系，自行完成对红双喜公司采购部门的绩效考核指标体系的编制工作。

【任务分析】

完成上述任务应没有太大难度，只需明确采购部门必须完成的事项，慎重选择能够表现工作任务的绩效指标，通过以上分析，根据【任务描述】的要求，可以确定完成本任务的操作思路如下：

步骤1：考察公司供应链业务流程，即公司采购部门做了什么事项；

步骤2：将事项进行分类，据此选择一级指标并对指标赋权重；

步骤3：对各一级事项进行再分类，即完成每个一级指标还需要完成哪些事项，据此设定二级指标并对指标赋权重或考核分值；

步骤4：对二级事项进行再分类，即完成每个二级指标需要完成哪些事项，据此设定三级指标及其考核分值；

　　步骤5：设计表格，将一级指标、二级指标、三级指标权重及分值分别记录在表格中；

　　步骤6：用SMART标准逐一检验每个指标，从而最终确定指标体系；

　　步骤7：明确不再修改后，确定指标体系。

【相关知识】

5.1.1　分解战略目标

　　当采购的战略目标制订后，就需要将其分解成为多个战术层子目标和操作层子目标，从而形成多个可以管理的任务，这样可以使参与采购过程中的每个人（包括采购部门的管理层和员工）都在实现总体采购目标中发挥作用，分解情况如图5-1所示。

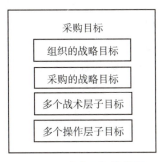

图5-1　采购目标的分解

　　依据图5-1可以完成一个企业的2020年采购目标分解示例：

　　（1）企业年度战略目标——企业主营业务利润提高；

　　（2）采购部门年度战略目标——采购成本下降；

　　（3）采购部门战术子目标：①物料采购金额总体下降；②库存成本下降；③交货准时率达成；④采购物料质量合格率达成。

　　（4）其中，对于"库存成本下降"的战术目标，可以制定相应的操作层子目标，在绩效考核时查看是否已经实现目标：①对物料进行ABC分类；②对A类物料实现JIT采购方式；③开发本地供应商。

5.1.2　建立一级指标

　　供应链职能需要围绕关键任务建立绩效测量指标，以便于测量和监控实施。相应地，采购职能绩效评价指标也可以分为三类：①盈利贡献指标类；②工作量指标类；③系统能力指标类。

　　绩效测量指标的基本目的是提供一种机制来对目标进行测量和监控，为了实现这一目的，测量指标应当是：①能够每月更新和发布；②能够表明相对于已商定目标的绩效情况；③显而易见，在组织中不论级别或职位，所有采购人员都能使用。

5.1.3　复杂系统的最优路径问题

项目一中介绍了单变量、简单系统的测量、控制，以及管理过程，即通过在某一时点的测量，获得某一指标的测量值，以此和目标值进行比较，找出偏高或偏低的原因，不断改进。采购部门是一个多目标的复杂系统，这也就意味着要建立多个绩效指标对这些目标进行测量，战略目标一定是这些指标的综合值。这些绩效指标具体可以分为三个主体：采购职能部门绩效指标、供应商绩效指标和采购人员绩效指标。

多变量系统的复杂性还来自达到目标的多种选择和多路径性，由于企业资源的有限性，这意味着市场中能够胜出的企业一定是选择了一条最优路径或者是相对优的路径，具体可见小训练5-1。

【小训练5-1】

【例5-1】假设一家企业的财务数据见表5-1，如果现在要使利润翻一番，达到1 000万元，请问①销售量增加多少，假设其他条件不变；②价格提高多少，假设其他条件不变；③工资降低多少，假设其他条件不变；④企业管理费用降低多少，假设其他条件不变；⑤采购成本降低多少，假设其他条件不变。

解：要使利润翻一番，达到100万元，可以采取的措施有：①销售量增加100%；②价格提高5%；③工资降低23%；④企业管理费用降低63%；⑤采购成本降低8.3%。（同学们可以自行计算）

表5-1　某企业财务数据　　　　　　单位：万元

财务指标	金额
销售总收入	1 000万元
采购物品成本	700万元
工资和奖金	220万元
企业管理费	80万元
营销费用	50万元
税前利润	50万元

可以看到，企业实现目标可以是多路径的，但有一种是最优的（或者相对优的）。企业沿着最优路径才是可以持续改进的。例如此训练中，采购成本节约很少比例就可以带来更大比例的利润增加，这种现象称为成本的利润杠杆效应（或乘数效应）。适当降低采购成本，是提高企业利润的最优路径之一。

【任务一知识要点】

供应链管理职能有三个基本任务：①为获得利润做贡献；②控制基本工作量；③开发系统和能力。相应地，职能绩效评价指标分为三类：①盈利贡献类；②工作量类；③系统能力类。测量指标应当能够：①每月更新；②表明相对于目标值的情况；③所有采购人员都能使用。

【任务实施】

完成此任务应没有太大难度，若有问题，同学们可以相互讨论，也可以和指导教师一起讨论。对于任务一各步骤的执行状况，各位同学可以按表5-2中的步骤顺序，对照【任务考核/评价】部分给出的各步骤主要结果自行进行检查，并逐条完善。

表5-2　任务一执行状况

任务一简述	是否执行 （是打√，否打×）	是否相同 （是打√，否打×）	不同在何处 （记录在空白处）
步骤1 考察流程			
步骤2 确定一级指标			
步骤3 确定二级指标			
步骤4 确定三级指标			
步骤5 设计表格			
步骤6 检验指标			
步骤7 确定指标体系			

【任务考核/评价】

各位同学可以对照下列本任务各步骤的主要结果，利用表5-2进行自我评价和纠正。任务一各步骤的主要结果如下：

步骤1：考察公司供应链业务流程，即公司采购部门做了哪些事项。

步骤2：将事项进行分类，如为公司利润做了多少贡献（战略）、工作量完成多少、潜力还有多少等，据此选择一级指标并对指标赋权重，此处的一级指标为利润贡献指标（60%）、工作量指标（20%）、系统能力指标（20%）。

步骤3：对各一级事项进行再分类，即完成每个一级指标还需要完成哪些事项，然后设定二级指标并对指标赋权重或考核分值，其中：

利润贡献选择的二级指标是节约指标（40%）、客户服务指标（30%）、库存指标（30%）；

工作量指标的二级指标选择人均完成采购金额（10分）和人均完成采购单数量（10分）作为考核指标；

采购系统能力指标选择紧急订单完成率（10分）和采购计划完成率（10分）作为考核指标。

步骤4：对二级事项进行再分类，即完成每个二级指标需要完成哪些事项，然后设定三级指标及其考核分值，其中：

二级节约指标选择价格节约率（10分）、采购成本节约率（10分）、采购金额占销售收入百分比（10分）、采购部门费用占销售收入百分比（10分）；

二级客户服务指标选择准时交货百分比（10分）、交货质量合格百分比（10分）、交货数量准确百分比（10分）；

二级库存指标选择单位仓库运营成本（10分）、库存周转率（10分）、客户服务水平（10分）。

步骤5：设计表格，将一级指标、二级指标、三级指标名称、权重及分值分别记录在表格中，见表5-3。

步骤6：用SMART标准逐一检验每个指标，这样可以最终确定指标体系。

步骤7：确定不修改后，确定指标体系，检验满分值是否为100分。

表5-3　任务一的指标体系

		原材料价格节约（10分）
利润贡献指标60%	节约指标40%	资本性采购成本节约率（10分）
		采购金额占销售收入百分比（10分）
		采购部门费用占销售收入百分比（10分）
	客户服务指标30%	准时交货百分比（10分）
		交货质量合格率（10分）
		交货数量准确率（10分）
	库存指标30%	单位仓库运营成本（10分）
		库存周转率（10分）
		客户服务水平=1-退货率（10分）
工作量指标20%		人均完成采购单数量（10分）
		人均完成采购金额（10分）
采购系统能力指标20%		紧急订单完成率（10分）
		采购计划完成率（10分）

任务二　制订评分标准并测算绩效

【任务描述】

上接任务一，请根据红双喜公司实际情况对任务一提出的指标体系进行定义并制订评分标准；同时，还要根据给出的采购部门年度业务实际运行状况（表5-4），对红双喜公司的采购部门进行绩效评估。

表5-4　红双喜公司采购部门实际运行状况

序号	考核指标	实际运营	得分
1	原材料价格节约	4.5%	
2	资本性采购成本节约率	3.5%	

续表

序号	考核指标	实际运营	得分
3	采购金额占销售收入百分比	57%	
4	采购部门费用占销售收入百分比	12%	
5	准时交货百分比	98%	
6	交货质量合格百分比	97%	
7	交货数量准确百分比	99%	
8	单位仓库运营成本	6 元/吨	
9	库存周转率	24 天	
10	客户服务水平	96%	
11	人均完成采购单数量	187 个	
12	人均完成采购金额	898 万元	
13	紧急订单完成率	100%	
14	采购计划完成率	95%	

【任务分析】

本任务根据每个指标的实际情况和评分标准打分，并计算综合得分，根据以上分析及【任务描述】的要求，具体操作思路如下：

步骤 1：定义原材料价格节约指标及评分标准；

步骤 2：定义资本性采购成本节约率指标及评分标准；

步骤 3：定义采购金额占销售收入百分比指标及评分标准；

步骤 4：定义采购部门费用占销售收入百分比指标及评分标准；

步骤 5：定义准时交货百分比指标及评分标准；

步骤 6：定义交货质量合格百分比指标及评分标准；

步骤 7：定义交货数量准确百分比指标及评分标准；

步骤 8：定义单位仓库运营成本指标及评分标准；

步骤 9：定义库存周转率指标及评分标准；

步骤 10：定义客户服务水平指标及评分标准；

步骤 11：定义人均完成采购单数量指标及评分标准；

步骤 12：定义人均完成采购金额指标及评分标准；

步骤 13：定义紧急订单完成率指标及评分标准；

步骤 14：定义采购计划完成率指标及评分标准；

步骤 15：根据采购部门运营情况给上述各指标打分。

步骤 16：根据一级指标权重、二级指标权重、三级指标权重计算综合评分，并根据评分判断公司的运营情况。

【相关知识】

5.2.1　建立盈利贡献指标

采购职能对企业盈利的贡献可以以不同的形式出现，测量和监控这种盈利贡献的绩效测量指标分为三类：①节约指标；②客户服务指标；③库存指标。

5.2.1.1　节约指标

节约指标是指从财务上衡量采购部门对于企业组织的贡献。衡量采购成本节约可使用两类指标：①价格和成本节约指标；②综合财务指标。

1. 价格和成本节约指标

节约指标的绩效测量取决于支出的性质，企业的支出通常分为营业性支出和资本性支出。资本性支出，如企业购买或升级设备、所有物或工厂建筑即属于资本性支出。资本性支出的收益期超过一个会计年度。一般来说，营业性支出的节约总是好的，可以降低运营开支。但是对于资产性支出的节约却不一定正确，因为若没有新资产，企业的收入能力会减弱。

通常，所有重复性购买的商品或服务都可以归类为营业支出，比如日常使用的原材料和零部件。营业支出中最常使用的节约指标是价格节约、价格避免、价格增加和增值节约。

1）营业性支出的成本节约

价格节约是指最后一次支付价格减少的数量。价格避免的典型定义为将供应商请求的价格增长量降低的数量，目标总是希望价格增长量为零。为避免公司物料未来价格上涨遭受冲击，可以采取措施，如签订价格保障合约、涨价前多备库存等。价格增加是指最后一次支付价格增加的数量。

具体的含义可以看一个例子，如最后一次支付的价格是 10.2 元；供应商要求价格从 10.2 元增长到 11.5 元，购买者支付的最后价格是 11 元。

最后的结果是：价格避免为 0.5 元，价格增加为 0.8 元。

价格增加的重要性：供应商要求 13%（1.3/10.2）的价格增长，购买者将该增长要求降低为 8%（0.8/10.2），这表明有 5% 的价格避免。但是，如果该特定商品的通货膨胀率是 4%，就不太可能认为这是一个良好的绩效。

价格节约、价格避免、价格增加都是以最后一次采购价格为基准来衡量价格的节约或超出额度。也可以用其他价格作为基准来衡量价格节约、价格避免、价格增加。它们分别是：①以标准成本作为价格基准；②以过去采购的移动平均价格为价格基准；③以实际使用时的市场价格为价格基准；④以基期采购价格为价格基准。

把上一年度 12 月 31 日的采购价格作为基准价，将每月或全年的采购价与基准价相比较。当采用基期价格基准时，常用比率而不是差额来衡量价格节约或价格增加的程度。公式为：

$$价格节约（或增加）比率 = (采购价 - 基期价格)/基期价格 \times 100\%$$

可以进一步计算总体的采购成本节约额度：

$$采购成本节约额 = 价格节约 \times 采购数量$$

【小训练5-2】

【例5-2】 某企业采购弹簧片这种零部件，过去3次采购的单价分别是3元、3.5元、4元。该企业打算再采购一批弹簧片，供应商报价4元/片，最终实际成交价为3.8元/片，则：

过去采购平均价＝[(3+3.5+4)/3]＝3.5(元)

价格避免＝供应商报价－实际采购价格＝4－3.8＝0.2（元）

价格增加＝实际采购价格－过去采购平均价格＝3.8－3.5＝0.3（元）

【例5-3】 江苏某企业需要采购某种编织袋作为包装物。2013年采购价格为2元/条。2014年，该集团采用网上招标的方法，吸引80多家供应商报价，最后选定某家供应商，供货价格为1.2元/条。

以2013年采购价格为基期价格，则2014年的价格节约比例为：

价格节约比例＝(采购价格－基期价格)/基期价格×100%＝(1.2－2)/2×100%＝－40%

【例5-4】 某公司对于某一型号的螺丝钉采购单价是5.8元/千个，年度采购总量为10 000万个，而上一年的采购单价是6元/千个。以上年度采购单价为基期价格，则：

价格节约＝6－5.8＝0.2元/千个。

采购成本节约额＝(0.2×10 000)＝2 000（元）

2）资产采购的成本节约

对于资本性支出的资产采购的绩效测量指标，可以用成本避免（cost avoidance），作为采购成本节约率，一般有两种算法：一是在采购预算基础上的价格避免；二是在供应商报价基础上的价格避免。

（1）基于采购预算价格的采购成本节约率。

最终采购资金节约额占物资采购预算金额的百分比率，可以用下面公式表示：

采购成本节约率＝采购资金节约金额/采购预算金额×100%

（2）基于供应商报价的采购成本节约率。

用供应商投标平均单价代替预算单价来计算采购成本节约率，见如下公式：

采购成本节约率＝(采购数量×供应商投标平均单价－采购数量×实际采购单价)/(采购数量×供应商投标平均单价)×100%

通常价格节约、价格避免、价格增加、增值节约会合并为一个目标，可以表达为"采购成本下降x%"或"采购部门费用下降x%"等战略目标。在采购职能部门内部，可以进一步分解落实到采购人员，为每一个人设立个人目标，如小王负责甲料采购工作，分解到他个人的目标是"物料甲采购价格下降y%"。

【小训练5-3】

【例5-5】 某企业采购部门打算采购50台仪器，仪器采购预算价格为3万元/台。经过采购招标，最终实际采购单价为2.6万元/台。

采购预算金额＝3×50＝150（万元）

实际采购支出金额＝2.6×50＝130（万元）

采购资金节约额＝150－130＝20（万元）

采购成本节约率=20/150×100%=13.3%

【例5-6】 2016年，某政府部门完成政府采购，政府采购预算为3 385万元，实际采购金额为2 633万元，则2016年全年：

总采购节约金额=3 385-2 633=752（万元）

采购成本节约率=752/3 385×100%=22.2%

【例5-7】 某企业打算采购20台计算机，有A、B、C三个供应商参加投标，各自的投标单价分别为4 000元、5 000元、4 500元。经过招标与供应商谈判，某企业最终采购单价为3 800元/台。请计算该企业的采购成本节约率。

供应商投标平均单价=（4 000+5 000+4 500）/3=4 500（元）

采购成本节约率=（20×4 500-20×3 800）/（20×4 500）×100%=15.6%

2. 综合财务指标

由于价格节约、成本避免、价格增加、增值节约等这些指标的绩效最终体现在企业支出的采购金额和采购部门的费用上，因此企业可以只用这几个指标来考核采购部门支出节约的效果。

（1）采购金额占销售收入百分比。

采购金额占销售收入百分比是指下式：

采购金额占销售收入百分比=采购金额/销售收入×100%

（2）采购部门费用占销售收入百分比。

采购部门费用是指绩效考核期内在采购过程中发生的办公经费、工资费用、组织招标活动费用、学习考察费用、培训费等费用总和，它是财政对从事采购活动所需要投入的费用额的绝对量，其公式为：

采购部门费用占销售收入百分比=采购部门费用/销售收入×100%

（3）采购部门费用占采购金额百分比。

采购部门费用占采购金额百分比=采购部门费用/采购金额×100%

【小训练5-4】

【例5-8】 某政府部门采购W1、W2型两种办公设备，采购数量分别为10台、8台，有A、B、C三个供应商参加投标，W1的报价分别为3 000元、2 500元、2 000元；W2型设备报价分别为2 800元、2 600元、2 400元。如果采用低价中标法，计算该次采购的成本节约率，则：

W1型设备供应商平均投标单价=（3 000+2 500+2 000）/3=2 500（元）

W2型设备供应商平均投标单价=（2 800+2 600+2 400）/3=2 600（元）

采购成本节约率=[（10×2 500+8×2 600）-（10×2 000+8×2 400）]/（10×2 500+8×2 600）×100%=14.8%

【例5-9】 某钢铁公司上半年销售额为50亿元，采购原材料、零部件、维修件共花掉24亿元，采购部门的人员薪酬、培训费用、办公费用等有关费用支出为500万元，则：

采购金额占销售收入百分比=24/50×100%=48%

采购部门费用占销售收入百分比=0.05/50×100%=0.1%采购部门费用占采购金额百分比=0.05/24×100%=0.2%

5.2.1.2　客户服务指标

企业竞争的成败无不建立在争夺客户的基础上。建议不要去测量不良服务的成本，因为通常来讲，测量负面影响是一个非常复杂的问题，应当花时间和精力在制订那些有助于改进客户服务水平的绩效测量体系上，即正面的影响指标上。两个指标可以用来测量直接向最终用户或仓库供应产品的采购绩效：①交货绩效指标；②质量绩效指标。

1. 交货绩效指标（delivery performance indicator）

采购交货是否准时会在极大程度上影响企业的成本和利润。交货绩效用"准时交货百分比"或"准时交货率"这个指标来测量。准时交货百分比测量方法有：

（1）按订货批次测量。

$$准时交货百分比＝准时交货批次/总订货批次×100\%$$

（2）按采购数量测量。

$$准时交货百分比＝准时交货的数量/总采购数量×100\%$$

（3）按采购金额测量。

$$准时交货百分比＝准时交货采购金额/总采购金额×100\%$$

衡量采购交货绩效的负面指标也是有的，如"紧急采购费用"和"缺料停工损失"。紧急采购费用指标是指紧急运输方式（如空运）的费用与正常运输方式的差额。紧急采购带来的购入的价格偏高、品质欠佳等因素也需要考虑。缺料停工损失是指停工期间作业人员的薪资损失，生产线再运行费用，恢复正常作业机器必须做的各项调整，包括温度、压力等。

> 【小训练5-5】
>
> 【例5-10】　某公司采购部门下半年共采购货物200批次，其中未按照规定的交货期准时交货的送货批次为12批次，则下半年采购部门准时交货百分比是多少？
>
> 解：准时交货百分比＝（200-12）批次/200批次×100%＝94%
>
> 【例5-11】　某烟草销售集团的采购部门5月共采购卷烟20万箱，其中未准时交货的卷烟数量为2万箱，则5月准时交货百分比是多少？
>
> 解：5月准时交货百分比＝（20-2）/20×100%＝90%
>
> 【例5-12】　某超市上半年采购货物的总金额为5 000万元，其中未准时交货的货物合计金额为400万元，则该超市上半年采购部门准时交货百分比是多少？
>
> 解：准时交货百分比＝（5 000-400）/5 000×100%＝92%

2. 质量绩效指标（quality performance indicator）

所采购物料的质量合格率和数量准确率是衡量采购绩效非常重要的指标，通过"合格交货百分比"进行测量，有以下几种计算方式：

（1）按订货批次测量。

$$合格交货百分比＝（合格交货批次/总采购批次）×100\%$$

（2）按采购数量测量。

$$合格交货百分比＝（合格交货数量/总采购数量）×100\%$$

（3）按采购金额测量。

$$合格交货百分比=（合格交货采购金额/总采购金额）×100\%$$

有时候，采购物料质量合格率和数量准确率也会分开来单独计算，计算方法与合格交货百分比的计算类似。此外，几个负面指标也可以用来测量物料质量绩效：

$$退货率=（退货批次/总采购批次）×100\%$$

$$物料抽检缺陷率=（抽检缺陷总数/抽检样品总数）×100\%$$

$$物料在线报废率=物料总报废数（含在线生产时发现的）/来料总数×100\%$$

【小训练5-6】

【例5-13】 某企业上半年采购部门共采购货物560批次，交货不符合订货要求的共有30个批次，其中15批次的订货质量不符合要求，有20批次的数量不正确。则该企业采购部门上半年的质量绩效指标如何？

解： 采购物料合格交货百分比=（560-30）/560×100%=94.6%

采购物料质量合格率=（560-15）/560×100%=97.3%

采购物料数量准确率=（560-20）/560×100%=96.4%

【例5-14】 某企业采购部门2014年下半年共采购56批次原材料，退货批次2次。这些原材料中，共抽检4 800个，发现有缺陷的物料数12个，下半年生产线共使用物料250 000个，发现有质量问题而报废的物料50个。采购部门下半年在质量绩效方面的表现如何？

解： 退货率=2/56×100%=3.57%

物料抽检缺陷率=12/4 800×100%=0.25%

生产线报废率=50/250 000个×100%=0.02%

---

3. 服务采购

在服务的采购中，测量已经实现的绩效水平同样也很重要。据统计，企业营业收入总额的11%和采购总成本的30%都是用来采购服务的。对于一家年营业收入为40亿元的公司，年服务采购的支出将达到4亿元。因此，无论对于企业还是公共事业单位，服务采购都是一笔很大的开支，而且这笔支出每年都在增长，平均增幅超过20%。

通常来讲，服务分为两类：①工程承包合同中所含有的一部分服务；②独立服务。服务因素包括：①起始采购测量的成本；②履行服务中正在进行的绩效水平，包括质量、售后服务、价格、绩效的一致性。用于测量在承包商服务合同中采购绩效的数据和测量单个供应商绩效所用的数据非常相似，可以参阅"项目六管理供应商绩效"。

5.2.1.3 库存指标

库存绩效主要进行以下三个方面的测量：①经济性；②效率；③效力。总之，库存的运营成本要尽可能低，提高客户需要的服务水平，且投资于库存的资金最少。

1. 经济性

所有和库存管理有关人员的主要职责之一，就是确保存货任务达到最佳资金价值。为了做到这一点，了解供应运营成本是很重要的，供应运营成本由以下三个方面组成：①存货成本；②订货和供应成本；③仓库、堆料场和分拨成本。人们通常为这些成本设立一个年度预算，每个月通过比较实际成本和预算成本对过程进行监控是有用的。

2. 效率

为了更有效率地管理库存，要确保库存中的每一种产品都是需求产品并且有使用记录，这是很重要的。在大型仓库中存储的产品可能达到成千上万种。幸运的是，有很多有用的技术可以将这个任务变得更容易管理，如帕累托法则提出，持有库存中80%的价值占持有库存数量的20%。

库存周转率（通常用发货数量除以仓库总吞吐量来计算）是一个重要指标，表示产品进出仓库的速度，经常用来衡量仓库的管理绩效。在财务上，某一时期（月、季度或年）库存周转率常用下面的公式计算，用于衡量企业库存管理水平。

$$库存周转率=出库量/平均库存量$$
$$平均库存量=(期初库存量+期末库存量)/2$$

库存量可以用金额来表示，也可以用数量来表示。零售企业常用金额，而制造企业常用数量来计算库存周转率。对于制造业，库存类型包括原材料库存、半成品库存和产成品库存。这三类库存周转率可以单独计算（以月平均库存周转率为例）：

$$原材料库存周转率=月内出库的原材料总成本/原材料平均库存$$
$$在制库存周转率=月内入库的半成品成本/在库平均库存$$
$$产成品库存周转率=月售出产品的成本/成品在库平均库存$$

知道了库存周转率，可以计算出库存周转天数：

$$库存周转天数=某一时期内天数/库存周转率$$

【小知识】

库存管理的 ABC 分析法

仓库管理中也有一种 ABC 分析法，是指基于仓库中产品的周转次数（stock turn-over）对仓库物品进行分类，而不是用库存价值来算。表5-5列出了一个 ABC 分析法的示例，其中的发货量是指某类产品每天发货量占总发货量的比例。

表5-5　基于库存周转次数的 ABC 分析法

产品	流通	每天周转次数	发货量
A 类	快	7~10	70%
B 类	中	2~6	20%
C 类	慢	小于2	10%
D 类	没有流通		废料

---

3. 效力

客户服务水平是指库存对顾客需求的满足程度。客户服务水平有两种计算方法：

(1) 以订单满足率表示客户服务水平，其计算公式如下：

$$客户服务水平=(顾客订货次数-缺货订货次数)/顾客订货次数×100\%$$

(2) 以订货满足率表示客户服务水平，其计算公式为：

$$客户服务水平=能够满足的订货量/顾客总订货量×100\%$$

与客户服务水平相对应的是缺货率，缺货率=1-客户服务水平。比较仓库接到的需求数量与发货数量，可以显示出服务水平的不足。如果需求为 100，而发货量仅为 85，那么总体服务水平就是 85%。服务水平的提高与要求的库存价值的增长是不成比例的。例如，服务水平仅提高 2 个百分点，即从 95% 提高到 97%，而持有库存则需要增加 14%。

【小训练 5-7】

【例 5-15】 某水泥企业 5 月份共接到 120 份客户订单，其中 6 份订单因为不能按时交货而被推迟，则：

$$客户服务水平=(120-6)/120\times100\%=95\%$$

【例 5-16】 某水泥企业 5 月份共接到 120 份客户订单，订货量共为 3 万吨，但 5 月该企业产成品库存只能供应 2.7 万吨，则该月库存的客户服务水平为：

$$客户服务水平=2.7/3\times100\%=90\%$$

5.2.2　建立基本的工作量指标

测量采购部门的工作量的绩效指标有三个：

（1）采购订单或合同的数量。

（2）人均完成采购申请单数量的计算公式。

人均完成采购申请单数=总采购申请单数/考核期内采购人员数

（3）人均完成采购金额的计算公式。

人均完成采购金额=完成的采购总金额/考核期内采购人员数

5.2.3　建立系统和能力指标

采购系统由采购人员、采购流程和采购方法构成。加强采购人员培训、改进采购流程可以提高采购系统的能力。测量采购系统能力主要从系统柔性和效率两个方面进行。

1. 柔性指标

（1）采购柔性：采购柔性可以参考使用的指标是供应及时率。

采购柔性=（生产高峰供应及时率−生产低峰供应及时率）/平均供应及时率×100%

供应及时率=考核期内及时满足生产要求的采购次数/生产部门要求采购的总次数

（2）紧急订单完成率。

紧急订单完成率=紧急订单及时完成数量/紧急订单总数×100%

2. 效率指标

（1）采购计划完成率公式。

采购计划完成率=完成的采购总金额/计划采购金额×100%

（2）订单处理周期：指从建立采购订单到供应商发货的时间。

（3）人均采购费用公式。

人均采购费用=采购部门费用/考核期内采购部门人数

（4）采购人员人均管理供应商数量公式。

$$人均管理供应商数量＝供应商总数／采购人员数量$$

（5）错误采购次数：错误采购次数是指未按照有关的请购或采购作业程序处理的采购活动发生数量。

【任务二知识要点】

采购职能的盈利贡献包括：①节约；②客户服务；③库存。节约是从财务上衡量采购的贡献。客户服务指标包括①交货绩效；②质量绩效。库存绩效体现在：经济性（运营成本）、效率（库存资金）、效力（服务水平）。基本工作量关注合同总数量或人均量，系统能力测量的是系统的柔性和效率。

【任务实施】

完成此任务应没有太大难度，只是比较烦琐，需要同学们仔细执行。红双喜公司采购部门实际运营状况见表5-4。同学们可以相互讨论，或者和指导教师一起讨论。对于任务二各步骤的执行状况，各位同学可以按表5-6中的步骤并对照【任务考核/评价】部分给出的各步骤主要结果自行进行检查，并逐条完善。

表5-6　任务二执行状况

任务二简述	是否执行 （是打√，否打×）	是否正确 （是打√，否打×）	错在何处 （记录在空白处）
步骤1定义原材料价格节约			
步骤2定义资本性采购成本节约			
步骤3定义采购金额占销售比			
步骤4定义采购部门费用占销售比			
步骤5定义准时交货百分比			
步骤6定义交货质量合格百分比			
步骤7定义交货数量准确百分比			
步骤8定义单位仓库运营成本			
步骤9定义库存周转率			
步骤10定义客户服务水平			
步骤11定义人均采购单数量			
步骤12定义人均采购金额			
步骤13定义紧急订单完成率			
步骤14定义采购计划完成率			
步骤15指标打分			
步骤16综合评价			

【任务考核/评价】

各位同学可以对照下列本任务各步骤的主要结果，利用表5-6进行自我评价和纠正。任务二各步骤的主要结果如下：

1. 定义指标及确定评分标准

（1）原材料价格节约（10分），用来评价主要原材料的节约努力。

计算公式：原材料价格节约比率=（采购价格-上期价格）/上期价格×100%；绩效目标：至少不增加；评分：基本分为10分，由于原材料总的价格趋势在上涨，每上升1%扣1分，扣完为止。

（2）资本性采购成本节约率（10分），用来评价资本货物的节约努力。

计算公式：资本性采购成本节约比率=（采购价格-预算支出）/预算支出×100%；绩效目标：至少节约5%；评分：基本分为10分，每少节约0.5%扣1分，扣完为止。

（3）采购金额占销售收入百分比（10分），用来评价采购对销售收入的贡献。

计算公式：采购金额占销售收入百分比=年采购总金额/年销售收入×100%；绩效目标：最高50%；评分：基本分为10分，每上升1%扣1分，扣完为止。

（4）采购部门费用占销售收入百分比（10分），用来评价采购部门的努力程度。

计算公式：采购部门费用占销售收入百分比=采购部门年总支出/年销售收入×100%；绩效目标：最高15%；评分：基本分10分，每上升1%扣1分，扣完为止。

（5）准时交货百分比（10分），用来评价交货准时性。

计算公式：准时交货百分比=准时交货批次数/交货总批数×100%；绩效目标：准时交货率100%；评分：基本分10分，每下降1%扣1分，扣完为止。

（6）交货质量合格百分比（10分），用来评价交货质量。

计算公式：交货质量合格百分比=质量合格批次数/交货总批数×100%；绩效目标：质量合格率100%；评分：基本分10分，每下降1%扣1分，扣完为止。

（7）交货数量准确百分比（10分），用来评价交货数量准确性。

计算公式：交货数量准确百分比=数量准确批次数/交货总批数×100%；绩效目标：数量准确率100%；评分：基本分10分，每下降1%扣1分，扣完为止。

（8）单位仓库运营成本（10分），用来评价仓库运营成本。

计算公式：单位仓库运营成本=年仓库运营费用/年货物吞吐量×100%；绩效目标：5元/吨；评分：基本分10分，每超过10%扣1分，扣完为止。

（9）库存周转率（10分），用来评价库存周转速度。

计算公式：库存周转率=出库量/平均库存量，库存周转天数=某一时期内天数/库存周转率；绩效目标：20天；评分：基本分为10分，每超过1天扣1分，扣完为止。

（10）客户服务水平（10分），用来评价公司竞争力。

计算公式：客户服务水平=（客户订货次数-缺货订货次数）/顾客订货次数×100%；绩效目标：100%；评分：基本分为10分，每下降1%扣1分，扣完为止。

（11）人均完成采购单数量（10分），考核采购对其他部门的贡献。

计算公式：人均完成采购申请单数=总采购申请单数/考核期内采购人员数；绩效目标：200单；评分：基本分为10分，每少10单扣1分，扣完为止。

（12）人均完成采购金额（10分），用来评价每人的采购工作量。

计算公式：人均完成采购金额=完成的采购总金额/考核期内采购人员数；绩效目标：1 000万元；评分：基本分10分，每少100万元扣1分，扣完为止。

（13）紧急订单完成率（10分），用来评价供应链应对突发事件的能力。

计算公式：紧急订单完成率=紧急订单及时完成数量/紧急订单总数×100%；绩效目标：完成率100%；评分：基本分为10分，每下降1%扣1分，扣完为止。

（14）采购计划完成率（10分），用来评价采购工作量完成情况。

计算公式：采购计划完成率=完成的采购总金额/计划采购金额×100%；绩效目标：完成率100%；评分：基本分为10分，每下降1%扣1分，扣完为止。

2. 根据采购部门运营情况给各指标打分

采购部门运营指标得分见表5-7。

表5-7　采购部门运营指标得分

序号	考核指标	实际运营	得分
1	原材料价格节约	4.5%	5.5
2	资本性采购成本节约率	3.5%	7
3	采购金额占销售收入百分比	57%	3
4	采购部门费用占销售收入百分比	12%	10
5	准时交货百分比	98%	8
6	交货质量合格百分比	97%	7
7	交货数量准确百分比	99%	9
8	单位仓库运营成本	6元/吨	8
9	库存周转率（库存周转天数）	24天	6
10	客户服务水平	96%	6
11	人均完成采购单数量	187个	8.7
12	人均完成采购金额	898万元	9
13	紧急订单完成率	100%	10
14	采购计划完成率	95%	5

3. 根据一级指标权重、二级指标权重、三级指标权重计算综合评分

根据：综合评分=利润贡献指标得分×60%+工作量指标得分+采购系统能力指标得分

其中：利润贡献指标得分=节约指标得分+客户服务指标得分+库存指标得分

其中：节约指标得分=原材料价格节约得分+资本性采购成本节约率得分+采购金额占销售收入百分比得分+采购部分费用占销售收入百分比得分=5.5+7+3+10=25.5（分）；客户服务指标=准时交货百分比+交货质量合格百分比+交货数量准确百分比=8+7+9=24（分）；库存指标得分=单位仓库运营成本指标得分+库存周转率指标得分+客户服务水平指标得分=8+6+6=20（分）；所以利润贡献指标得分=25.5+24+20=69.5（分）。

所以综合评分=69.5+17.7+15=74.4（分）。

综合满分＝100分，此评价的结果表明公司采购部门运行状况处于良好状态。

实例分析 <<<<<<<<<<<<<<<<<<<<<<<<<<<<<<<<<<<<<<<<<<<<

评价中国电信的采购绩效

电信为了加强对物资采购工作的管理，切实做好了对物资采购工作的考核。

1. 采购绩效指标体系的建立

采购绩效考评与评估的关键是制定一套客观的、能够评价采购部门及采购人员绩效的、对考核对象有导向作用的指标体系；同时，还要制定相应的、合理的、适度的标准。

2. 采购职能绩效指标体系

包括：①节约绩效；②客户服务绩效；③工作量绩效；④采购系统效率；⑤采购系统柔性。

3. 供应商绩效指标体系

包括：①供应商交货及时率；②供应商信用度。

4. 客户反馈指标体系

包括：①物资供应满意度；②供应商满意度。

5. 绩效测量标准

每个考核指标在考核体系中的作用是不同的，但却是相辅相成的，这样才能构成指标体系。针对电信市场物资采购的特点，对不同的绩效指标给出具体的评价标准，每个考核指标的测量标准见表5-8。

6. 绩效评价指标的打分方法

制定了绩效测量指标体系并确定其测量标准后，需要为每一项指标确定打分方法。打分采用5分制，每项指标最高分值为5分，最低分为0分。指标完成效果越好，得分越高。14项指标总分70分。例如，采购资金节约率指标的打分方法见表5-9。

表5-8 考核指标的测量标准示例

	绩效类型	具体指标	测量标准
采购职能绩效	节约绩效	采购资金节约率	制定标准
		大宗设备资金节约率	制定标准
		采购费用率	制定标准
	客户服务绩效	采购准时交货率	制定标准
		交货质量合格率	制定标准
		交货数量准确率	制定标准
	工作量绩效	人均完成申请单数	按实际计算
		人均完成采购金额	按实际计算
	采购系统效率	采购计划完成率	制定标准
	采购系统柔性	采购柔性	按实际计算

	绩效类型	具体指标	测量标准
供应商绩效	交货	供应商交货及时率	制订标准
	信用	供应商信用度	按实际计算
客户反馈绩效	客户满意度	物资供应满意度	制订标准
	供应商满意度	供应商满意度	制订标准

表 5-9　采购资金节约率指标的打分方法示例

指标完成情况	得分
采购资金节约率低于 0.5%	0 分
采购资金节约率为 0.5%~1.5%	1 分
采购资金节约率为 1.5%~2.5%	2 分
采购资金节约率为 2.5%~4%	3 分
采购资金节约率为 4%~5.5%	4 分
采购资金节约率大于 5.5%	5 分

表 5-10 是 2003 年上半年该公司对采购部门绩效测量的结果。

表 5-10　2003 年上半年该公司对采购部门绩效测量结果

	绩效类型	具体指标	测量标准	完成值	得分
采购职能绩效	节约绩效	采购资金节约率	5.5%	5.53%	5
		大宗设备资金节约率	5%	5.5%	5
		采购费用率	0.15%	0.12%	5
	客户服务绩效	采购准时交货率	98%	99.7%	4.5
		交货质量合格率	99%	100%	5
		交货数量准确率	99%	100%	5
	工作量	人均完成申请单数	按实际计算	44 个	4
		人均完成采购金额	按实际计算	5 628 万元	4
	采购系统效率	采购计划完成率	95%	97%	4.5
	采购系统柔性	采购柔性	按实际计算	100%	5
供应商绩效	交货	供应商交货及时率	95%	99.7%	4.5
	信用	供应商信用度	按实际计算	96.5%	4
客户反馈绩效	客户满意度	物资供应满意度	80%	82%	4.5
	供应商满意度	供应商满意度	85%	83.7%	3
总计					63

本次绩效测量总得分为 63 分, 成绩优良。但从单项得分来看, 供应商满意度得分偏低, 表明采购部门下一步工作重点应是加强与供应商的合作关系, 保持供应商队伍的稳定性。

岗位素养

荣泰电工：释放"廉动力"，长成"小巨人"

浙江荣泰电工器材股份有限公司成立于 1998 年，是一家专业从事耐高温绝缘云母材料的研发、生产与销售的国家高新技术企业，为特斯拉、宝马、大众等知名企业提供新能源汽车电池安全防护产品及解决方案，先后被评为浙江省"隐形冠军"企业、国家专精特新"小巨人"企业，并入选国家重点支持"小巨人"。

公司每年与采购人员签订《采购人员廉洁自律协议》，不断强化廉洁教育，使采购人员始终守住纪律"红线"和法律"底线"。

廉洁自律协议的主要内容如下：

（1）采购员在业务活动中一直坚定不移地遵守商业道德、保持诚实守信；

（2）以品质为准来购买所有原料和服务，寻求最佳价值以及与供应商的稳定业务关系；

（3）禁止员工向任何供应商索取任何礼品、招待或其他报酬；

（4）禁止员工收受任何现金（如红包）、现金等价物（如支票、预付卡、购物券）、任何金额的礼品（如烟、酒）、娱乐或招待或者其他任何利益；

（5）尽管节日期间是互赠礼品的传统季节，但荣泰电工关于礼品的政策却无例外。我们鼓励互赠节日贺卡，反对供应商给任何员工赠送任何形式的礼品；

（6）荣泰电工员工的住宿及差旅费用均由荣泰电工自行承担，禁止由供应商支付；

（7）您与荣泰电工在商务接洽时需全面接受荣泰电工《廉洁保障制度》及《反不当竞争承诺书》中的全部条款。同时，荣泰电工禁止员工收受或索取来自供应商的不当利益的态度是坚决的，任何被怀疑或发现的上述行为都将可能导致双方的合作立刻终止；

（8）若荣泰电工员工索要金钱或其他礼品，您可以通过相关途径举报。

【项目评价与反馈】

请每位学生独立完成本项目的学习内容和工作任务，以百分制分数（满分100）对个人进行单独评价。

序号	考核项目要求	权重	评分标准	自评得分	教师评价
1	遵守纪律，能按时独立完成工作任务	10%	在该项目学习结束时没有完成工作任务的，每延时 2 学时扣 2 分，直至扣完为止，延迟超过 1 周的本项目成绩得 0 分		
2	案例导入阅读	10%	阅读 5 遍得 10 分，每少一遍扣 2 分，未阅读得 0 分。		

续表

序号	考核项目要求	权重	评分标准	自评得分	教师评价
3	任务一	25%	正确 25 分；基本正确 20 分；有缺陷 15 分；不正确得 0 分		
4	任务二	25%	正确 25 分；基本正确 20 分；有缺陷 15 分；不正确得 0 分		
5	实例分析阅读	10%	阅读 5 遍得 10 分，每少一遍扣 2 分，未阅读得 0 分		
6	岗位素养阅读	10%	阅读 5 遍得 10 分，每少一遍扣 2 分，未阅读得 0 分		
7	总结拓展	10%	用词准确（2 分），逻辑清晰（2 分），语言简练（2 分），语意完整（2 分），要点明确（2 分）		

请根据以上打分情况，对本项目的学习效果进行总体评述（从素质的自我提升方面，应知、应会的职业能力提升方面进行述评，分析自己的不足之处，并描述对不足之处的改进措施，总结结果计入总结拓展得分项）

综合得分		学生自评得分×50%+教师评价得分×50%

【同步训练题】

5.1　给出持有库存占用组织资金的理由。

5.2　如果发现库存价值减少，你认为可能的原因是什么？

5.3　如果一段时间内组织的订货成本在上升，可能是由哪些原因引起的？

5.4　你认为什么因素可以导致库存周转量增加？

管理供应商绩效

【项目介绍】

外部供应商对企业经营的成功与否具有非常重要的影响，企业购买商品和服务的支出一般占营业收入的 50%~60%，因此，对供应商的绩效管理是企业供应链管理的重要方面。本项目包括 3 个任务，由易到难分别是评价简单采购的供应商绩效（任务一）、评价重要供应商的绩效（任务二）和评价供应商资金状况（任务三）。

【知识目标】

（1）了解什么是供应商绩效测量和供应商评估；

（2）了解什么是简单采购和复杂采购；

（3）了解联合绩效测量系统及其优点。

【技能目标】

（1）评价简单采购的供应商绩效；

（2）评价复杂采购的供应商绩效；

（3）评价供应商的资金状况。

【素质目标】

（1）能够用供应商行为准则来评价和选择供应商；

（2）掌握供应商行为准则，包括劳工标准、健康和安全、环境保护、商业道德以及管理体系。

化工企业的原材料采购

供应商在企业外部，其本身也是一个复杂的多变量系统，但从供应链的角度看，企业对供应商的评价更关注两个企业的相互作用，即供应商对其供货企业的影响。

在化工企业日常经营业务中，采购业务是一个非常重要的环节，尤其是生产原材料的采购。多数化工企业属于典型的流程型生产方式，生产过程连续不断，生产设备需要常年运转，所以采购部门必须保障生产所需的原材料的供给。尽管化工企业采购的原材料品种较少，如氮肥生产企业的主要原材料就是原煤，磷肥生产企业的主要原材料是磷矿石，氯碱化工生产企业的主要原材料有盐、电石和原煤等，玻璃生产企业的主要原材料有纯碱、砂岩和芒硝等，但是化工企业的原材料对企业生产经营的影响却很大，主要体现在以下几个方面：

（1）原材料的质量对最终产品的质量影响大。在氨肥企业，原煤的质量会直接影响合成氨的质量，灰分少、含硫低、硬度高的原煤是化肥企业的最佳选择。

（2）原材料的质量对企业生产成本影响大。对于用电石法生产PVC树脂的企业，主要原材料电石的发气量不仅影响PVC的生产成本，还会影响生产设备的使用寿命。

（3）原材料的成本占产品总成本的比例大。以煤为原料的氨肥生产企业，原煤成本在尿素生产成本中所占比例均在60%以上。

（4）原材料的价格波动大，市场变幻莫测。由于化工企业的原材料基本上属于矿产资源，当市场需求大于供给时，价格较高；当市场需求小于供给时，价格很低，这些原材料的价格变动大，而且变化速度快。

（5）原材料的采购周期长，采购涉及的资金量大。由于多数化工企业所需的原材料采购周期长，企业又必须保障采购提前期内的生产供给，所以每次原材料的采购数量都很大，需要动用大量的采购资金，如一些氨肥生产企业每年采购煤的金额可高达上亿元。

任务一　评价简单采购的供应商绩效

【任务描述】

苏源公司是一家电动自行车生产企业，生产过程中用到规格不一的螺丝，现公司准备和供应商合作，施行寄售库存方案，则需要对供应商进行等级评定。请你根据供应商实际运营情况（表6-1），从对应的几个方面对供应商进行评价，并对其提出整改意见。

表6-1　螺丝供应商实际运营情况

序号	指标及其分值	实际运营情况	得分
1	批次合格率（25分）	90%	
2	生产线PPM值（25分）	2 000PPM	
3	交货及时率（30分）	延迟3天	
4	售后服务（5分）	处理不彻底1次	
5	品质改善（10分）	品质改善不及时1次	
6	文件回复（5分）	文件未回复2次	

【任务分析】

螺丝是标准件，供应源较多，因此，苏源公司的螺丝采购是简单采购。企业非常重视产品质量，采购产品的质量分值应占比高，宜将多个指标组合起来以考虑质量的多个方面。根据以上分析和【任务描述】的要求，完成该任务的操作思路如下：

步骤1：判断是简单采购供应商还是复杂采购供应商；

步骤2：确定评定周期；

步骤3：确定等级标准及处理方式；

步骤4：选择质量指标及其评分标准；

步骤5：选择交货及时率指标及其评分标准；

步骤6：选择售后服务指标及其评分标准；

步骤7：选择品质改善指标及其评分标准；

步骤8：选择文件回复及时性与合理性指标及其评分标准；

步骤9：根据实际运营情况确定指标得分；

步骤10：对供应商等级进行评定；

步骤11：根据评定等级提出整改意见。

【相关知识】

6.1.1　区别供应商等级评定和供应商评估

供应商绩效评价涉及供应商从接到通知开始，按照采购订单或合同执行其全部职责的方式。某个供应商绩效可以与下列各项进行比较：①制定的标准；②以前订单的绩效；③另一个供应商的绩效。

这种活动就是众所周知的供应商等级评定（vendor rating），不要和供应商评估（supplier appraisal）相混淆。供应商评估通常被认为是对潜在供应商的数量、质量、价格和其他相关因素的控制能力的评估。供应商评估是在下达订单或签订合同之前进行的，而供应商等级评定是对现有供应商绩效的衡量。

6.1.2　区别简单采购与复杂采购

采购组织需要在评价系统投入多少直接精力取决于采购对组织的重要性。企业通常根据以下因素判断采购对组织的重要性：①可能的订单价值；②持续检查和更新测量花费的时间；③订单对采购组织的关键程度；④采购是一次性的还是持续的需求；⑤供应商控制范围之外的因素。根据采购对于组织的重要程度，采购被分为简单采购和复杂采购。

如果某类采购对于采购组织并不重要，也就是属于所谓的简单采购，则这类采购的供应商对于采购组织的持续成功不是很关键。简单采购或复杂采购通常根据采购金额大小和采购风险来划分。当采购金额较小，且供应商较多，采购比较容易时，如办公用品、耗材等物料的采购属于简单采购；有些物料不仅采购金额大，而且市场小，一旦供应不及时，给企业造成的损失较大，如计算机制造厂商的芯片采购、汽车制造商的发动机采购等均属于复杂采购。由于复杂采购对组织的成本和生产及时性影响较大，该类采购的供应商通常属于重要供应商或核心供应商，如本项目的【案例引入】中所述的化工企业对主要原材料的采购。

6.1.3　确定供应商绩效评价的步骤

理解供应商绩效考核的步骤，可以更全面地理解供应商绩效评价方法。

1. 划分考核层次并确定考核主策略

一般的做法是划分出月度考核、季度考核和年度考核（或半年考核）的标准和所涉及的供应商。对核心供应商进行关键指标的高频次评估，以保证能够尽早发现合作过程中的问题；对于大部分供应商则主要通过季度考核和年度考核来不断检验，通过扩充考核要素进行全面的评估。

2. 对不同产品供应商建立绩效评价指标和评分标准

接下来，要对供应商进行分类，进一步建立评估细分准则。对供应商供应的产品进行分类，对不同类别的供应商建立不同的评估细项，包括不同的评估指标和每个指标所对应的权重。举例来说，某家电子制造企业在月度评估时，对 IC 类供应商和结构件供应商进行考核。对于 IC 类供应商，供货周期和交货准确性是关键的评估指标；而对于结构件供应商来说，供货柔性、交货准确性和质量是关键的评估指标。

3. 划分绩效等级并进行绩效分析

在考核期内对供应商的每一项指标进行具体考核后，接下来要对供应商的绩效表现划分等级，可以将供应商绩效分成五个等级，如优、良、中、可、差或者 A、B、C、D、E 等。依据等级划分，可以清楚地衡量每家供应商的表现。

4. 根据供应商绩效矩阵调整采购策略

根据供应商的绩效表现，再结合采购复杂程度，我们可以构建供应商绩效矩阵：

（1）以横轴表示供应商绩效；

（2）以纵轴表示采购复杂程度（采购金额越大、采购物料越关键、采购周期越长，采购复杂度越高）；

（3）根据绩效和采购复杂度将本期考核的每家供应商标在图 6-1 上，每个圆圈代表一家供应商。

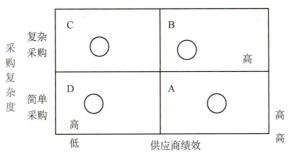

图 6-1　供应商绩效矩阵

根据供应商绩效矩阵分类结果，我们可以采取以下调整措施：

（1）处于 A、B 两个象限的供应商，绩效表观相对良好，暂时不需要大的调整；

（2）处于 C 象限的供应商通常购买的金额很大或者物料很关键，但供应商的绩效表现不好，应该通知供应商及时加以改进。若改进效果不明显，可能需要寻找替代供应商；

（3）处于 D 象限的供应商，绩效表现不好，但属于简单采购，因此可以考虑更换供应商。

5. 督促供应商进行改善

根据供应商绩效矩阵分析结果，对于希望继续合作但表现不够好的供应商要尽快设定供应商改善目标。首先将评估结果反馈给供应商，让供应商了解它哪里做得好，哪些地方表现不足。改善的目标一定要明确，要让供应商将精力集中在需要改善的主要方面。

拓展案例

简单采购的供应商绩效评价

1. 确定绩效测量指标

对于简单采购，可以使用下列最简单的标准来衡量供应商的绩效，包括质量、交货、售后服务、价格四大方面。

（1）质量：可以用可接受的交货次数占收到的总交货次数的百分比来测量。

①退货率：退货率＝供应商被退货批次/该供应商总交货次数×100%。

②物料抽检缺陷率：物料抽检缺陷率＝抽检缺陷总数/抽检样品总数×100%。

③物料在线缺陷率：物料在线缺陷＝物料在线生产时发现的缺陷数/供应商交货总数×100%。

④用户投诉次数：是指用料部门对供应商所送交物料的抱怨或投诉次数。

（2）交货：交货可以用准时交货次数占收到的总交货次数的百分比来测量。

①准时交货率：准时交货率＝准时交货次数/总交货次数。

②数量准确率：数量准确率＝准确数量的交货次数/总交货次数。

（3）售后服务。衡量指标包括：

①处理咨询问题的时间长短。

②发票的准确性：发票准确率＝无差错开票次数/总发票数。

③售后服务满意度：是指一定时期内用户对供应商售后服务满意的次数与同期售后服务的总次数的比值。

④配合度：是指供应商处理返工、退货、投诉等问题的质量、彻底性和处理效果，以及针对企业特殊要求的配合度。

（4）价格：价格的竞争性可以用供应商送货报价与另外任何一个供应商对相同货品的最低送货价格对比来衡量，也可以用供应商价格相对于市场价格的高低来衡量。

2. 绩效测量指标的权重分配

建立合适的绩效测量指标之后，需为每一因素分配权重，见表6-2。

表6-2　简单的供应商等级评定计算示例

因素	权重/%	得分
质量	20	15
交货	20	15
售后服务	25	20
价格	35	30
总分	100	80

【任务一知识要点】

简单采购可以用最简单指标来评价供应商，包括质量、交货、售后服务、价格四大方面，其中对组织重要的指标应该权重大一些。接下来要根据划分标准对供应商的绩效表现划分等级并进行绩效分析，将结果填入供应商绩效矩阵，从而及时调整采购策略。

【任务实施】

完成此任务没有太大难度，若有问题，同学们可以相互讨论，也可以和指导教师一起讨论。对于任务一各步骤的执行状况，各位同学可以按表6-3中的步骤顺序，对照【任务考核/评价】部分给出的各步骤主要结果自行进行检查，并逐条完善。

表6-3　任务一执行状况

任务一简述	是否执行 （是打√，否打×）	是否相同 （是打√，否打×）	不同在何处 （记录在空白处）
步骤1 判断复杂程度			
步骤2 确定周期			
步骤3 确定等级标准			
步骤4 选择质量指标			
步骤5 选择及时指标			
步骤6 选择售后指标			
步骤7 选择品质指标			
步骤8 选择回复指标			
步骤9 指标得分			
步骤10 计算等级			
步骤11 整改意见			

【任务考核/评价】

各位同学可以对照下列本任务各步骤的主要结果，利用表 6-3 进行自我评价和纠正。任务一各步骤的主要结果如下：

1. 考核指标与考核周期

螺丝是标准件，供应商较多，因此苏源公司对螺丝的采购是简单采购，可以简化考核指标。考核周期为每个月。

2. 供应商等级标准及处理办法

供应商等级标准见表 6-4。

表 6-4　供应商等级标准

得分	评定等级	结果处理
90~100 分	A 级（绿色）	请保持
80~89 分	B 级（蓝色）	正常抽样，请努力
70~79 分	C 级（黄色）	加严抽样，请改善
70 分以下	D 级（红色）	列入考察，有关损失将扣款；若连续 3 个月被评为 D 级，将取消供应商资格

注：①供应商等级评定每月进行一次；②评为 B 级以下的供应商，须对不良项目回复改善对策；③客户指定的供应商，若不符合要求，将向客户提出取消该供应商资格的建议；④每月评定的等级将分发给各供应商，并于收货区域专栏公布。

3. 供应商等级评定指标、权重及其评分标准

1）质量指标及其评分标准（50 分）

（1）批次合格率的评分标准（25 分）。

计算公式：批次合格率 = 当月检验合格批数/交货总批数×100%。

绩效目标：批次合格率 100%。

评分：每下降 2% 扣 1 分，扣完为止，每特批采购 1 批扣 2 分。

（2）生产线 PPM 值评分标准（25 分）。

PPM 表示每百万个物料中的不合格数。

计算公式：PPM 值 = 当月生产线发生的不良数/供应商交货总数×1 000 000。

目标：PPM 值不超过 1 000。

评分：生产线 PPM 值超过限度，每增加 100PPM 扣 1 分，扣完为止，客户对来料抱怨每次扣 2 分。

2）交货及时率的评分标准（30 分）

交货及时率的确定方法：依据供应商交货及时率汇总表，采购部填写订单栏，仓库填写供应商实际交货日期、数量，确定交货及时率。

计算公式：交货及时率 = 及时交货次数/总交货次数×100%。

绩效目标：交货及时率100%。

评分：每延期1天扣3分，当月延期交货累积超过5天以上，无论最终评分为多少，都不能评为C级以上。

3）售后服务（5分）

返工、批退配合度不好、处理不彻底每次扣2分。

4）品质改善及时性和效果（10分）

同一不良现象改善不及时或效果不佳每次扣2分。

5）文件回复及时性与合理性（5分）

文件未按指定时间回复每次扣1分，回复不具体、不确实每次扣2分。

4. 根据实际运营情况确定各指标得分情况

螺丝供应商实际运营情况得分见表6-5。

表6-5 螺丝供应商实际运营情况得分

序号	指标及其分值	实际运营情况	得分
1	批次合格率（25分）	90%	20分
2	生产线PPM值（25分）	2 000PPM	15分
3	交货及时率（30分）	延迟3天	21分
4	售后服务（5分）	处理不彻底1次	3分
5	品质改善（10分）	品质改善不及时1次	8分
6	文件回复（5分）	文件未回复2次	3分

5. 对供应商等级进行评定

将供应商实际得分加总，总分为70分，该供应商评级为C级（黄色），需加严抽样，请改善。

6. 根据评定等级提出整改意见

该螺丝供应商主要是产品质量有瑕疵和交货及时率不高（延迟3天），应要求该供应商加强质量管理，提高产品质量；帮助供应商分析物流过程，提高物流速度。如果批次合格率提高到96%，没有延时，得分将增加13分，达到83分，等级将提高一个级别，即达到B级。

任务二 评价重要供应商的绩效

【任务描述】

近年来，人们对食品安全高度关注。食品加工所用的任何原材料均关乎人们的生命健康，其生产企业对供应商的选择一定要非常慎重，应对产品质量提出更高要求。假设你是千禾味业的采购部经理，请为某供应商进行等级评定，其供货实际运营情况见表6-6。

表 6-6　某供应商供货实际运营情况

序号	指标及其分值	实际运营情况	得分
1	质量（40分）	批退率为10%	
2	价格（20分）	低于标准价格2%	
3	交货（20分）	逾期率2%，逾期1天	
4	信用度（10分）	失信率5%	
5	配合度（10分）	不配合2次，客户抱怨1次	

【任务分析】

酱油是人们日常饮食中的调味品，其生产加工过程中使用的每一种原料都关乎人们的生命健康，因此，该任务是对复杂采购供应商的评价。对于重要供应商应更加关注原材料质量，质量分值应占比高，宜将多个指标组合起来从多个方面考查质量。根据以上分析，根据【任务描述】的要求，可以确定完成该任务的操作思路如下：

步骤1：判断是简单采购供应商还是复杂采购供应商；

步骤2：确定评定周期；

步骤3：确定等级标准及处理方式；

步骤4：选择质量指标及其评分标准；

步骤5：选择价格指标及其评分标准；

步骤6：选择交货指标及其评分标准；

步骤7：选择信用度指标及其评分标准；

步骤8：选择配合度指标及其评分标准；

步骤9：根据实际运营情况确定指标得分；

步骤10：对供应商等级进行评定；

步骤11：根据评定等级提出整改意见。

【相关知识】

如果供应商对组织的成功很关键，就需要采用更为综合的供应商等级评定方法。这种情况下，可能需要用下面的更多指标来测量绩效。

6.2.1　资格指标

资格指标是指对供应商组织中相关重要职员的能力的测量。其中包括管理人员、技术人员、行政和专业人员。他们的主要任务是评估供应商重要职员的经验、学历、职称和任职资格证书等的情况。

6.2.2　能力指标

能力指标是指对供应商在物质、智力和财务等资源方面满足买方所有需求的能力的测量。供应商能力包括人员能力、生产能力、研发能力等。

6.2.3　承诺指标

承诺指标是对组织在诸如过程控制、失误、质量、产品批次号等方面以统计数据形式存在的、不受干扰的可用证据的测量，例如：

（1）供应商是否在计量和检测设备的校准、检测和维护方面有有效的程序，检测程序是否建立在统计技术基础上，该检测程序的稳定性、能力和可接受性如何；

（2）供应商是否制定并执行为减少质量差异和消除最终产品不符合设计规格的质量控制战略和方法；

（3）供应商有无处理有质量缺陷的购进物料的系统方法，以及其原材料供应商是否使用严格的系统方法进行持续质量改进。

6.2.4　控制指标

控制指标是指对组织现有的有效管理控制和信息系统的可用证据的测量。质量管理系统（如 ISO 9000）就是一个很好的例子，它证实了供应商对于它的流程和工作实践具有有效的控制机制。

（1）供应商是否达到某种质量认证标准（国标、ISO、行业认证）等，供应商是否有产品达到某种质量标准或认证，供应商是否有供整个组织使用的品质手册等；

（2）供应商的 SOP（标准操作程序）是否对外公布并且发到各有关人员手上，是否经常更新质量标准和开展全面质量管理工作以及实行清洁卫生制度；

（3）供应商是否实施 ERP（企业资源计划）、PDM（产品数据管理）、CRM（客户关系管理）等信息系统；

（4）供应商是否使用发运预告表、条形码、生产和库存方面的电子资料以及语音信箱、电子邮件和电子呼叫方式。

6.2.5　资金指标

资金指标是指对供应商现金资源和在过去大约 5 年时间内的财务稳定性的测量。对供应商资金的评估需要了解下列主要问题：①企业过去 5 年的年营业额；②过去 5 年的利润率以及毛利和净利之间的关系；③固定资产值、固定资产回报和固定资产回报率；④借贷尺度以及资产负债率；⑤企业有无财务资助者或类似的保证方；⑥是否有影响供应能力的收购或合并的可能性；⑦对主要客户的依赖程度，即是否该企业所拥有的大客户数量少，如果一个客户不再下订单，企业很可能陷入财务困境。

6.2.6　成本指标

成本指标衡量的是总获取成本而不仅仅是价格。采购总成本包括采购价格、运输成本、库存成本等成本项目，也包括由于供应不及时、质量不合格或供应数量短缺造成的退货、停工、检查、返修、废品等供应损失成本。如果是资产性采购，则供应损失成本包括维修保养费用、设备故障造成的停工损失以及报废处理费用等。具体而言，形成供应损失成本主要包括以下几方面原因：①进货检验查出缺陷，由此引起一系列的筛选、修复、运输等费用支出，甚至因时间紧迫而降级使用、放宽使用等造成经济损失；②进货缺陷在验收时未被查出，导致后续工序的一系列经济损失；③免检的进货中混有不良品，导致后续工序的一系列经济损失；④供货商未能及时供货或供应数量短缺而引发的一系列问题和经济损失等。

供应损失成本包括内部损失成本和外部损失成本。内部损失成本主要包括废品损失、返修损失、停工损失和产品降级损失；外部损失成本是指企业客户使用产品过程中由于产品缺陷或故障所发生的一切费用的总和，主要包括保修费用、索赔费用、退换货损失和产品折价损失，具体见表6-7。

表6-7　损失成本范围和计算方法

供应损失成本		成本范围	计算方法
内部损失成本	废品损失	在制品、半成品和产成品达不到质量要求而报废损失的费用	损失＝产品原值−产品残值
	返修损失	修复不合格在制品、半成品或产成品以及外购外协件而消耗的费用	损失＝挽救措施材料费用＋返修工时成本＋重检验所耗工时
	停工损失	质量原因或因缺料而停工造成的损失	停工期间损失的净产值，按不同产品的小时率计算
	产品降级损失	产品质量达不到规定要求而降级使用造成的经济损失	损失＝产品原价−降级价格
外部损失成本	保修费用	产品交付给客户后根据规定提供的维修服务而发生的费用	售后服务人员的工时成本、差旅费、材料运输费、包装费等
	索赔费用	对客户因质量没有达到合同要求的申诉进行处理和赔偿而发生的费用	诉讼费、差旅费、罚金、索赔处理等费用
	退换货损失	质量未达合同规定要求，客户退货、换货造成的经济损失	包括包装损失、运杂费损失、产值损失、利润损失、退换货过程涉及的人员工资、差旅费和客户退货而需要承担的销售商的损失等
	产品折价损失	产品质量不符合要求，企业主动进行折价处理造成的经济损失	金额＝折价金额

6.2.7　一致性指标

一致性指标是指测量供应商能力的一种或一系列指标，它展示了供应商高标准的交货可靠性和质量，并有持续改进情况的记录。

6.2.8 环境保护指标

环境保护指标是指国家在环境保护方面的相关法律法规，ISO 14001 提供了环境保护政策的指导。如果适用的话，供应商应该制定相应配套的环境保护政策和方法步骤。环境保护状况评估主要涉及下列相关问题：①是否有专人负责环境管理；②截至目前物资材料（如木材等）是否来自可靠的货源；③供应商是否安置了将废物降至最低的设备；④是否具备废物处理和再循环的设备；⑤供应商所提供的产品是否有节能的效果；⑥对控制危险品和控制妨害公共安全的物品做了什么样的安排；⑦是否采用环保的方式搬运、储存和处理危害性废物并致力于材料与产品的循环再利用。

6.2.9 安全计划指标

安全计划是对供应商安全工作实施情况的测量。测量的具体方面有：①供应商的工厂是否有员工大会的纪要及安全计划培训记录；②是否有员工参加急救、消防、应急训练和其他的安全、健康活动的培训记录和证明，以及个人安全计划技能证明资料（如特殊工种上岗培训证）；③是否有安全手册，并在整个工厂范围实施；④供应商能否提供数据表明一个安全事故降低的趋势和安全方面改善的业绩；⑤工厂是否有安全计划与实际改善相关的资料证明；⑥是否有安全小组或委员会确保工厂安全业绩提高和实施。

6.2.10 职业道德指标

职业道德方面的问题包括：①供应商是否有相关销售和采购的道德政策；②由谁负责政策的实施；③有无确保客户所提供信息的保密性的指导意见和方法步骤；④在收受礼品和接受款待方面的原则是什么；⑤在有利益冲突的情况下，有什么样的处理原则。

应当指出，上面列出的针对简单的和复杂的采购情形的供应商绩效测量指标中，有些可以客观测量，有些则只能主观测量。客观测量指标比较容易确定和跟踪，因为它们与实际绩效相关，并存在"真实"的数值。主观测量指标则更复杂，因为它们要依靠个人的专业知识对供应商的绩效做出判断。当评定主观测量指标时，要注意在决策过程中不带有偏见。

【任务二知识要点】

对于复杂供应商的采购绩效评价，可以在质量、价格、交货的基础上增加信用度和配合度指标，还可以考查的项目有：资格、能力、承诺、控制、资金、成本、一致性、环境保护、安全计划、职业道德，其中资金状况更为重要。

【任务实施】

完成此任务没有太大难度，若有问题，同学们可以相互讨论，也可以和指导教师一起讨论。对于任务二各步骤的执行状况，各位同学可以按表6-8中的步骤顺序，对照【任务考核/评价】部分给出的各步骤主要结果自行进行检查，并逐条完善。

表6-8　任务二执行状况

任务二简述	是否执行 （是打√，否打×）	是否相同 （是打√，否打×）	不同在何处 （记录在空白处）
步骤1 判断复杂程度			
步骤2 确定周期			
步骤3 确定等级标准			
步骤4 选择质量指标			
步骤5 选择价格指标			
步骤6 选择交货指标			
步骤7 选择信用度指标			
步骤8 选择配合度指标			
步骤9 确定指标得分			
步骤10 计算等级			
步骤11 整改意见			

【任务考核/评价】

各位同学可以对照下列本任务各步骤的主要结果，利用表6-8进行自我评价和纠正。任务二各步骤的主要结果如下：

1. 考核指标与考核周期

由于食品及其加工材料关乎人们的生命健康，因此，千禾味业公司的每一个原料采购均是复杂采购。考核周期为每个月。

2. 供应商等级评定标准及其处理

（1）得分在85~100分者为A级，A级为优秀供应商，可加大采购量；

（2）得分在70~84分者为B级，B级为合格供应商，可正常采购；

（3）得分在60~69分者为C级，C级为辅助供应商，应减量采购或暂停采购；

（4）得分在59分以下者为D级，D级供应商为不合格供应商，应予以淘汰。

3. 供应商等级评定指标、权重及其评分标准

选择恰当的指标，对一个供应商进行绩效考核，如表6-9所示。

表6-9 供应商绩效考核

供应商名称			联系电话		
联系人姓名			地址与邮编		
指标	权重	测量方法		得分	考核人
质量	40分	质量不合格的原料不能使用，直接退货，因此以交付批退率考核：批退率=退货批次/交货总批数。得分=40分×（1-批退率）			
价格	最高分为20分，标准分为10分	1. 根据市场最高价、最低价、平均价、自行估价制定一标准价格，对应分数为10分。 2. 每高于标准价格1%，标准分扣2分，每低于标准价格1%，标准分加2分。 3. 同一供应商供应几种物料，得分取平均值			
交货	20分	以逾期率考核： 逾期率=逾期批次/交货批数 得分=20分×（1-逾期率） 另外：逾期一天，扣1分；逾期造成停工待料1次，扣2分			
信用度	10分	以失信度考核： 失信率=期内失信的次数/期内交往总次数 得分=10分×（1-失信率）			
配合度	10分	1. 出现问题不太配合解决，每次扣1分。 2. 公司会议正式批评或抱怨1次，扣2分。 3. 客户批评或抱怨1次，扣3分			

4. 根据实际运营情况确定指标得分

千禾味业供应商实际得分见表6-10。

表6-10 千禾味业供应商实际得分

序号	指标及其分值	实际运营情况	得分
1	质量（40分）	批退率为10%	36分
2	价格（20分）	低于标准价格2%	14分
3	交货（20分）	逾期率2%，逾期1天	18.6分
4	信用度（10分）	失信率5%	9.5分
5	配合度（10分）	不配合2次，客户抱怨1次	5分

5. 对供应商等级进行评定

将该供应商的实际得分加总，总分为83.1分，得分在70~84分者为B级，B级为合格供应商，该供应商的产品可正常采购。

6. 根据评定等级提出整改意见

该食品原料供应商主要是配合度与产品质量方面失分较多，加强与买方的沟通和合作，减少客户的抱怨，提高产品质量，便可超过 85 分，从而成为优秀供应商。

任务三　评价供应商资金状况

【任务描述】

红双喜公司某供应商的 2011 年销售收入净额为 20 000 万元，其中净利润为 800 万元，所得税缴纳 375 万元，财务费用 480 万元，年末资产总额为 8 400 万元；2012 年销售收入净额为 25 000 万元，净利润 680 万元，所得税 320 万元，财务费用 550 万元，年末资产总额 10 000 万元。假设 2011 年初该供应商的资产总额为 7 500 万元，请计算其总资产报酬率、股本收益率和总资产周转率，并判断该供应商的资金状况。

【任务分析】

供应商的资金状况是供应商评价的重要方面，关系到公司原材料的正常供应。资金状况需要用财务比率的具体值来表示，可以历年比较，以发现出现的趋势，使结果更加客观和具体。根据以上分析和【任务描述】要求，该任务是初步的财务比率分析，完成该任务的操作思路如下：

步骤 1：查找核算总资产报酬率的计算公式；查找核算股本收益率的计算公式；查找核算总资产周转率的公式（注意总资产周转率和总资产报酬率的概念不同）；

步骤 2：理解各公式中各个变量的含义，分析任务描述中提供的已知条件；

步骤 3：按年核算股本收益率、总资产周转率和总资产报酬率的中间变量；

步骤 4：计算股本收益率、总资产周转率和总资产报酬率；

步骤 5：设计表格，进行各变量的比较；

步骤 6：判断供应商资金状况及其趋势。

【相关知识】

6.3.1　评价供应商资金状况

对于一项复杂采购，上面列出的评估因素中，资金是非常重要的评价指标，即供应商的财务资源和稳定性。在财务上，有许多比率可以用于建立合适的测量指标来评价供应商的财务状况。总资产周转率、总资产报酬率和股本收益率是常用的财务比率。常用的财务比率见表 6-11。

表 6-11　常用的财务比率

比率	计算公式
总资产周转率（asset turnover）	销售收入净额/平均资产总额
总资产报酬率（return on investment）	息税前利润/平均资产总额
股本收益率（return on equity）	税后净利润/平均资产总额

其中：销售净额=销售收入−销售折让；息税前利润=净利润+所得税+利息费用；平均总资产=（期初资产+期末资产）/2。

对于大多数企业来讲，能够达到15%~25%的平均利润率就很好了，但是应该总是和同行业的公司进行比较。特别是，如果某企业在经济上升时期利润率较低，意味着其在经济低迷时期要实现投资者的投资回报就会遇到困难。

总资产周转率表明一个公司用来实现销售的资产数量。和同行业的其他公司相比较也是必需的，因为该比率的值和行业类型有关。通过对供应商总资产周转率的分析，能有效地识别供应商在资产管理或资本利用方面的效率情况，从而对供应商的财务状况和经营成果有一个整体的认识。在总资产周转率计算公式中，平均资产总额应根据分析期的不同分别加以确定，并应当与公司的销售收入净额在时间上保持一致，为简化起见，平均资产总额一般以资产的期初数与期末数之和除以2来计算，销售收入净额等于销售收入减去销售折扣与折让的余额。

虽然总资产报酬率是企业息税前利润与企业平均资产总额的比率。该指标越高，表明企业资产利用效率越高，说明企业在增加收入、节约资金使用等方面取得了良好的效果；该指标越低，说明企业资产利用效率越低，应分析差异原因，提高销售利润率，加速资金周转，提高企业经营管理水平。总资产报酬率可能因公司的不同而不同，而且还取决于经济形势，但一个健康、成熟的公司的总资产报酬率一般应为25%~40%。较高的总资产报酬率表明公司正在有效地运用它的资产。总资产报酬率计算公式为：

总资产报酬率=息税前利润/平均资产总额

=(净利润+所得税+利息费用)/[(期初资产+期末资产)/2]

通常，股本收益率要比总资产报酬率低，因为其测量的是税后利润。一般来讲，税收在税前收入中占有很大一部分比例。股本收益率表明了公司将运营收入转化为税后收入的能力。

6.3.2　绩效改进

供应商绩效评价指标的存在给供应商和采购组织提供了改进绩效的机会。需要强调的是，买方和供应商组织都应该从绩效评价中获得好处，双方组织都应当设法改善关系和改进各自的绩效，而不是相互推托指责。

因此，绩效评价将成为一个激励因素，而不是例行公事，而且必须要持之以恒。毕竟双方组织都要将相当多的资源，包括时间、金钱投入其中，因此，双方都应该共享好处。将绩效评价视为惩罚供应商的棍棒可能会带来相反的结果，并且实际上会阻挠双方组织实现持续改进的目标。

一直以来，供应商关系被大部分企业认为是简单的交易关系，双方的关系自钱货两讫时已经基本结束。由于交易内容简单，在其他交易条件一定时，交易价格成为双方力争的焦点，各类不同议价方式，如招标、反向拍卖等逐渐流行，成为采购者手中的降价秘籍。然而随着企业之间竞争的加剧，企业同供应商之间的关系日趋复杂，从简单的买卖关系逐步走向共同成长、共同发展的战略合作关系，供应商管理的内容远远超出了单纯的价格管理。

某纺织企业供应商的绩效改进

在纺织企业生产经营活动中，由于种种原因，实际发生的供应商损失成本额与预定的计划指标会产生差异，这就需要进行核算、比较，找出差异，并及时分析产生差异的原因。很明显，供应商损失成本差异是一项很重要的信息，它不仅反映了纺织企业各供应商的供应质量，还揭示了企业在制品、半成品和成品的质量状况。然而，由于所谓供应商损失成本的差异只是计划控制值与实际值的初步比较后的表面现象，企业还必须深入地进行分析研究，找出差异产生的最根本原因，并以此作为企业供应商绩效改进的依据。

某纺织企业将"供应损失成本率"（供应损失成本率=供应损失成本/采购额×100%）设定为一项供应商绩效考核指标。2012年6月，该企业设定的供应损失成本率目标值为0.023%，各供应商损失成本的实际发生额见表6-12。

表6-12 各供应商损失成本的实际发生额　　　　　　　　　　单位：万元

项目	供应商损失					
	A	B	C	D	E	F
内部损失成本	3.79	3.34	5.80	3.33	3.52	4.04
外部损失成本	0.47	1.00	0.82	0.65	0.62	0.37
损失成本合计	4.26	4.34	6.62	3.98	4.14	4.41
采购额	21 000	20 330	21 680	18 970	19 660	21 330
供应损失成本率/%	0.020 3	0.021 3	0.030 5	0.021 0	0.021 1	0.020 7

从表6-12中可以看出，供应商C的损失成本率超过了计划控制值。在这种情况下，必须将供应商损失成本按损失成本发生原因进行分类并汇总统计。按损失成本发生原因划分的供应商损失成本见表6-13。

表6-13 按损失成本发生原因划分的供应商损失成本

序号	损失成本发生原因	损失金额/元	占总损失比例/%
1	色花色差	135	19.85
2	油污色渍	96	14.12
3	边疵破洞	94	13.82
4	稀密路	92	13.53
5	退货	86	12.65
6	缺货	80	11.76
7	其他	97	14.27
合计		680	100

从表 6-13 中可以清楚地看出质量问题（色花色差、油污色渍、边疵破洞、稀密路）是导致供应商损失成本发生的主要原因。企业将此数据提供给供应商 C 后，供应商就可以针对具体问题采取有效措施，提高供应质量。同时，企业也能够通过供应商损失成本分析数据的横向和纵向比较，分析相关问题，促进供应商绩效的持续改进。

拓展知识

联合绩效系统

建立联合绩效系统的目的是确保买方和供应商都从中获得好处。采用联合绩效对于双方来说代价较高，因为这需要双方的承诺和资源。持续改进被看作这种关系的精华，如果没有评估绩效的检查过程，持续改进是不可能的。联合绩效评估需要从几个方面来考虑：①双方组织都需要定期互相提供反馈；②需要避免主从关系；③以面对面讨论或使用调查问卷的方式交流信息。联合绩效测量指标体系见表 6-14。

表 6-14　联合绩效测量指标体系

质量	收货失败比率；使用失败比率；运输货物绩效；改变通知；资质；反应时间
成本	市场价格竞争力；成本降低；商业条款；沟通；采购协议条款
服务	交货；前置期；灵活性；电子看板；预测卖主产量和销量

【任务三知识要点】

资金状况是评价供应商的重要指标，即供应商的财务资源和稳定性。总资产周转率、总资产报酬率和股本收益率是常用财务比率。总资产周转率 = 销售净额/平均资产总额；总资产报酬率 = 息税前利润/平均资产总额；股本收益率 = 税后净利润/平均资产总额。

【任务实施】

在该任务中，获得股本收益率、总资产周转率和总资产报酬率的计算公式是比较简单的，关键是理解公式中的各变量的含义，对于此部分，同学们可以互相讨论，也可以和指导教师一起讨论。对于任务三各步骤的执行状况，各位同学可以按表 6-15 中的步骤顺序，对照【任务考核/评价】部分给出的各步骤主要结果自行进行检查，并逐条完善。

表 6-15　任务三执行状况表

任务三简述	是否执行 （是打√，否打×）	是否正确 （是打√，否打×）	错在何处 （记录在空白处）
步骤 1 查找公式			
步骤 2 分析条件			

续表

任务三简述	是否执行 （是打√，否打×）	是否正确 （是打√，否打×）	错在何处 （记录在空白处）
步骤3 计算中间变量			
步骤4 核算财务比率			
步骤5 设计表格			
步骤6 判断趋势			

【任务考核/评价】

各位同学可以对照下列本任务各步骤的主要结果，利用表6-15进行自我评价和纠正。任务三各步骤的主要结果如下：

1. 计算供应商总资产报酬率

2011年总资产报酬率=（800+375+480）/[（7 500+8 400）/2]×100%=1 655/7 950×100%=20.82%

2012年总资产报酬率=（680+320+550）/[（8 400+10 000）/2]×100%=1 550/9 200×100%=16.85%

2. 计算股本收益率

2011年股本收益率=800/[（7 500+8 400）/2]×100%
　　　　　　　　=800/7 950×100%=10.06%

2012年股本收益率=680/[（8 400+10 000）/2]×100%
　　　　　　　　=680/9 200×100%=7.39%

3. 计算总资产周转率

2011年平均资产总额=（2011年年初资产总额+2011年年末资产总额）/2
　　　　　　　　　=（7 500+8 400）/2=7 950（万元）

2011年资产周转率=2011年销售收入净额/2011年平均资产总额
　　　　　　　　=20 000/7 950=2.52

2012年平均资产总额=（2012年年初资产总额+2012年年末资产总额）/2
　　　　　　　　　=（8 400+10 000）/2=9 200（万元）

2012年资产周转率=2012年销售收入净额/2012年平均资产总额
　　　　　　　　=25 000/9 200=2.72

4. 列表比较财务比率（表6-16）

表6-16　供应商资金状况分析

项目	2011年	2012年	差异
销售收入净额/万元	20 000	25 000	+5 000
平均资产总额/万元	7 950	9 200	+1 250
净利润/万元	800	680	-120

续表

项目	2011 年	2012 年	差异
所得税/万元	375	320	−55
财务费用/万元	480	550	+70
总资产报酬率	20.82%	16.85%	−3.97%
股本收益率	10.06%	7.39%	−2.67%
总资产周转率	2.52	2.72	+0.20

5. 供应商资金状况及其变化趋势

由表 6-16 中列出的计算结果可知，该供应商 2012 年销售收入净额、平均资产总额都在增加，但净利润、所得税在减少，总资产报酬率、股本收益率要远低于 2011 年，可能的原因是财务费用过高、总资产周转率增加。需要对公司资产的使用情况和增产节约情况，结合成本效益指标一起进行分析，以改进管理，增强盈利能力。

 实例分析 <<<<<<<<<<<<<<<<<<<<<<<<<<<<<<<<<<<<<<<<<<

某企业供应商绩效评估标准

一、制定本标准的目的

协作厂商在品质、交期与成本方面的改善意愿，可以提高其经营绩效与竞争力。本标准也可作为本公司考核与奖励的依据。

二、适用范围

(1) 本标准适用于对产品或服务品质有直接影响的供应商与外包商；

(2) 依采购物料的品质需求与厂商的依赖程度而选择厂商考核。

三、考核标准与项目

其可分为月评价与年度评价两种。

（一）月评价

(1) 品质（50分），其中：①进料不良率（20分）；②生产现场不良率（10分）；③出货检查正确率（10分）；④预防品质协调率（5分）⑤整洁度（5分）。

(2) 交期（35分），以误期率评价。

(3) 协调（15分），即品质、交期及其他业务方面的配合度。

以上评价项目及权数可依厂商类别及现实需要调整，但需事先公告。

（二）年度评价

(1) 月评价平均值占75%。

(2) 年度评价努力程度占25%；

(3) 各项目的评价方式详见评分基准。

四、审查方式

（一）月评价

(1) 每月的品质分数由进料检验部门统计进料不良率、出货检查正确率、预防品质协调率及整洁度后，交由品管部门整理生产现场不良率得分，加总后由品质管理经理承认、发布协助厂商的品质评价结果及重点品质改善项目。

（2）每月由采购单位分别对交期与协调两项进行评分，再合并品质分数，做成"协助厂商综合评价月报表"，经厂长核定公布，发出通知要求改善行动。

（二）年度评价

（1）配合年度表扬及年度计划的检讨进行。年度评价的统计时间为：从上年度9月至本年度8月止；

（2）年度评价应由采购部门统筹评分后，交付协助厂商管理中心会议讨论定案后，呈请事业部最高主管核定后公布。

五、考核分级

各厂视需要弹性调整并公告。

六、奖励方式

参与评价考核，成绩优良的协助厂商享有下列奖励措施：

（1）参加本公司举办的各项训练与研习活动；

（2）选为本公司优良协助厂商者，可优先取得交易机会；

（3）对价格合理化及提案改善制度、品管制度、生技改善的成果显著者，本公司另行奖励；

（4）代工类外包商评核成绩优良时，可择优给予公布额度内的现金付款或缩短票期的奖励。

七、罚则

（1）凡属协助厂商责任的品质不良及交货延期所造成的损失，由协助厂商负责赔偿；

（2）月考核成绩连续3个月评定C级以下者，应接受减量交易、各项稽查、改善辅导等措施；

（3）考核成绩连续3个月评定D级，又未于本公司要求期限内改善者，得停止交易；

八、评分基准

以下评分以本标准第三条的考核项目及权数为基准，当权数不同时，按比例计算评分。

1. 进料不良率

计算：进料不良率=检查不良批数/进料批数×100%或检查不良个数/进料个数×100%。

2. 生产现场不良率

计算：生产现场不良率=生产现场发现不良件数/当月进料件数×100%。

3. 出货检查正确率

计算：出货检查正确率=出货检查正确批数/当月进料批数×100%；

出货检查正确批数=当月进料批数−未附品质证明及品质证明不正确批数。

4. 预防品质协调率

计算：预防品质协调率=提出对策或来厂协商次数/要求对策或来厂协商次数×100%。

5. 整洁度

（1）定义：凡不符合"协助厂商交货管理实施规定"第6条搬运、储存、包装与存货有关事项者均称为不整洁，由进料检验部门抽检。

（2）计算：整洁度=满意次数/抽样次数×100%。

6. 误期率

计算：误期率＝误期次数/交货批数×100%。

7. 协调性

由采购部门针对品质、交货及其他业务方面配合状况，采取弹性形式给分。

九、附则

本标准由总经理核定后公布实施，修改时亦相同。

岗位素养 < < < < < < < < < < < < < < < < < < < < < < < < < < < < < < < < < < <

用供应商行为准则评价和选择供应商

对供应商进行评估和选择是非常复杂的过程，除了本任务前述方法之外，还可以制定供应商行为准则，并对其履行状况进行评价。

例如，华为是全球领先的 ICT（信息与通信）基础设施和智能终端提供商，致力于把数字世界带给每个人、每个家庭、每个组织，构建万物互联的智能世界。为此，华为与供应链上下游的客户和供应商密切合作，共同履行企业社会责任（CSR），构建可持续的产业链。

华为公司要求供应商遵守其经营所在国家/地区的所有适用的法律法规，以此作为与华为合作的前提条件。华为公司鼓励供应商采用国际公认的行业标准和行业最佳实践。在合理通知的情况下，华为有权对供应商的现场进行审核，以评估供应商对行为准则遵守的情况。

华为的供应商行为准则包含五个部分：劳工标准、健康和安全、环境保护、商业道德以及管理体系。华为保留对供应商行为准则的解释权。

1. 劳工标准

内容包括：①自由择业；②童工和未成年工；③工作时间；④薪资福利；⑤人道待遇；⑥非歧视；⑦自由结社。

2. 健康和安全

内容包括：①工作条件；②生活条件；③应急准备；④绝对规则。其中绝对规则是指供应商应遵从以下安全规则，确保所有员工全面了解并遵从，同时监督其执行：①高空作业；②驾驶作业；③带电作业；④酒精或药物。

3. 环境保护

内容包括：①环境许可与报告；②产品环保要求；③预防环境污染；④节能减排。供应商应采取节约和替代措施，降低对能源、水、自然资源的消耗，以减少温室气体排放。

4. 商业道德

内容包括：①诚信廉洁；②知识产权；③公平交易、广告和竞争；④身份保护和无报复政策；⑤负责任的矿物采购；⑥隐私。

5. 管理体系

内容包括：①公司承诺和管理责任；②风险评估与风险管理；③对上游供应商的管理；④内部审核和管理评审。

【项目评价与反馈】

请每位学生独立完成本项目的学习内容和工作任务，以百分制分数（满分100）对个人进行单独评价。

序号	考核项目要求	权重	评分标准	自评得分	教师评价
1	遵守纪律，能按时独立完成工作任务	10%	在该项目学习结束时没有完成工作任务的，每延时2学时扣2分，直至扣完为止，延迟超过1周的，本项目成绩得0分		
2	案例导入阅读	10%	阅读5遍得10分，每少一遍扣2分，未阅读得0分		
3	任务一	15%	正确15分；基本正确10分；有缺陷5分；不正确得0分		
4	任务二	20%	正确20分；基本正确15分；有缺陷10分；不正确得0分		
5	任务三	15%	正确15分；基本正确10分；有缺陷5分；不正确得0分		
6	实例分析阅读	10%	阅读5遍得10分，每少一遍扣2分，未阅读得0分		
7	岗位素养阅读	10%	阅读5遍得10分，每少一遍扣2分，未阅读得0分		
8	总结拓展	10%	用词准确（2分），逻辑清晰（2分），语言简练（2分），语意完整（2分），要点明确（2分）		

请根据以上打分情况，对本项目的学习效果进行总体评述（从素质的自我提升方面，应知、应会的职业能力提升方面进行书评，分析自己的不足之处，并描述对不足之处的改进措施，其结果计入总结拓展得分项）

综合得分		学生自评得分×50%+教师评价得分×50%

【同步训练题】

6.1　供应商绩效管理要对应或比较的标杆有哪些？

6.2　供应商绩效测量和供应商评估有什么区别？

6.3　为了控制和监控一个简单采购，需要用哪 5 个要素来建立合适的供应商绩效测量指标？

6.4　测量供应商为圆满解决买方咨询的问题所花费的天数，应该计算哪些数据？

6.5　对一个复杂采购进行供应商有效测量，要考虑多少因素？它们分别是什么？

6.6　为什么主观绩效测量指标要比客观绩效测量指标更难测量？

6.7　采购者应该如何决定对供应商绩效测量使用简单的方法还是更综合的方法？

6.8　"资产周转率"测量的是什么？

6.9　如果供应商是垄断者，为什么供应商绩效测量不是一个很有用的工具？

6.10　绩效测量可以协助哪 5 个要素？

6.11　联合绩效测量中采购企业可能获得什么好处？

6.12　联合绩效测量团队代表双方组织中的哪些职能部门？原因是什么？

6.13　供应商如何从联合绩效监控的方法中获益？

管理采购人员绩效

【项目介绍】

供应链的工作任务都是由企业员工来完成的，因此评价供应链工作的绩效指标也可以用来评价采购人员的绩效，只是指标组合、权重及分值均需要做出适当的调整（任务一），为了进一步提高采购人员绩效和他们的职业发展能力，需要对采购人员进行必要的培训，为此需要制订培训计划（任务二）。

【知识目标】

（1）掌握针对采购人员的绩效评估技术；

（2）了解岗位描述的重要性和相关性；

（3）能够针对采购人员的工作以及职业发展提供不同类型的培训。

【技能目标】

（1）评价采购人员绩效；

（2）提出针对采购人员的培训计划。

【素质目标】

（1）在绩效评估环节，要求管理者具有较高的个人素质；

（2）可以避免绩效考核过程受晕轮效应、近期效应等不利因素的影响。

案 例引入

坚持以人为本，推动员工利益最大化

福建宏发股份有限公司是全球继电器行业领军者，成立于1984年，在1987年确立以继电器作为主营产品的产品定位和将宏发办成以出口为主的外向型企业的市场定位，公司从此迈入30多年持续发展的快车道，从2017年起销售规模稳居全球继电器企业首位。

1. 重视人才发展

宏发股份有限公司董事长兼总裁郭满金一向非常重视人才的培养，常说："企业要生存发展，面临的根本性问题就是人才问题。"郭满金坚持设立总经理信箱，让生产一线的员工有机会反映他们的诉求。他非常重视通过这一途径去了解员工心声，

并从中发现了一些平时默默无闻的人才。公司鼓励员工特别是技术和管理人员利用各种形式去"充电"，选送有发展前途的人读研究生。凡经审批且取得毕业证书的人，不仅工资、奖金照发，还可报销学费。

对关键岗位人员的引进，郭满金无论多忙也要和应聘人员见面交谈。他经常亲自寻觅人才，亲自打电话，一次沟通不到位，就反复多次联系。公司聘用的人才中，有的人抱着试试看的心态而来，但与郭满金接触后，被他那求贤若渴的精神所感动，便义无反顾地加入了宏发。

郭满金一再强调，在宏发，不存在谁为谁干活的问题，所有员工都是企业的主人。他表示，人才是第一位的，没有员工利益，哪来的员工积极性？没有员工积极性，哪来的股东和社会利益？只要有可能，只要企业发展起来了，就一定要提高员工待遇，实现员工利益最大化。

2. 开展多元化人文关怀

宏发股份通过实施管理层股权激励，不断为全体员工谋取更好的利益，推动"以人为本"核心价值观落地。在公司发展过程中，不管哪位员工生病住院，郭满金都要挤出时间去医院看望；员工家里有困难，他第一个捐钱捐物，号召大家帮其渡过难关。员工说："总经理把我们当家人看，我们心情舒畅，干活也有劲儿。"

公司把员工身心健康作为第一要务，通过国家安全生产标准化认证，推行清洁生产，建立完整的职业健康安全管理体系，并实时监测指标，不断改善员工工作环境。同时，为技术、管理骨干提供购房补贴和8年免息贷款，帮助他们解决住房问题，让大家始终感受到家的温暖。

宏发积极开展富有宏发特色的企业文化建设，通过召开形式各异的座谈会等多种渠道听取员工意见和建议。协助安排员工子女就学，专门设立"宏爱基金"，对困难、患病员工进行慰问和帮扶等多元化的人文关怀举措，更是加大了引才留才力度，增强了员工幸福感、归属感，也让员工更加积极努力工作来回报企业，从而实现了企业和员工的共同富裕、共同发展。

任务一 评价采购员工作绩效

【任务描述】

张三为红双喜公司采购部门的新员工，其本月工作任务的完成情况见表7-1。假设你是红双喜公司采购部门经理，请对张三本月的表现进行绩效考核，并判断是否继续留用张三。

表7-1 张三本月的工作任务完成情况

序号	考核项目	具体表现
1	工作纪律	按时上下班与值班，未受处分
2	采购质量	采购原料被拒用2次

续表

序号	考核项目	具体表现
3	采购数量	102%
4	物料及时率	95%
5	异常问题处理	异常 1 次
6	价格合理性	105%
7	采购原则	不合格 2 次
8	执行力	全部落实
9	合作性	配合其他部门工作
10	奖惩	未有奖惩发生

【任务分析】

采购员的绩效考评就是根据其工作岗位任务的完成情况对其进行评价，根据【任务描述】的要求，可以确定完成该任务的操作思路如下：

步骤 1：确定采购员的工作任务；

步骤 2：根据工作任务确定考核项目；

步骤 3：确定等级标准及处理方式；

步骤 4：选择工作纪律指标及其评分标准；

步骤 5：选择采购质量指标及其评分标准；

步骤 6：选择采购数量指标及评分标准；

步骤 7：选择物料及时率指标及评分标准；

步骤 8：选择异常问题处理指标及其评分标准；

步骤 9：选择价格合理性指标及其评分标准；

步骤 10：选择采购原则指标及其评分标准；

步骤 11：选择执行力指标及其评分标准；

步骤 12：选择合作性指标及其评分标准；

步骤 13：选择奖惩指标及其评分标准；

步骤 14：根据实际表现确定各指标得分；

步骤 15：对张三本月度工作表现的等级进行评定；

步骤 16：根据评定等级提出整改意见。

【相关知识】

7.1.1 员工绩效评估技术

1. 人员绩效评估的目的

企业应该不断帮助员工提高他们的知识储备和技能，从而带动企业发展。这要求采用一种制度化、结构化的以及良好的管理方法，注重确保每个人：①具有胜任工作的知识和技能；②能够开发他们对组织的贡献；③能够完全发挥他们的潜能；④能够完全融入组织中；⑤得到激励，士气高涨。

2. 员工绩效评估的特点

按照全面质量管理的思想，员工培养的结构化、制度化方法应包含下列一个循环：①高层管理者全权负责，即高层管理者对培养所有员工能够实现其业务目标进行承诺；②高层管理者定期检查所有员工的培训和发展需要；③实施培训，培养新招聘的员工，并贯穿于他们的整个雇佣阶段；④在企业的商业计划中设立对培训有效性的持续评估方案，以便未来不断改进。

3. 员工绩效评估的内容

定期评估过程应该比年度检查多，它应该能够对照目标来评估绩效，定期制订改进计划，当环境变化较大时可能一年两次。作为上述目标设定的结构化方法的一部分，评估应该包括：①服务的质量和效力；②内部和外部客户的满意程度；③财务或其他目标已经实现的程度以及对当前目标的影响程度；④对照公司里程碑的绩效情况，即重要过程节点的绩效指标；⑤员工的需求怎样；⑥目前的培训和发展需求。

4. 员工绩效评估的方法

员工绩效评估是对员工在一个既定时期内的贡献做出评价的过程，其目的包括：①绝大多数员工不但愿意了解自己目前的工作成绩，也寄希望于自己未来的发展；②绩效评估为甄别员工效率提供标准，为企业的奖惩系统提供依据；③建立员工业绩的档案材料，以便将来帮助进行人事决策。

因此，绩效评估过程要比简单的年度审查复杂得多，要为组织及其内部的成员设定明确的目标和绩效测量指标，并根据这些目标和指标进行绩效评估。为了评估过程的正常开展，需要：①明确定义的岗位描述，突出组织的目标，即使命陈述；②明确定义的每个职位的目标；③明确定义的绩效测量指标和目标值。

7.1.2 评估员工绩效

1. 员工绩效评估流程

员工绩效评估应该具有战略一致性，即绩效评估应与企业的战略目标保持一致，绩效评估要有利于把员工的行为导向到战略目标上来。传统的员工绩效目标设定是根据岗位责任制定的，有可能每个人岗位职责都完成得很好，但和公司目标之间没有太大关系，造成了个人绩效与公司战略的脱节。因此，现代企业绩效管理强调以企业战略目标为出发点，通过目标分解，企业每个层面的人员都要做各自的计划。股东和 CEO 要制订战略计划，各业务单位和部门要制订经营计划，部门经理团队和个人要制订行动计划。通过不同层面人员的相互沟通，这些计划保持很高的一致性。企业定期对这些计划进行绩效评价，并将绩效评估结果应用于日常管理活动中，以激励员工绩效持续改进，并最终达到实现企业战略目标的目的。

图 7-1 说明了一个组织如何从个人（个人计划）到整个组织（使命陈述，有时被称为战略目标）建立、实施和检查运营计划。如上所述，员工的岗位职责和目标是由公司战略目标到部门目标再到岗位目标层层纵向分解得到的，最终，员工的岗位职责和目标会体现在岗位描述中。

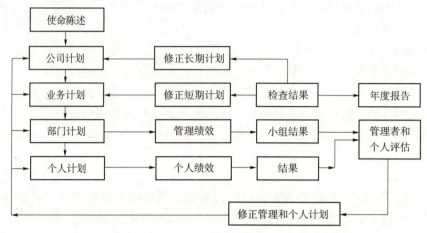

图 7-1　计划制订、实施和检查的交互式过程

2. 岗位描述

岗位描述，也称为工作描述、职位说明，内容主要涉及岗位目的、岗位职责、岗位在组织架构中的位置及任职者必须具备的知识、能力和技术等。其主要功能是让员工了解工作概要，建立工作程序与工作标准，阐明工作任务、责任与职权，有助于员工的聘用、考核和培训等。例如，某公司的采购员岗位描述中，对其岗位职责规定如下：

（1）在常务副总的直接领导下，全面负责生产所用的原料、包装材料的采购工作，并建立合格供应商档案。

（2）根据生产计划和资金情况，编制采购计划。

（3）按生产需要以及食品卫生要求，保质保量地组织好原料采购供应工作，掌握好实际库存和在途物料情况。

（4）合理安排采购顺序，对紧缺物料及需长距离采购的原料应提前安排采购计划，并及时购进，以免耽误生产。根据就近就地原则选择资源充分的供应商，对于主要原料供应商的食品卫生、产品质量、供货能力、企业质量保证能力、企业信誉等方面进行考察，以保证产品质量并维持正常生产。

（5）选择信誉可靠的供应商，在常务副总批准后签订购货合同，并随时掌握合同履行情况。合同中必须注明我公司对产品质量要求的条款，如需更改合同，应在请示常务副总并得到批准后方可执行。

（6）购进的原料必须符合食品卫生和工艺要求，符合公司标准或国家标准，不得随意更改厂家、质量标准、规格、型号等有关质量要求，如需变更，待请示常务副总批示后方可执行。

（7）严格执行原料包装材料入库检验制度，对不合格的原料绝对不允许入库和投入生产、入库原料必须具备合格证，合格证需妥善保管，以备复查。

（8）随时掌握原料、包装材料市场行情，以及新材料的应用信息，做好市场分析，随时掌握国家相关产品的标准和政策变化，做好政策分析，为公司决策提供有价值信息。

这个岗位职责明确表述了采购员的目标，根据这个岗位职责，采购部门可以制定相应的绩效评价指标，对其是否达到目标进行测量和评估。

例如采购订单控制员的目标，他的岗位描述可能是"确保正确处理采购中的框架订单，确保所有收到的发票都是依照合同协议付款的"，见表 7-2。

表7-2　采购订单控制员的目标和绩效测量示例一

关键任务	目标	绩效评价
1. 提出框架订单（Call Off Order）	确保提出准确的订单并且及时发送	两个工作日发出的订单；供应商无疑问地接收订单的百分比；抽样检查发送的 100 个订单，有 85 个满足合同要求
2. 支付发票	确保对收到的发票进行检查，检查发票是否正确并及时付款	从收到发票到支付日期的平均时间（天数）；每月的总结算折扣；收到的不正确发票的百分比
3. 咨询	保证客户的咨询得到及时处理	满意解决客户咨询的百分比；从解决客户咨询问题开始到客户满意的平均时间（天数）
4. 改进领域培训	确保我们的员工经过培训并能胜任订单下达的一系列工作	至_____（日期）培训完成
5. 改进领域系统	考虑对订单处理建立改进系统并确保实施"没有预算就没有订单"的政策	采购经理同意的流程（日期）；系统设计改进得到批准并实施（日期）；通知客户（日期）
6. 个人	通过参加这方面的外部培训课程，确保正确履行"来购订单控制"的职能	参加培训课程（日期）；"采购订单控制"职能检查，并向采购经理提出改进建议，供讨论和批准（日期）

现在，主管和职员之间（在上述例子中就是采购经理和采购订单控制员之间）的检查会议，即实际的评估面谈就有了一个可靠的基础，这样讨论可以集中在前面提到的确定的主题上，并能够发现改进的机会。

3. 将岗位描述和供应链管理目标联系起来

前面的内容讨论了评估技术并简要地了解了计划制订、实施和检查的方法，指出员工岗位职责和目标应与企业战略目标和部门目标保持一致，还讨论了一个"采购订单控制员"的岗位描述、目标和绩效测量的例子。

此处我们的任务是，就同一个岗位描述来看一下，工作中的每一个要素如何同采购与供应链管理的目标联系起来。"采购订单控制员"的前 3 个关键任务见表7-3。

表7-3　采购订单控制员的目标和绩效测量示例二

关键任务	目标	绩效测量
1. 提出框架订单（Call Off Order）	确保提出准确的订单并且及时发送	两个工作日发出的订单；供应商无疑问地接受订单的百分比；抽样检查发送的 100 个订单，有 85 个满足合同要求
2. 支付发票	确保对收到的发票进行检查，检查发票是否正确并及时付款	从收到发票到支付日期的平均时间（天数）；每月的总预算折扣；收到的不正确发票的百分比
3. 咨询	保证客户的咨询得到及时解决	满意解决客户咨询的百分比；从解决客户咨询问题开始到客户满意的平均时间（天数）

这些目标来自"采购部门业务计划"并和业务计划连接起来。你可以回想项目五中提到的采购职能的3个主要任务是：①为组织获取利润做贡献；②管理基本的采购工作量；③发展采购系统和采购能力。

在我们的采购订单控制员的例子中，前3个关键任务"提出框架订单""支付发票"和"咨询"与采购部门计划的前两个任务有关。它们通过确保资金不被浪费来为组织的盈利性和最高的客户服务水平做出贡献。

第4个关键任务是"改进领域培训"（表7-4），这个目标可能意味着团队成员之间应交流技能和知识，从而使资源得到有效利用，通过实现单位成本的降低来为组织的盈利性做出贡献。

表7-4 采购订单控制员的目标和绩效测量示例三

4. 改进领域培训	确保我们的员工经过培训并能胜任订单下达的一系列工作	至_____（日期）培训完成

第5个关键任务是"改进领域系统"（表7-5），这个改进目标可以为采购部门的"开发采购系统"这关键任务或目标做出贡献。它再次表明了采购目标与其他的业务部门（在这个例子中可能是财务部门）目标之间的关联。

表7-5 采购订单控制员的目标和绩效测量示例四

5. 改进领域系统	考虑对订单处理建立改进系统并确保实施"没有预算就没有订单"的政策	采购经理同意的流程（日期）； 系统设计改进得到批准并实施（日期）； 通知客户（日期）

第6个关键任务是"个人"（表7-6），这个目标是帮助确保持续发展的一项投资，这一任务应该与公司员工的发展目标（例如人员投资）是相符的。

表7-6 采购订单控制员的目标和绩效测量示例五

6. 个人	通过参加这方面的外部培训课程，确保正确履行"来购订单制"的职能	参加培训课程（日期）； "采购订单控制"职能检查，并向采购经理提出改进建议，供讨论和批准（日期）

总而言之，采购者绩效通过一系列子目标和绩效测量指标与采购职能部门的总体目标相联系，这些子目标和绩效指标来自部门目标，并与部门的主要目标相一致。同样，部门目标则是组织商业计划的一个子目标。

拓 展知识

评估面谈的原则和方法

为使员工更容易接受绩效评价反馈信息、对面谈感到满意并愿意在未来有所提高，下面列出一些在执行评估面谈时需考虑的原则：

（1）要求自我评估：在评估面谈前先让员工进行自我评估是非常有益的。在员工进行自我评估后，评估面谈就可以集中力量评论经理和员工的意见不一致的地方，并努力寻求解决问题的方法；

（2）要求参与：员工积极参与谈话，可以使工作的阻碍和根本原因被分析得更透彻；

（3）表示欣赏：在评估面谈开始时就对员工在工作中的优点进行表扬，会使员工减少抵触情绪并更加愿意谈论其工作中的不足之处；

（4）改变行为方式而不是改变人：在解决员工问题时，一定要记住错误的是员工的行为方式，而不是他这个人；

（5）注重解决问题而不是相互责备；

（6）表示支持：询问员工"我能帮你什么吗？"，这是帮助员工解决问题的一个好方法。

（7）建立有效的反馈：面谈后不应将评估结果存档了事，而应定期进行非正式的谈话，了解评估面谈中所讨论问题的进展情况。

对员工工作绩效进行评估后，就需要就评估结果与员工进行面谈。评估面谈一般被认为是整个绩效评估过程中最重要的一部分。评估面谈给经理一个与下属讨论其工作绩效并挖掘其工作中可提高和发展的领域的机会。另外，通过面谈也能使经理更全面地了解员工的态度和感受，从而促进双方的交流。

为使员工和雇主从评估面谈中取得最大的收获，对每个主题进行坦诚的讨论和辩论是很重要的。反馈要是双向的，对出现的任何行动点做记录，并采取所需的后续行动。评估面谈通常采用下面两种形式之一：①正式的；②非正式的。两者的不同之处在于在正式评估面谈过程中，购买者和供应商预先已经就评分机制达成一致，就如你用供应商等级评定来评估供应商的绩效一样。非正式的评估面谈更可能是一次公开、坦诚的讨论，讨论采购人员岗位描述中所包含的所有问题，对讨论结果和行动进行记录，以便下一次面谈检查。无论是正式面谈还是非正式面谈，为讨论做好充分准备都是非常重要的。

【任务一知识要点】

要为组织及其内部的成员设定明确的目标和绩效测量指标，并根据这些目标和指标进行绩效评估。为了评估过程的正常开展，需要：①明确定义的岗位描述，突出组织的目标；②明确定义的每个职位的目标；③明确定义的绩效测量指标和目标值。

【任务实施】

完成此任务没有太大难度，若有问题，同学们可以相互讨论，也可以和指导教师一起讨论。对于任务一各步骤的执行状况，各位同学可以按表7-7中的步骤顺序，对照【任务考核/评价】部分给出的各步骤主要结果自行进行检查，并逐条完善。

表7-7 任务一执行状况

任务一简述	是否执行 （是打√，否打×）	是否相同 （是打√，否打×）	不同在何处 （记录在空白处）
步骤1 确定工作任务			
步骤2 确定考核项目			
步骤3 确定等级标准			
步骤4 选择工作纪律指标			
步骤5 选择采购质量指标			
步骤6 选择采购数量指标			
步骤7 选择物料及时率指标			
步骤8 选择异常问题处理指标			
步骤9 选择价格合理性指标			
步骤10 选择采购原则指标			
步骤11 选择执行力指标			
步骤12 选择合作性指标			
步骤13 选择奖惩指标			
步骤14 指标得分			
步骤15 计算等级			
步骤16 整改意见			

【任务考核/评价】

各位同学可以对照下列本任务各步骤的主要结果，利用表7-7进行自我评价和纠正。任务一各步骤的主要结果如下：

（1）采购员工作任务见【相关知识】。

（2）采购员考核项目见表7-1。

（3）采购员等级标准及处理方法：

①得分为85~100分者为A级优秀；

②得分为70~84分者为B级良好；

③得分为60~69分者为C级合格；

④得分为59分以下者为D级不合格，应予以淘汰。

（4）考核指标、权重及其评分标准见表7-8。

（5）根据张三实际表现确定各指标得分，见表7-9。

（6）对张三本月考核等级进行评定。

将供应商实际得分加总，总分为60分，得分为60~69分者为C级合格，可以继续留用工作。

（7）根据评定等级提出整改意见。

由于张三是新员工，采购业务还不是非常熟悉或熟练，需要进行培训。可以在采购质量、采购数量、采购及时性、价格合理性、处理问题的能力方面有所提高，如此很快便可以胜任采购员岗位的工作。

表 7-8　采购员绩效考核指标

考核指标	评价职责	评价标准	权重	得分
工作纪律（10分）	个人考勤	按时上下班与值班，服从工作安排。迟到早退 1 次扣 3 分，不服从或旷工的，此项考核为 0 分	6 分	
	遵章守纪	警告以上处分扣 4 分，奖励 1 次加 4 分	4 分	
采购质量（10分）	采购的质量绩效可由验收记录及生产记录来判断	生产验收指标=拒用数量/使用数量，每拒用一次扣 2 分	10 分	
采购数量（10分）	现有存货利息及保管费用与正常存货水准利息及保管费用之比值	目标：≤100%；每高于目标 1%扣 2 分，不足 1%的按 1%算	10 分	
物料及时率（10分）	按时到达批次和送货总批次的比值	目标：≥98%；每低于目标 1%扣 2 分，不足 1%的按 1%算；低于 94%的此项考核为 0 分	10 分	
异常问题处理（10分）	监控跟踪采购计划的执行进度，对异常情况随时做出调整，并及时上报	出错一次扣 5 分，当月连续 2 次发生未及时处理事件，此项考核为 0 分	10 分	
采购物料价格合理性（10分）	采购价格和标准价格的比值	每高于标准价格 1%，标准分扣 1 分	10 分	
采购原则（10分）	采购比价"货比三家"，确认价格/品质的可比性	不合格项每项扣 3 分	10 分	
执行力（10分）	公司部署临时工作任务，在规定时限内完成	时限内未落实的 1 项扣 5 分	10 分	
合作性（10分）	配合、响应其他部门的工作请求	完成质量差的一次扣 2 分	10 分	
奖惩（10分）	特殊贡献奖励、重大失误处罚	当月有（本职或部门以外工作）具体事迹者，为公司节约成本或创造效益之情况，可加 2~10 分。由于采购员工作失误，不按计划采购，造成公司停产的，每次处罚 500 元	10 分	

表 7-9　张三本月表现实际得分

序号	考核项目	具体表现	得分
1	工作纪律	按时上下班与值班，未受处分	10
2	采购质量	采购原料被拒用 2 次	6
3	采购数量	102%	6
4	物料及时率	95%	4
5	异常问题处理	异常 1 次	5
6	采购物料价格合理性	105%	5
7	采购原则	不合格 2 次	4
8	执行力	全部落实	10
9	合作性	配合其他部门工作	10
10	奖惩	未有奖惩发生	0

任务二　制订采购员培训计划

【任务描述】

假设你是红双喜公司采购部门经理，共管理 10 名采购员，请根据绩效考核结果，制订采购部门的人员培训计划。提示：阅读【相关知识】可知，采购员职业发展的能力需求见表 7-10。

表 7-10　采购员职业发展的能力需求

能力分类	具体需求描述
基本岗位能力	1. 供应商源搜寻能力
	2. 谈判技能
	3. 成本价格分析能力
	4. 海外供应源搜寻能力
	5. 存货周转管理能力
	6. 沟通能力
职业发展能力	1. 管理学知识
	2. 金融学知识
	3. 财务管理知识
	4. 统计学知识
	5. 计算机技术

【任务分析】

对采购员的培训计划只能来自绩效考核的结果，即对能力不足者或不足能力以培训弥补之，对能力达标者则进行能力提升以胜任更高级岗位。基于以上分析，根据【任务描述】的要求，可以确定完成该任务的操作思路如下：

步骤1：确定采购员的基本工作能力清单；

步骤2：确定采购员的职业发展能力清单；

步骤3：根据绩效考核，核算每一种能力不足的人数，即确定培训人数；

步骤4：确定每种能力的培训类型；

步骤5：估算每种能力培训的费用；

步骤6：确定每种能力培训的时间；

步骤7：设计表格，将相关信息合计到表格中；

步骤8：报上级主管批准。

【相关知识】

7.2.1　员工培训

我们已经了解了如何使用人员绩效评估技术，以及采购者绩效如何直接与采购职能部门目标的"部门业务计划"相联系，接下来需要考虑的是如何确定培训需求。

1. 企业进行人员培训的目的

组织应当认识到对于不同的人，激励方法应是不同的。一些人受职业热情的激励，而其他人只想做好工作并对组织做出有用的贡献。通过不断帮助他们提高技能和热情，管理者同样能使企业实现它的商业目标。这种平衡和关系的维护需要一种结构化的、管理良好的方法。因此，应该集中力量确保个人：

（1）具有胜任工作的知识和技能；

（2）如果他们愿意，可以发挥作用对组织做出贡献，提高他们的工作热情；

（3）能完全参与到组织中来；

（4）得到激励，士气高涨。

参加培训对个人的好处是：

（1）提高责任感和工作满意度；

（2）增多职业发展机会，尽管在当前小型的和扁平的组织中这种机会可能非常有限；

（3）获得技能提升。

提供培训对组织的好处是：

（1）受过良好培训的劳动力能更好地实现其商业计划；

（2）获得更高的生产率和盈利性；

（3）获得竞争优势。

2. 培训评估

提前计划和确定培训需求是改进培训绩效的有效措施。组织中的每个部门都有培训计划，将个人评估计划包括在部门的培训和发展评估检查之中，可以进一步增强各种培训需求之间的协调性。

培训评估应该被视为理所当然的事情。部门经理和主管应该全面参与到确定培训需求和制订的培训计划的过程中来。培训评估应当:

（1）提高对潜在的利益的认知度;

（2）包含促进员工发展进步的一系列活动;

（3）提高对培训活动进行检查的必要性的认识;

（4）更愿意充分发挥得到提升的技能;

（5）更积极地鼓励员工拓展和发展他们的技能,给员工提供在工作中学习新技能的机会。

在制订培训计划时,应当首先考虑那些能够提供员工更好完成工作的能力的培训。然而,考虑到业务和组织的长期需求的知识和能力同样也是很重要的。培训有多种类型:①正式的、课堂式教育;②在职经历和学习;③由有经验的讲师或经理进行工作指导。

然而,关键的目标是要帮助管理者持续改进他们的绩效并以此提高组织的绩效。通过结构化的程序,公司可以将培训活动和国家承认的资质认证联系起来,员工可以看到培训和发展上的持续投资。这样做可以达到两个目的:第一,提高能力水平;第二,也可能是最重要的一点,就是提高士气。应当鼓励员工学习并获取、分享知识,如图7-2所示。

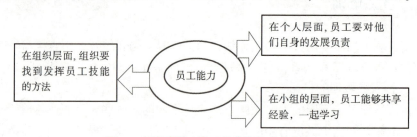

图7-2 鼓励员工学习并获取和分享知识

7.2.2 分析培训需求

很多企业的培训工作就像打"机关枪",漫无目标,随意进行。当企业根据员工为完成企业发展目标所需要的技能,积极组织企业培训活动之前,需要进行企业培训需求分析。培训需求分析的重点在于使员工个人技能和企业发展需要相匹配。分析的结果会显示出企业的优势和劣势,优势可以为企业所利用,而劣势则需要通过开展培训和员工发展项目来弥补。

1. 培训需求的分析流程

（1）确定分析方法（如果需要,则聘请外部面谈主持者）;

（2）确定面谈的参与人员;

（3）确定企业所需的绩效、技能和竞争力领域,并对它们进行排序（即想得到的标杆）;

（4）开展面谈或自我评价;

（5）比较实际结果与要求的标杆值,找出主要问题所在（技能缺口）;

（6）设计、实施适当的培训项目以弥补发现的技能缺口;

（7）回顾和恰当的问题反馈。

培训需求分析过程进行起来比较复杂，但可以得到良好的结果以及员工培训和发展项目，为企业未来的发展提供驱动力。

2. 自我评价法

（1）设计一个调查表来了解员工的技能基础和培训需求，分析出自身的优势和劣势。

（2）组织起来相对简单，但结果中存在着个人认知偏差，而且容易变成反映员工期望的"愿望表"。

3. 面谈法（可以由内部人员或外聘人员主持进行）

（1）员工参加一个面谈，类似于考评面谈，探讨自己的优缺点；

（2）面谈由经理或员工代表主持，为了更加开诚布公地进行讨论，最好不由直属领导主持；

（3）员工和面谈主持者共同讨论，找出员工的优缺点。面谈法的困难之处在于探讨的过程可能并不能开诚布公地进行，而且面谈的时间不充分；

（4）也可以从外部培训或咨询公司聘请人员主持面谈。这样做成本比较高，但进行得比较快，而且有助于确保以必要的、开诚布公的方式进行探讨。

4. 评估访谈的内容

评估访谈很关键，因为它允许进行双向比较：

（1）组织对员工的要求是什么？

（2）员工是否明白他们的角色、责任和职责？

（3）有什么问题或困难？

（4）绩效是否正常？

（5）雇主如何给员工提供帮助和支持？

（6）这一讨论是否识别出了某些培训需求？

7.2.3　培训的类型

确认企业存在培训需求之后，可以采用很多种方法开展培训项目，也可以从很多渠道来组织培训。

1. 岗位培训

岗位培训是在工作岗位上对企业现有员工运用现有资源开展的培训，包括：

（1）对新员工的定位和介绍。帮助新员工熟悉工作岗位是新员工最初获得工作士气的关键因素；

（2）在实践中学习。员工通过反复试验学习到职位相关技能，也可以从与同事的长期接触中获得相关知识。尽管这种方法并不是特别有效，还很容易将坏习惯传给其他人，但在实际工作中仍是普遍采用的方法。

（3）伙伴。员工通常被安排和一个"伙伴"共同工作，互相学习，他们水平相当。这种方法非常有效，特别是在员工最初接触新岗位时，但是需要具备选择合适的人员进行搭配的技巧。

（4）内部指导。由领域内的高级员工或技能等级高的员工给予培训。若分析时发现团队中存在技术差距，就可以采用这种方法，这有助于维持上司与下属之间良好的关系。

（5）轮岗。员工通过在企业内部各个岗位轮流学习，更全面地认识企业。这种方法更多地用于管理层的培训中，最好在人员进入企业安定下来，开始全面了解企业时采用这种方法。

（6）参与和实践。许多技能，例如谈判、语言表达能力和会议控制能力等，需要从参与和实践中逐步加强。因此，经理应尽可能地安排需要提高这种技能的员工加入实际活动中。

2. 特定技能培训

特定技能培训的目的是使员工掌握某种特定技能，如为了操作新设备或新计算机程序，或者掌握新的员工绩效评估流程。这种培训可以由外部课程提供，也可以在工作场所中进行。通常是由外部培训者实施培训，也可以由供应商代表或安装代表实施培训。

3. 基础培训

基础培训是为了拓宽员工的基本工作技能，员工逐渐掌握更多的技能，成为"工具箱"式的多面手，在采购活动中，所需技能的例子包括谈判技能、成本价格分析能力、海外供应商源搜寻能力等。基础培训通常是聘请外部培训师来实施的，也可以通过公开渠道（对所有人都可得到的）或预订课程的方式（为某一公司或市场定做的）来实施。基础培训的成果很难立即运用于工作中，它真正的成效在于为将来的需要打下知识基础。

4. 职业或学术培训

这种培训是为了提高正规教育背景，如 MBA 硕士学位等。学术培训通常是针对某些个体，采用选派人员到高校进修方式或通过电子学习通道（网课）进行的，通常包括各种职业认证考试。

【任务二知识要点】

培训需求分析的重点在于匹配员工个人技能和企业发展需要。分析的结果会显示出企业的优势和劣势，优势可以为企业所利用，而劣势则需要通过开展培训和员工发展项目来弥补。培训有多种类型：①正式的、课堂式教育；②在职经历和学习；③由有经验的讲师或经理进行工作指导。

【任务实施】

完成此任务应没有太大难度，若有问题，同学可以相互讨论，也可以和指导教师一起讨论。对于任务二各步骤的执行状况，各位同学可以按表 7-11 中的步骤顺序，对照【任务考核/评价】部分给出的各步骤主要结果自行进行检查，并逐条完善。

表 7-11　任务二执行状况

任务二简述	是否执行 （是打√，否打×）	是否相同 （是打√，否打×）	不同在何处 （记录在空白处）
步骤 1 确定基本能力			
步骤 2 确定发展能力			
步骤 3 核算能力不足人数			
步骤 4 确定培训类型			

续表

任务二简述	是否执行 （是打√，否打×）	是否相同 （是打√，否打×）	不同在何处 （记录在空白处）
步骤 5 估算培训费用			
步骤 6 确定培训时间			
步骤 7 建表			
步骤 8 报批			

【任务考核/评价】

各位同学可以对照下列本任务各步骤的主要结果，利用表 7-12 进行自我评价和纠正。任务二各步骤的主要结果见表 7-12。

表 7-12　采购员职业能力培训计划

能力分类		培训人数	培训类型	培训预算	培训时间
一、基本岗位能力	1. 供应商源搜寻	3 人	培训班、网课	6 000 元	供应商安排
	2. 谈判技能	5 人	传帮带	5 000 元	下周安排
	3. 成本价格分析能力	4 人	培训班、网课	8 000 元	供应商安排
	4. 海外供应源搜寻能力	5 人	国外交流会	50 000 元	海外培训班和公司停车重合时间
	5. 存货周转管理能力	2 人	培训班、网课	4 000 元	供应商安排
	6. 沟通能力	3 人	脱产培训 2 周	15 000 元	培训班和公司停车重合时间
二、职业发展能力	1. 管理学	2 人	国内外 MBA 课程	100 000 元	带薪休假期间
	2. 金融学	2 人	国内外 MBA 课程	100 000 元	带薪休假期间
	3. 财务管理课程	2 人	国内外 MBA 课程	100 000 元	带薪休假期间
	4. 统计学	2 人	国内外高校进修	100 000 元	带薪休假期间
	5. 计算机技术	2 人	国内外高效进修	100 000 元	带薪休假期间
经费合计			588 000 元		

实例分析 <<<<<<<<<<<<<<<<<<<<<<<<<<<<<<<<<<<<<<<<<<<<

仓库员工绩效考核方案

一、目的

为调动仓库员工的积极性和使命感，进而调动个人工作动力，通过相关绩效考核评价指导员工有计划地改进工作，以保证仓库工作能够持续、健康、稳定、有序进行，提高管理水平和效率。

二、适用范围

适用于仓库主管、仓管员、仓库统计员的工作考核。

三、主要职责

（1）仓库主管：依据考核标准对所辖成员进行考核，并依据业绩考核结果对不足部分进行改善；

（2）仓库组长：对组员工作成绩如实进行记录；

（3）仓库员：实事求是反馈自己和工作关联人员的工作绩效并接受考核；

（4）工资方案：总工资＝岗位工资＋绩效工资。

四、绩效考核内容和要求

（一）考核时间

（1）分为月度定期考核和年度定期考核；

（2）月度考核在每月 2 日前评出上月考核结果，并将结果公布给所有仓库人员；

（3）年度考核按照公司要求的时间提交考核结果。

（二）考核标准

（1）考核分值总分为 100 分，分为定性指标和定量指标，定性指标权重为 30%，总分为 30 分，定量指标权重为 70%，总分为 70 分；

（2）定性指标考核内容包括工作态度、基础能力、业务水平、责任感、协调性、自我启发；

（3）定量指标考核内容包括账物卡准确率、先进先出执行率、备料及时率。

（三）账物卡准确率

（1）准确率以期末仓库盘点账准确率和计划物控部、稽核小组、财务部每周抽查材料仓、成品仓的准确率的数据来源计算；

（2）抽盘（查）准确率＝抽盘（查）准确批次/抽盘（查）总批次×100%；

（3）总准确率＝（抽盘准确率＋材料仓抽查准确率＋成品仓抽查准确率）/3×100%；

（4）考核部门：计划物控部、稽核小组、财务部

（5）记录：《盘点清单》和《部门绩效考核统计表》；

（6）考核期限：每月考核一次，计划物控部、稽核小组每周提报一次抽查数据；

（7）数据收集方法：详见《仓库绩效考核数据收集方法》。

（四）先进先出执行率

（1）指一个单位周期内所有物料、成品按先进先出原则执行的状况；

（2）先进先出执行率＝抽检执行批次/总抽检批次×100%；

（3）考核部门：品管部；

（4）记录：《仓库先进先出抽查记录表》和《部门绩效考核统计表》、品质周报、月报；

（5）考核期限：每月考核一次，每周提供一次数据；

（6）数据收集方法：详见《仓库绩效考核数据收集方法》。

（五）备料及时率

（1）指一个单位周期内给生产部备料的及时率；

（2）备料及时率＝准备备料总批数/应备料总批数×100%；

（3）考核部门：计划物控部；

（4）记录：《物料跟催表》和《生产任务单》；

（5）考核期限：每月考核一次，每周提供一次数据；

（6）数据收集方法：详见《仓库绩效考核数据收集方法》。

（六）考核责任安排

（1）考核内容根据相关部门及工作关联人员对其工作要求项目进行评定；

（2）考核者需客观、如实地对被考核人进行考核，奖/扣分栏必须填写真实记录，并应有客观证据；

（3）仓库组长依据仓库员绩效考核表对仓管员进行全面考核，考核评分占总分的60%；

（4）仓库主管依据仓库员绩效考核表对仓管员进行全面考核，考核评分占总分的40%；

（5）生管部负责人依据仓库组长绩效考核表、仓库主管绩效考核表对仓库组长、仓库主管进行全面考核，考核评分占总分的60%；

（6）生产部总经理依据仓库组长绩效考核表、仓库主管绩效考核表对仓库组长、仓库主管进行全面考核，考核评分占总分的40%。

 ＜＜＜＜＜＜＜＜＜＜＜＜＜＜＜＜＜＜＜＜＜＜＜＜＜＜＜＜＜＜＜

绩效管理者需具备高尚品格

对于采购人员的绩效评估虽然是由采购部门具体实施完成，但也是供应链企业人力资源管理的一个组成部分。现代人力资源管理模式已经从监督和控制方式向开发与激励方式转变，管理者若要提高绩效评估的有效性，就必须提高自身的各项专业素质，更要注重个人品格的提升和个人修养的培育。在绩效评估环节，要求管理者具有较高的个人品质素质。

一个优秀的绩效管理者，应该具有高尚的人品、良好的职业道德以及工作亲和力。他必须在工作中能够以身作则，能够包容员工在个性上的差异，宽容员工在工作中的失误，能够富有激情地领导和开展工作，能够诚实、正直地做人，踏踏实实地做事，拥有良好的公信力，能够在与员工发生意见分歧时有良好的情绪控制力。只有这样，管理者才能抛开个人感情、抛开个体差异，不受绩效考核过程中容易犯的晕轮效应、近期效应等不利因素的影响，公正、客观地对员工进行评估，使绩效考核公平公正。

 【项目评价与反馈】

请每位学生独立完成本项目的学习内容和工作任务，以百分制分数（满分100）对个人进行单独评价。

序号	考核项目要求	权重	评分标准	自评得分	教师评价
1	遵守纪律，能按时独立完成工作任务	10%	在该项目学习结束时没有完成工作任务的，每延时2学时扣2分，直至扣完为止，延迟超过1周的，本项目成绩得0分		

序号	考核项目要求	权重	评分标准	自评得分	教师评价
2	案例导入阅读	10%	阅读 5 遍得 10 分，每少一遍扣 2 分，未阅读得 0 分		
3	任务一	25%	正确 25 分；基本正确 20 分；有缺陷 15 分；不正确得 0 分		
4	任务二	25%	正确 25 分；基本正确 20 分；有缺陷 15 分；不正确得 0 分		
5	实例分析阅读	10%	阅读 5 遍得 10 分，每少一遍扣 2 分，未阅读得 0 分		
6	素质提升阅读	10%	阅读 5 遍得 10 分，每少一遍扣 2 分，未阅读得 0 分		
7	总结拓展	10%	用词准确（2 分），逻辑清晰（2 分），语言简练（2 分），语意完整（2 分），要点明确（2 分）		

请根据以上打分情况，对本项目的学习效果进行总体评述（从素质的自我提升方面，应知、应会的职业能力提升方面进行述评，分析自己的不足之处，并描述对不足之处的改进措施，总结结果计入总结拓展得分项）

综合得分		学生自评得分×50%+教师评价得分×50%

 【同步训练题】

7.1　什么是评估过程？为什么它出现的次数比年度审查访谈要多？

7.2　评估一般包括哪 8 个典型要素？

7.3　什么是关键任务？

7.4　给出一个采购者的关键任务的例子，并为它设计一个目标和两个绩效指标。

7.5　如果个人计划的形成是在计划金字塔的下面，在计划金字塔上面的是什么？

7.6　若要评估过程正常运行，需要的 3 个必要因素是什么？

7.7　采购和供应部门的目标是什么计划的子目标？

7.8　组织为什么应当为个人建立培训需求？

7.9　作培训计划时可能要用到的培训类型是什么？

7.10　制订个人培训计划的步骤是什么？

7.11　评估访谈允许双向比较什么？

模块二

能力发展篇

评估供应商财务数据

【项目介绍】

对于重要采购的供应商的财务分析需要更为深入，才能最终确定是否合适，进而保障原料按时保质发货，以及货物的及时到位。为此，企业需要根据供应商的资产负债表（任务一）和供应商的现金流量预测表（任务二），审核供应商的各种财务比率（任务三）及其变化趋势。

【知识目标】

（1）掌握供应商资产负债表的结构和各部分的相互关系；

（2）掌握供应商现金流量预测表的结构和各部分的相互关系；

（3）掌握评价供应商财务绩效的 FACE2FACE 方法及其含义。

【技能目标】

（1）能够编制供应商的资产负债表；

（2）能够编制供应商的现金流量预测表；

（3）能够计算财务分析 POSE 方案中的各种财务比率。

【素质目标】

了解专利、商誉、发明创造用现有的会计准则评价遭遇的困难。

案例引入

波司登 2021—2022 财年业绩逆势高增长

2022 年 6 月 23 日晚间，波司登国际控股有限公司发布 2021—2022 财年业绩：营收、净利润均创历史新高，其中收入同比上升 20%，达 162.14 亿元，连续 5 年复合增长率达 18.9%；归母净利润同比增长 20.6%，达 20.62 亿元，连续 5 年复合增长率达 39.4%。

在品牌羽绒服方面，2021—2022 财年，波司登品牌收入同比上升 16.3%，达约 116.18 亿元，实现连续 5 年复合增长率达 23.4%，创历史新高；雪中飞品牌收入约为 9.74 亿元，同比上升 76.6%，实现连续 5 年复合增长率达 40.1%。在贴牌加工方面，2021—2022 财年，贴牌加工管理业务收入较去年同期上升 23.8%，达 19.01 亿元，实现连续 5 年复合增长率达 19.6%，创历史新高。

除此之外，伴随着公司品牌升级和产品升级的成功，波司登盈利能力衡量指标更是持续优化。2021—2022 财年，公司毛利率由去年同期的 58.6% 提升至 60.1%，成为历史最高水平。其中，品牌羽绒服业务毛利率增加 2 个百分点，至 65.7%。

近年来，波司登顺应全球数字化发展趋势，利用阿里数据中台技术，重点围绕零售、商品两个领域开展数字化探索工作，具体包括建立会员标签体系、精准营销以及重构线下门店商品自动补货体系，多方位打造优质快反供应链等。

一方面，"建立会员标签体系+精准营销"，大幅提升营销效率，降本增效明显。波司登全渠道会员、粉丝数量大幅增长，特别是 35 岁以下的年轻新生消费群体占比稳步提升。截至 2022 年 3 月 31 日，波司登品牌天猫旗舰店拥有会员约 660 万人，粉丝超 1 690 万人；而在本财年新增的京东及抖音在线平台中，亦实现新增会员超 370 万人，新增粉丝超 780 万人。同时，由于深受 "Z 世代" 消费者青睐，2022 年 6 月 1 日，波司登被纳入恒生沪深港 Z 世代指数。

另一方面，"重构线下门店自动补货体系" 加强了公司产销存管理，更高效地利用企业资源，全方位提升运营效率。从公司财报也可明显看出这一点，2021—2022 财年波司登存货管理效率大幅提升，库存周转天数稳步下降。截至 2022 年 3 月 31 日，波司登库存周转天数为 "150 天"，较 2021 年 3 月 31 日出现了 "25 天" 的下降。

产品力、品牌力、渠道力三力齐发，共同构筑成波司登宽阔的经济护城河，进一步巩固其绝对的行业龙头地位，为中国品牌崛起和在国际市场强势发声探索出一条可借鉴的道路。

此文表明，波司登是一家非常优秀的公司，你之所以相信这一点，是因为文中有大量翔实、具体的财务数据和财务比率分析作为支撑。

任务一　编制供应商资产负债表

【任务描述】

XYZ 公司是红双喜公司的一个重要供应商，现由于采购业务关系，已知截止到 2020 年 12 月 31 日，XYZ 公司各类账户余额如下：固定资产 200 万元，存货余额 30 万元，应收账款 20 万元，现金 10 万元，短期借款 8 万元，应付账款 4 万元，准备支付股利 18 万元。公司共发行股本 100 万元，长期借款 50 万元，拥有储备金 75 万元，损益额 5 万元。现假设你是红双喜公司的采购员，请为供应商 XYZ 公司编制一份资产负债表。

【任务分析】

资产负债表的基本结构是资产=负债+所有者权益，同时你需要知道对会计账目进行归类，因此根据【任务描述】中的要求以及提供的财务信息，建议完成该任务的操作思路如下：

步骤 1：了解资产负债表的结构和账目顺序，即资产负债表分为：A. 固定资产，B. 无形资产，C. 流动资产（流动负债），D. 所有者权益，E. 长期负债。

步骤 2：理解资产负债各组成部分的计算关系，并设计表格进行账目归类，以表达资产负债表各组成以及相互之间的关系；

步骤 3：将固定资产金额填入表格中对应的位置（分列表示数据是为了便于计算），即填入固定资产账目；

步骤 4：将流动资产金额填入表格中对应的位置（包括存货、应收账款、现金），即填入流动资产账目；

步骤 5：将流动负债金额填入表格中对应的位置（包括流动负债、股利支付、应付账款、税金），即填入流动负债账目；

步骤 6：公司资产来源方式填入表格中对应的位置（包括普通股本、一般储备金、损益额、长期贷款），即填入对应会计账目；

步骤 7：计算流动资产总额并填入表格中对应的位置，即填入流动资产总额账目；

步骤 8：计算流动负债总额并填入表格中对应的位置，即填入流动负债总额账目；

步骤 9：计算总资产净额并填入表格中对应的位置，即填入总资产净额账目；

步骤 10：计算所有者权益并填入表格中对应的位置，即填入所有者权益账目；

步骤 11：计算总获得资产（总净值）并填入表格中对应的位置，即填入总净值账目；

步骤 12：检验资产负债表是否平衡，即检验总净资产是否等于总获得资产，其中总净资产=固定资产+（流动资产−流动负债），总获得资产=所有者权益+长期负债。

【相关知识】

若要更加深入地理解和评价供应商，则需分析其财务数据。在每个财政年度期末，公司都会编制年度报告，其中包括损益账户、资产负债表的摘要和现金流量表。这些数据可以是公开的，它们是评价供应商绩效和财务稳定性的重要信息来源。损益表中所取得的利润显示了某一公司的商业模式是否成功以及目前所拥有的业务量。资产负债表表明其是否拥有足够的资产和流动资金、过去是否盈利、融资渠道是否正常以及财务风险的大小。现金通常被形容为企业的血脉，如果没有充足的现金，企业就不能生存。利用企业的财务报表可以分析企业多方面的能力，这些能力对于企业的生存和发展都至关重要，它们包括：①偿债能力；②营运能力；③盈利能力；④发展能力等。

8.1.1　经营损益表

损益表显示了一年内的销售和开支额，通过查看表中的五部分很容易说明问题。下面是基本样表：

某某公司年末损益表（　　年　月　日）

A 营业额

减销售成本

=毛利

B 减营业费用

=营业利润

C 加营业外收入

减营业外支出

=税前净利润

D 减所得税

=税后净利润

E 加上年损益余额

减股利支付

减一般储备金

=盈亏结余

其中，A 部分：此处计算毛利。毛利是销售价格与购买或生产成本的差额，通常用于计算公司的获利能力。

B 部分：此处计算营业利润，这是公司开展正常业务活动所赚取的利润。所有的营业费用都在此列出并从毛利中扣除。只有属于本年度的开支才可计入。这些开支还包括任何应付款，但不含提前为下年度支付的款项。开支也可以包括非现金项目，比如，固定资产折旧和提取的坏账准备金。它们虽然没有支付现金，但它们是营业成本的一部分，这样可以计算出考虑了营业成本的利润额。

C 部分：此处计算税前净利润，它是公司缴税的依据。所有的收入都必须计入，从而能够正确地计税。所有营业外收入在此加总，如投资收益和租金收入等。最后，扣除贷款利息后便得出税前净利润。

D 部分：在这里扣除公司所得税，从而得出税后净利润。在账目结算日之前不用交税，所以这部分金额将作为流动负债列示在资产负债表中，即列为需要在未来 12 个月支付的款项。

E 部分：公司要为股东发放股利，股利作为流动资产显示在资产负债表中，下面会进一步解释。未分配利润可以转入一般储备金账户或者留在损益账户中。一般储备金和损益账户结余都会作为储备资金出现在资产负债表中。损益表实例如表 8-1 所示。

表 8-1　损益表实例　　　　　　　　　　　　　单位：元

XYZ 公司损益表（2020 年 12 月 31 日）	
营业额	600 000
-销售成本	-300 000
毛利	300 000
-营业开支	-110 000
营业利润	190 000
+营业外收入	+20 000
	210 000
-非营业支出	-10 000
税前净利润	200 000
-所得税（20%）	-40 000
税后净利润	160 000

续表

XYZ 公司损益表（2020 年 12 月 31 日）	
+上年损益余额	20 000
	180 000
-股利支付	80 000
--一般储备金	50 000
盈亏结余	50 000

8.1.2 资产负债表

这是公司业务在特定日期的反映。资产负债表分为两部分，显示出公司所拥有的资产和它们是如何取得的。因此，两边必须保持相等和平衡。下面是一个典型的样表，为了解释方便分为 5 部分。

某某公司资产负债表（　　年　月　日）
   A. 固定资产
   B. 无形资产
   C. 流动资产
    减流动负债＝营运资金
   融资方式：
   D. 所有者权益
   E. 长期负债

其中，A 部分：固定资产是对公司的经营能够产生长期利益的资产，如土地和建筑物，固定设备和装置、机器、设备、机动车辆等。为了准确计算公司的固定资产，每年都要折旧，以反映出其现值而非原始成本。它的价值由于磨损、老化或过时会相应变化。资产负债表显示了除去累计折旧的成本，也就是折旧到当前的数额。因此，资产越旧，资产负债表上的价值就越少。将每年的折旧额作为支出列示在损益账户中。

B 部分：无形资产没有实体形态。如信誉及其形成成本，这些通常在一定时期内是无价的并且不在损益账户中显示。

C 部分：这部分显示了公司的营运资金，也就是流动资产减去流动负债。它表明了公司是否有足够的流动资金来偿付短期贷款；如果流动资金不足或运用效率低，公司便无法生存。营运资金获取和支付的时机非常关键。如果有可能，资金应该在支付给债权人之前或同一时刻从债务人处收回。否则，公司就可能出现现金支付困难。

流动资产经常是指存货、应收账款、预付款和现金。流动负债包括应付账款、银行透支、未付账款、税及未付股利。所有这些项目中，除了税和股利处，其他项目每天都会变化，所以资产负债表的评估因此会很快过时。图 8-1 中的营运资金循环说明了不同资产要素间的关系。

D 部分：D 部分和 E 部分显示了资产是如何获取的。它们可以从公司的自有资源、资本和储备金（如 D 部分所示）中获取，或者如 E 部分所示，采取第三方融资的方式。公司的

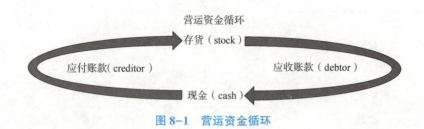

图 8-1　营运资金循环

股东可以提供股本，这可以是普通股或者优先股。储备金（包括损益账户和一般储备金）代表了公司赚取并保留的利润。

股票溢价和重估价准备以不同的方式出现。公司的储备金高则表示过去是盈利的，还保留了利润以便为资产融资。这是一种资金来源，但并不意味着公司拥有等额现金。等额现金被视为流动资产。

E 部分：长期负债是需要在大于 12 个月的时期内支付的债务，它包括银行贷款、抵押及债券。如果公司的资产大多通过外部融资而来，杠杆比率就会很大，而且还需支付利息和本金，这会增加财务风险。

【任务一知识要点】

分析财务信息是评价供应商的总流程中的基本部分。损益表显示了公司利润和所得税额。剩余利润可以保留在公司中，或者发放股利。资产负债表的状况表明了公司的资产多少和它们的来源。这些账户还显示了固定资产的使用寿命和数量、偿债能力，以及公司过去和现在的经营是否成功。

【任务实施】

完成此项任务没有太大难度，关键在于理解资产负债表的组成部分以及它们之间的计算公式，同学之间可以互相讨论，也可以和指导教师一起讨论。对于任务一各步骤的执行状况，各位同学可以按表 8-2 中的步骤顺序，对照【任务考核/评价】部分给出的各步骤主要结果自行进行检查，并逐条完善。

表 8-2　任务一执行状况

任务一简述	是否执行 （是打√，否打×）	是否正确 （是打√，否打×）	错在何处 （记录在空白处）
步骤 1 理解资产负债表的结构			
步骤 2 理解各部分关系			
步骤 3 填入固定资产			
步骤 4 填入流动资产			
步骤 5 填入流动负债			
步骤 6 填入资产来源			
步骤 7 计算流动资产			

任务一简述	是否执行 （是打√，否打×）	是否正确 （是打√，否打×）	错在何处 （记录在空白处）
步骤 8 计算流动负债			
步骤 9 计算总资产净额			
步骤 10 计算所有者权益			
步骤 11 计算总获得资产			
步骤 12 检验平衡			

【任务考核/评价】

各位同学可以对照下列本任务各步骤的主要结果，利用表 8-2 进行自我评价和纠正。完成任务一后编制的资产负债表见表 8-3。

表 8-3 资产负债表样例（结果）　　　　　　　　　　单位：元

XYZ公司资产负债表（2020年12月31日）			
固定资产			2 000 000
流动资产			
存货	300 000		
应收账款	200 000		
现金	100 000		
		600 000	
减去			
流动负债：			
股利支付	80 000		
应付账款	180 000		
税金	40 000	300 000	300 000
总净资产			2 300 000
融资方式			
普通股本	1 000 000		
一般储备金	750 000		
损益额	50 000		1 800 000
长期贷款	500 000		500 000
总净值			2 300 000

任务二　编制供应商现金流量预测表

【任务描述】

XYZ 公司是红双喜公司的一个重要供应商，现由于采购业务关系，已知 2021 年 XYZ 公司各月的收支情况预测如下：1 月初拥有现金余额 8 000 元，采取赊销方式，3 月和 4 月到账现金 15 000 元，5—8 月到账现金 25 000 元，9—11 月到账现金 15 000 元，12 月到账现金 10 000 元。支出情况为：每月工资支出为 2 000 元，每月一般性开支为 500 元，每月租金和利息支出为 1 000 元，供暖、照明与动力费为每季度末支付 4 000 元，修理和更新费 2 月、5 月、8 月、11 月分别支出 200 元；在 1 月初进行资产设备采购支出 6 000 元，原材料采购为赊购 1 个月，2、3、6—9、11 月应付账款为 7 500 元，4 月和 5 月的应付账款为 12 500 元，10 月的应付账款为 5 000 元，12 月的应付账款 10 000 元。请你根据以上财务信息，为 XYZ 公司编制一份 2021 年度现金流量预测表。

【任务分析】

现金流量预测表是要说明每个月的所有收入、支出的数额和时间，以及月末余额。根据以上分析及【任务描述】要求，建议完成该任务的操作思路如下：

步骤 1：了解现金流量预测表的结构；

步骤 2：理解现金流量预测表各组成部分的计算关系，并设计表格表达各组成部分及它们之间的相互关系；

步骤 3：将 1 月的收入和支出分别填入各会计分录，利用公式现金流＝总流入现金－总支出现金，计算 1 月现金流；再利用期初余额＋现金流＝期末余额公式，计算期末现金余额；

步骤 4：将 2 月的收入和支出分别填入各会计分录，利用公式现金流＝总流入现金－总支出现金，计算 2 月现金流；再利用期初余额＋现金流＝期末余额公式，计算期末现金余额；

步骤 5：将 3 月的收入和支出分别填入各会计分录，利用公式现金流＝总流入现金－总支出现金，计算 3 月现金流；再利用期初余额＋现金流＝期末余额公式，计算期末现金余额；

步骤 6：将 4 月的收入和支出分别填入各会计分录，利用公式现金流＝总流入现金－总支出现金，计算 4 月现金流；再利用期初余额＋现金流＝期末余额公式，计算期末现金余额；

步骤 7：将 5 月的收入和支出分别填入各会计分录，利用公式现金流＝总流入现金－总支出现金，计算 5 月现金流；再利用期初余额＋现金流＝期末余额公式，计算期末现金余额；

步骤 8：将 6 月的收入和支出分别填入各会计分录，利用公式现金流＝总流入现金－总支出现金，计算 6 月现金流；再利用期初余额＋现金流＝期末余额公式，计算期末现金余额；

步骤 9：将 7 月的收入和支出分别填入各会计分录，利用公式现金流＝总流入现金－总支出现金，计算 7 月现金流；再利用期初余额＋现金流＝期末余额公式，计算期末现金余额；

步骤 10：将 8 月的收入和支出分别填入各会计分录，利用公式现金流＝总流入现金－总支出现金，计算 8 月现金流；再利用期初余额＋现金流＝期末余额公式，计算期末现金余额；

步骤 11：将 9 月的收入和支出分别填入各会计分录，利用公式现金流＝总流入现金－总支出现金，计算 9 月现金流；再利用期初余额+现金流=期末余额公式，计算期末现金余额；

步骤 12：将 10 月的收入和支出分别填入各会计分录，利用公式现金流=总流入现金−总支出现金，计算 10 月现金流；再利用期初余额+现金流=期末余额公式，计算期末现金余额；

步骤 13：将 11 月的收入和支出分别填入各会计分录，利用公式现金流=总流入现金−总支出现金，计算 11 月现金流；再利用期初余额+现金流=期末余额公式，计算期末现金余额；

步骤 14：将 12 月的收入和支出分别填入各会计分录，利用公式现金流=总流入现金−总支出现金，计算 12 月现金流；再利用期初余额+现金流=期末公式余额公式，计算期末现金余额；

步骤 15：将 1—12 月的总收入和总支出分别填入各会计分录，利用公式现金流=总流入现金−总支出现金，计算总现金流。

【相关知识】

上述的营运资金对于商业活动至关重要，资产负债表上的价值仅在报表当日有效，因为信息转瞬即会过时。公司需要最新的信息来分析来年的现金状况。不同于损益表，现金预算表仅仅涉及现金的收支，它不考虑自有资金量或者非现金项目，如折旧等。

从根本上说现金预算表是一种计划和监控工具，编制现金预算表非常有用，它显示了供应商的商业计划或商业模式，并可以通过预算表判断商业模式是否可行。为此，我们需要了解现金预算表的用途，以及如何才能轻松地编制出预算表，无论是手工还是用计算机软件。

现金通常被形容为企业的血脉，如果没有充足的现金，企业就不能生存。但利润和现金是同一事物吗？如果公司是盈利的，是否就意味着具有充足的现金？什么情况下公司能盈利，却会产生银行透支？

如果公司盈利，就会得到数额大于总营业开支的资金，这通常是以销售额的形式出现。它并没有考虑现金支出，或者钱是何时支出或收到的。公司也许并不总是以现金的形式保留利润，但是在资产负债表中会有其他资产代表其价值。现金预算不仅表明了流入和流出的总现金量，还显示了收付款的时间。另外，它还清楚地说明了每月或每季度末现金的结余。这是基于最新的信息编制的，应该能够说明公司是否有足够的现金资源来实施计划。如果现金流出现短缺的状况，可能并不意味着灾难，而是需要重新思考和计划。

8.2.1 现金预算

现金预算是对支出设定一个严格而不能超越的上限。编制预算时应该咨询任何将对预算负责任的人。现金预算是一种计划和控制工具，由于存在清晰界定的目标，其也是一种激励手段。现金预算还是一种财务工具，它可以被用于计划、监督并控制业务活动和现金流，如图 8-2 所示。

在为所有职能部门制订了预算后，现金预算将所有方面整合起来显示整年计划的财务含义。按照现金预算，可能需要对计划进行审查以使其切实可行。在预算年度，实际的数字将会受到监控，而且通过比较实际数字与预算数字，任何差异都会很明显地反映出来。这样便可以集中管理需要关注的领域，但是有一些差异可能是由于业务水平，而非由成本变化的波动造成的。

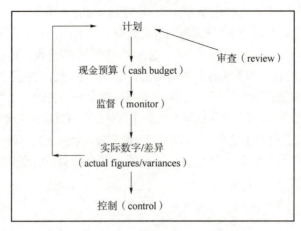

图 8-2　现金预算编制过程

8.2.2　现金预算或现金流预测

现金预算可以用电子数据表或财务软件包轻松地编制出来。一旦输入所有的收入、支出和期初余额，就能计算出每月月末的余额。虽然用手工也能够轻松地完成，但计算机更为方便，一旦发生变化，它就能自动重新计算出所有余额。现金预算表中包含以下重要信息：

收入（receipts）：当将会从信用客户处收到货款时便可以确认销售收入，而不是在销售之日。其他收入还包括投资收益、固定资产出售或投资收益、发行股票或借款等。

支出（payments）：所有的营业开支、税款、股利、偿还贷款、购买固定资产只有等到实际支付日才可确认。

银行存款余额（bank balance）：需要根据期初的余额计算出期末的余额。

拓 展知识

现金预算的用途

现金预算能预测现金的短缺，以便为此做出相应的安排。例如，银行透支可以用来弥补短期的赤字，它还能提示你需要修改年度商业计划。这就减少了透支的需求，也就减少了利息支出，或者可能完全将其消除。改进现金状况主要有两种战略：①增加流入的现金量；②减少流出量。

现金流预测在新供应商评价中是一种很有价值的工具。除了说明供应商是否在业务中保留有充足的流动资金外，还能显示出额外新订单所带来的财务影响，额外的销售经常需要增加营运资金，这是因为需要增加库存，而且可能还要购买额外的固定资产。虽然可以从新合同产生的额外收入中取得资金，但是由于赊销而存在时滞，也就意味着供应商会有现金短缺。此时融资成本可能很高，并给供应商增加了额外成本。

当采购部门与意向供应商进行谈判时，就应该考虑到这一点。还可以考虑在短期内帮助供应商，通过提前交付一定的款项，或者减少前几个月赊销期限，从而减轻供应商的现金流压力。

表8-4显示了每月新增20 000元的额外新订单所产生的影响，这要求每月有额外的库存和工资，以及第一个月购买额外的固定资产。公司将在前两个月需要更多的透资。当然，当从额外订单收回货款时，透支会减少。从第四个月开始，银行往来账户将有存款，年末现金余额也会有显著的增加。总透资需求将增加到27 700元，虽然仅是短时期内的要求，但公司也得为此支付利息。

表8-4 现金流量预测　　　　　　　　　　　　　单位：元

月份	1	2	3	4	5	6	7	8	9	10	11	12	总额
收入													
赊销收入			25 000	15 000	25 000	25 000	25 000	25 000	15 000	15 000	15 000	10 000	195 000
额外新增订单			20 000	20 000	20 000	20 000	20 000	20 000	20 000	20 000	20 000	20 000	200 000
总收入	0	0	45 000	35 000	45 000	45 000	45 000	45 000	35 000	35 000	35 000	30 000	395 000
支出													
应付账款		17 500	17 500	225 000	225 000	225 000	22 500	17 500	17 500	17 500	10 000	12 500	200 000
工资	2 500	2 500	2 500	2 500	2 500	2 500	2 500	2 500	2 500	2 500	2 500	2 500	30 000
一般开支	500	500	500	500	500	500	500	500	500	500	500	500	6 000
租金和利息	1 000	1 000	1 000	1 000	1 000	1 000	1 000	1 000	1 000	1 000	1 000	1 000	12 000
供暖、照明与动力			4 000			4 000			4 000			4 000	16 000
修理和更新		200			200			200			200		800
资产采购	10 000												
总支出	14 000	21 700	25 500	26 500	26 700	30 500	26 500	21 700	25 000	21 500	14 200	20 500	247 800
现金流	-14 000	-21 700	19 500	8 500	18 300	14 500	18 500	23 300	9 500	13 500	20 800	9 500	120 200
盈余/赤字													
期初余额	8 000	-6 000	-27 700	-8 200	300	18 600	33 100	51 600	74 900	84 400	97 900	118 700	
期末余额	-6 000	-27 000	-8 200	300	18 600	33 100	51 600	74 900	84 400	97 900	118 700	128 200	

【任务二知识要点】

现金预算是用于计划、监督和控制一个企业现金流的工具。它说明所有收入、支出的数额和时间，以及月末余额。可以根据任何现金短缺来审核计划。通过比较实际数字与预算数字，管理层可以立即发现任何差异。查看供应商的业务现金预算表，可以清楚其能否实施计划。

【任务实施】

完成此项任务没有太大难度，关键在于理解现金流量预测表的组成部分以及它们之间的计算公式，同学之间可以互相讨论，也可以和指导教师一起讨论。对于任务二各步骤的执行状况，各位同学可以按表 8-5 中的步骤顺序，对照【任务考核/评价】部分给出的各步骤主要结果自行进行检查，并逐条完善。

表 8-5 任务二执行状况

任务二简述	是否执行 （是打√，否打×）	是否正确 （是打√，否打×）	错在何处 （记录在空白处）
步骤 1 理解现金流量预测表结构			
步骤 2 理解各部分关系			
步骤 3 计算 1 月现金流			
步骤 4 计算 2 月现金流			
步骤 5 计算 3 月现金流			
步骤 6 计算 4 月现金流			
步骤 7 计算 5 月现金流			
步骤 8 计算 6 月现金流			
步骤 9 计算 7 月现金流			
步骤 10 计算 8 月现金流			
步骤 11 计算 9 月现金流			
步骤 12 计算 10 月现金流			
步骤 13 计算 11 月现金流			
步骤 14 计算 12 月现金流			
步骤 15 计算年总现金流			

【任务考核/评价】

各位同学可以对照下列本任务各步骤的主要结果，利用表 8-5 进行自我评价和纠正。完成任务二后编制的现金流量预测表见表 8-6。

表 8-6　XYZ 公司 2021 年现金流量预测（1—12 月）　　　　单位：元

月份	1	2	3	4	5	6	7	8	9	10	11	12	总额
收入													
赊销收入			15 000	15 000	25 000	25 000	25 000	25 000	15 000	15 000	15 000	10 000	185 000
其他													
总收入	0	0	15 000	15 000	25 000	25 000	25 000	25 000	15 000	15 000	15 000	10 000	185 000
支出													
应付账款		7 500	7 500	12 500	12 500	7 500	7 500	7 500	7 500	5 000	7 500	100 000	185 000
工资	2 000	2 000	2 000	2 000	2 000	2 000	2 000	2 000	2 000	2 000	2 000	2 000	24 000
一般开支	500	500	500	500	500	500	500	500	500	500	500	500	6 000
租金和利息	1 000	1 000	1 000	1 000	1 000	1 000	1 000	1 000	1 000	1 000	1 000	1 000	12 000
供暖、照明与动力			4 000			4 000			4 000			4 000	16 000
修理和更新		200			200			200			200		800
资产采购	6 000												6 000
总支出	9 500	11 200	15 000	16 000	16 200	20 000	16 000	11 200	15 000	11 000	8 700	15 000	164 800
现金流	-9 500	-11 200	0	-1 000	8 800	5 000	9 000	13 800	0	4 000	6 300	-5 000	20 200
期初余额	8 000	-1 500	-12 700	-12 700	-13 700	-4 900	100	9 100	22 900	22 900	26 900	33 200	
期末余额	-1 500	-12 700	-12 700	-13 700	-4 900	100	9 100	22 900	22 900	26 900	33 200	28 200	

任务三　审核供应商财务绩效

【任务描述】

现已知供应商 XYZ 公司的会计账目（表 8-7 和表 8-8），请用财务分析的 POSE 法计算该公司的财务绩效比率并进行恰当的评价。

表 8-7　XYZ 公司损益表（2020 年 12 月 31 日）　　　　单位：元

营业额	600 000
－销售成本	300 000
毛利	300 000
－营业费用	110 000
营业利润	190 000

续表

+营业外收入	20 000
	210 000
−非营业费用	10 000
税前净利润	200 000
−所得税	40 000
税后净利润	160 000
+上年损益余额	20 000
	180 000
−股利支付	80 000
−一般储备金	50 000
盈亏结余	50 000

表 8−8　XYZ 公司资产负债表（2020 年 12 月 31 日）　　　　单位：元

固定资产			2 000 000
流动资产			
存货	300 000		
应收账款	200 000		
现金	100 000		
		600 000	
减去			
流动负债			
应付账款	180 000		
股利支付	80 000		
税	40 000	300 000	300 000
总净资产			2 300 000
融资方式			
普通股本	1 000 000		
一般储备金	750 000		
损益额	50 000		1 800 000
长期贷款	500 000		500 000
总净值			2 300 000

【任务分析】

该任务要对供应商的财务比率进行分析，你可以根据实际要求选择恰当的财务比率计算公式，根据以上分析和【任务描述】的要求，建议完成该任务的操作思路如下：

步骤1：查找POSE法核算供应商财务比率的含义和具体内容；

步骤2：查找绩效比率公式；

步骤3：将损益表和资产负债表内相关的财务数据代入绩效比率公式，计算出结果并进行分析；

步骤4：查找所有者权益比率公式；

步骤5：将损益表和资产负债表内相关的财务数据代入所有者权益比率公式，计算出结果并进行分析；

步骤6：查找稳定性比率公式；

步骤7：将损益表和资产负债表内相关的财务数据代入稳定性比率公式，计算出结果并进行分析；

步骤8：查找效率比率公式；

步骤9：将损益表和资产负债表内相关的财务数据代入效率比率公式，计算出结果并进行分析；

步骤10：总结POSE分析，对供应商财务状况有一个基本判断。

【相关知识】

8.3.1 分析财务比率

财务比率分析用来揭示营业损益表和资产负债表中的财务信息。通过计算比率，将能够通过比较数字，了解业务活动水平已经是增加或减少。比率本身并不总是有意义，但是如果能够获得至少两年以上的数字，就有可能通过比较发现是否存在潜在趋势。比率也可用于将行业平均水平作为基准，找出公司的绩效和行业内其他企业的差距。

能够计算出的比率不胜枚举。先与不同年度比较或行业标准比较，然后在资产负债表上找出这些变化的原因是非常有用的。不用记住所有的比率，但是必须对这些比率及其重要性非常熟悉。为了对公司的财务状况有全面的了解，可以从四个主要方面（POSE）提出问题：①绩效（performance）；②所有权（ownership）；③稳定性（stability）；④效率（efficiency）。

8.3.1.1 绩效比率

1. 毛利率

这个比率给出了产品售价基础上的毛利。虽然期望它保持不变，但它会随着售价、采购价或是存货的变化而变化。计算公式为：

$$毛利率 = \frac{毛利}{销售额} \times 100\%$$

2. 净利润率

如果毛利率增加或者开支减少，该比率就会增加。如果降低，则是因为毛利率减少或者开支增加。开支增加可能是由于利息增加，所以应该查看资产负债表中是否有更多的贷款。计算公式为：

$$净利润率=\frac{税前净利润}{销售额}\times100\%$$

3. 息税前利润率

这个比率考虑了支付利息之前的利润，将其与净利润率比较，便能看出杠杆比率对盈利的影响。毛利或者营业开支的变化会导致该比率的变化，开支减少可能是由于营业规模缩减，或者是因为采取了一个有效降低成本的措施。其计算公式为：

$$息税前利润率=\frac{息税前净利润}{销售额}\times100\%$$

4. 资本利润率

它表明了每单位资本投资所产生的利润。如果该比率增加，或者高于行业平均水平，可能是由于利润更高或者运用的资本更少。查看资产负债表中的贷款偿还额，如果这个数字比行业平均水平低或者有所减少，则可能是由于利润减少或者资本增加。其计算公式为：

$$资本利润率=\frac{息税前净利润}{平均资本}\times100\%$$

5. 资产收益率

它表明了公司是否有效运用了资产。比率增加或高于行业平均水平，可能是由于利润的增加或资产的减少。比率降低或低于行业平均水平是由于利润的减少或资产的增加。资产负债表中固定资产要提取折旧，所以拥有陈旧、低价值的固定资产的公司就会比拥有更新、价值更高的固定资产的公司具有更高的资产收益率。其计算公式为：

$$资产收益率=\frac{税前净利润}{总资产(固定和流动)}\times100\%$$

8.3.1.2　所有者权益比率

所有者权益是指企业投资人对企业净资产的所有权。企业净资产等于企业全部资产减去全部负债后的余额。

（1）总负债率$=\dfrac{总负债}{净资产}\times100\%$；

（2）固定资产比率$=\dfrac{固定资产}{净资产}\times100\%$。

总负债包括长期负债和流动负债。如果总负债/净资产比率高，则杠杆比率就高。这一比率被债权人广泛采用，以确保其客户不会超过特定水平，通常设定为50%。总负债率的增加或减少可能是由于贷款数量的变化或发行了股票。第二个比率表示股东提供的固定资产的数量。如果该比率高，则杠杆比率就低。是不是有些令人费解？一旦计算出这个比率，就需自问，公司得到了多少贷款？（可以在资产负债表中查看贷款。）高负债意味着高杠杆比率。

8.3.1.3　稳定性比率

这些比率衡量的是公司的流动资源（即可以很快变现的资源），但是更重要的是体现了公司的财务稳定性。

（1）流动比率（current ratio）$= \dfrac{流动资产}{流动负债}$（通常表示为比率形式 $x:1$）。

流动比率表示当负债到期要偿还时，公司是否能支付。它考虑到了在收到库存、卖出产品和收到应收账款之间存在的时间迟滞。正常的比值应该为 $2:1$。

（2）速动比率（liquidity ratio）$= \dfrac{流动资产-存货成本}{流动负债}$（通常表示为比率形式 $x:1$）。

速动比率（也称为酸性测试，acid test）排除了存货的价值，因为存货并不总能立刻变现，这个比率也说明了公司在债权人要求还款时能否立刻偿付贷款。正常的比率是 $1:1$。

如果这两个比率都达到正常值，则说明当负债到期需要偿还时，公司有能力偿还并且立即支付。这说明公司具有健康、稳定的财务状况。如果这两个比率低于正常值，也不一定就意味着公司面临财务危机。因为这可能是很多因素造成的。任何仅接收现金，因此而没有应收账款，以及透支的公司，都会有较低的速动比率。

8.3.1.4　效率比率

（1）存货比率：它是指卖出所有存货需要多长时间。如果这个比率很高，则说明存在陈旧、积压的库存。还能说明公司的存货太多，而这些存货是不经济的，因为持有存货的成本很高。

$$存货周转期 = \dfrac{存货成本}{销售成本} \times 52 = 卖出存货需要的时间（单位:周）$$

（2）应收账款比率：这是指债务人支付欠款需要多长时间。公司给应付款人融资，时间越长，公司营运资金的压力就越大。如果应付款人还款需要的时间变长，可能表明有坏账无法收回了，或者说明公司的信用控制体系很不完善。

$$应收账款周转期 = \dfrac{应收账款}{销售收入} \times 52 = 收到欠款需要的时间（单位:周）$$

应收账款回收期应该与应付账款的支付相匹配。理想的情况下，应付款人是在公司支付其应付账款之前偿还欠款，这能保证有充足的现金流。不过，如果应收账款和应付账款的支付期相同，就仅有些许或没有现金流压力。

（3）资产利用率：它表明了公司运用资产的效率。表示每单位资产能产生多少销售额。如果比率低，则说明公司没有充分利用其资产。

$$资产利用率 = \dfrac{销售额}{固定资产} \times 100\%$$

应收账款和应付账款看起来很高，但是还需要与行业标准相比较。某个公司不存在流动性问题，是因为应收账款在公司支付其应付账款之前收回，这意味着流动资源没有现金流压力。如果固定资产的利用率较低，则说明公司可能存在过剩产能，前面算出的低资产和资本利润率与此相关。

8.3.2　审核供应商财务绩效

选择一个新的供应商不仅仅是看其是否能够以有竞争力的价格提供产品和服务，供应商的财务状况也必须非常好，这样他们才能在可预知的未来以及合同期内维持经营。对供应商的财务评价可以从八个主要方面进行评价，有助于记忆的形式是 FACE 2 FACE，每个字母均包含两个因素。

F：固定资产或物质资源（fixed assets or physical resources）及财务稳定性（financial stability）

A：生产产品或服务的能力和专业程度（ability and expertise to produce the goods or carry out the services）及合作能力（ability to work together）

C：成本（cost）及质量专注度（commitment to quality）

E：效率（efficiency）及环境因素（environmental considerations）

1. 固定资产和物质资源

供应商除非有充足的资源，否则他们就不能提供客户所需要的产品和服务。资产负债表显示了所有资产的成本和折旧值。员工的流动率、工资、培训发展规划也值得研究，据此来判断他们是否得到了很好的激励。

2. 财务稳定性

供应商应该有良好的财务基础，以保证能够提供足够的流动资源（liquid resource），不仅能在来年也要在可预见的未来顺利开展业务。评价供应商财务稳定性的系数是负债率或所有者权益比率。

3. 生产能力和专业程度

供应商应该有充足的技术专长和能力，准时地为企提供所需要的优质产品和服务。他们应该能够提供过去和现在对其满意的客户清单；有能力的供应商还应该投资于研发，以持续改进其现有产品、研制新产品、创建新工艺等。

4. 合作能力

同一个与企业的理念完全不同，或是已知道很难共事的供应商紧密合作几乎是不可能的。企业最好在签订合同、开始合作前就搞清楚能否与供应商建立良好的关系。

5. 成本

当比较供应商提出的价格时，有很多种因素可以考虑而不仅仅是价格。虽然某个供应商的价格可能比其他供应商的低，但是有可能不包括运费或其他相关成本。

6. 质量专注度

供应商的产品或服务必须具有很高的质量标准，并且始终如一。为了实现这一点，供应商必须专注于产品或服务质量。

7. 效率

这是指对存货、应收账款和应付账款的管理和控制。高水平的存货是不经济的，因为持有存货会涉及很多成本：保险、储存成本、搬运费，以及存货所占用的资金。高水平的存货也可能表明存在过时或难以处理的产品。

8. 环境或绿色采购问题

供应商应以一种环境友好的方式处理废物，尤其是对任何有毒废物的处理方式非常重要。之所以重要不仅仅是因为环境，还要遵守相关法律，如环境保护法等。

【任务三 知识要点】

财务比率分析是一种能够有效分析和评价供应商财务数据的工具，包括四个方面：绩效、所有权、稳定性和效率，可将两年或更长时期的数据进行比较以找出趋势。了解供应商的方法是 FACE 2 FACE，即固定资产、财务状况、生产能力和专业程度合作能力、成本、质量专注度、效率和环境政策等状况。

【任务实施】

完成该任务的关键是理解各公式的实际意义，并不需要死记硬背公式，且这些比率公式都可以被构造出来，以方便使用。针对此部分内容，同学可以相互讨论，也可以和指导教师一起讨论。对于任务三各步骤的执行状况，各位同学可以按表 8-9 中的步骤顺序，对照【任务考核/评价】部分给出的各步骤主要结果自行进行检查，并逐条完善。

表 8-9　任务三执行状况

任务三简述	是否执行 （是打√，否打×）	是否正确 （是打√，否打×）	错在何处 （记录在空白处）
步骤 1 查找 POSE 含义			
步骤 2 查找绩效公式			
步骤 3 计算绩效比率			
步骤 4 查找所有者权益公式			
步骤 5 计算所有者权益			
步骤 6 查找稳定性公式			
步骤 7 计算稳定性比率			
步骤 8 查找效率公式			
步骤 9 计算效率比率			
步骤 10 总结分析			

【任务考核/评价】

各位同学可以对照下列本任务各步骤的主要结果，利用表 8-9 进行自我评价和纠正。任务三各步骤的主要结果如下：

1. 绩效比率

（1）毛利率：$\dfrac{300\,000}{600\,000} \times 100\% = 50\%$；

（2）净利润率：$\dfrac{200\,000}{600\,000} \times 100\% = 33.33\%$；

（3）公司贷款利息支出为 10 000 元（即非营业费用），因此息税前净利润率：$\dfrac{210\,000}{600\,000} \times 100\% = 35\%$；

（4）资本利润率：$\dfrac{210\,000}{2\,300\,000} \times 100\% = 9.13\%$；

（5）资产收益率：$\dfrac{200\,000}{2\,600\,000} \times 100\% = 7.69\%$

该公司具有健康的利润比率，虽然与所运用的大量资产相比，收益似乎偏低；为了使分析更有意义，应该同当时的利率和同类公司的收益进行比较。

2. 所有者权益比率

（1）总负债/净资产 $=\dfrac{800\,000}{2\,300\,000}\times 100\% = 34.8\%$；

（2）固定资产/净资产 $=\dfrac{2\,000\,000}{2\,300\,000}\times 100\% = 86.96\%$。

这个公司具有低杠杆比率，也就意味着绝大多数资产是由股东提供或留存利润（储备金）购买的。公司仅有少量长期贷款，其余的负债是流动负债。

3. 稳定性比率

（1）流动比率 $=\dfrac{600\,000}{300\,000} = 2:1$

（2）速动比率 $=\dfrac{300\,000}{300\,000} = 1:1$

这两个比率都达到正常值，说明当负债到期需要偿还时，公司有能力偿还并且立即支付。这说明公司具有健康、稳定的财务状况。

4. 效率比率

（1）存货周转期：$\dfrac{300\,000}{300\,000}\times 52 = 52$（周）。

（2）应收账款比率：$\dfrac{200\,000}{600\,000}\times 52 = 17.3$（周）。

（3）应付账款比率：$\dfrac{180\,000}{600\,000}\times 52 = 15.6$（周）。

（4）固定资产利用率：$\dfrac{600\,000}{2\,000\,000}\times 100\% = 30\%$。

该公司存货比率很高，这说明有很多积压的存货。因为持有存货的成本很高，所以明智的做法是分析为什么这个数值这么高。

5. 总结

该公司具有健康的利润比率，杠杆比率低，财务稳定，需要留意的是，存货比率很高，需关注该公司销售出货情况是否顺利。

实例分析 <<<<<<<<<<<<<<<<<<<<<<<<<<<<<<<<<<<<<<<<<<

红双喜公司的财务比率趋势

中国红双喜公司致力于节能型光源的研发、生产与销售，已经步入国内十大照明企业的行列。以下是红双喜公司的财务报表及部分相关的补充数据，分别见表8-10~表8-15。

表8-10　红双喜公司资产负债表　　　　　　　　　　单位：元

项目	20×1年12月31日	20×2年12月31日	20×3年12月31日	20×4年12月31日
资产：				
流动资产：				
货币资金	569 825 656	588 303 216	473 902 314	468 310 197

续表

项目	20×1 年 12 月 31 日	20×2 年 12 月 31 日	20×3 年 12 月 31 日	20×4 年 12 月 31 日
交易性金融资产	5 074 456	1 043 500	2 654 196	1 127 682
应收票据	850 000	2 950 000	9 564 000	273 590
应收账款	377 883 434	440 945 902	585 652 701	650 015 745
其他应收款	13 727 471	24 670 262	40 115 894	35 794 478
预付账款	30 806 070	15 363 650	27 391 623	49 805 678
应收利息	994 301	451 819	68 073	
存货	272 430 135	331 183 252	459 264 604	783 263 327
流动资产合计	1 271 591 523	1 404 911 601	1 598 613 404	1 988 590 698
非流动资产：				
可供出售金融资产	18 006 362	17 258 131		
持有至到期投资	1 000 000	15 000 000		
长期股权投资	105 427 155	104 365 435	120 179 876	113 612 155
固定资产	450 800 844	445 828 595	648 515 297	734 607 025
在建工程	57 828 964	97 947 021	107 324 929	118 096 118
固定资产清理	148 500			
无形资产	31 554 269	99 624 633	170 005 526	182 400 390
长期待摊费用	1 856 944	1 712 909	1 994 359	2 327 159
递延所得税资产	8 769 080	13 566 956	18 870 561	23 875 646
非流动资产合计	675 392 119	795 303 681	1 066 890 550	1 174 918 492
资产总计	1 946 983 642	2 200 215 282	2 665 503 954	3 163 509 191
负债和所有者权益：				
流动负债：				
短期借款	64 928 700		92 240 190	274 143 091
交易性金融负债	4 574 300			
应付票据	91 842 577	111 255 723	142 879 425	255 570 148
应付账款	332 379 013	472 110 713	571 188 161	520 164 356
预收账款	10 790 788	22 644 610	58 801 289	58 310 665
应付职工薪酬	64 630 921	64 090 888	77 859 754	86 793 178
应交税费	39 455 956	43 862 213	44 001 363	46 772 294
应付利息	370 863	427 522	775 728	1 208 465
应付股利		682 820		
其他应付款	15 353 474	62 075 236	85 862 707	82 087 925

续表

项目	20×1 年 12 月 31 日	20×2 年 12 月 31 日	20×3 年 12 月 31 日	20×4 年 12 月 31 日
一年内到期的非流动负债	150 000 000	50 000 000	260 091 995	100 097 242
流动负债合计	774 326 595	827 149 727	1 333 700 617	1 425 147 369
非流动负债				
长期借款	53 181 818	268 960 812	102 272 727	301 818 181
长期应付款			1 984 514	1 887 272
专项应付款	24 770 000	24 770 000	19 770 000	14 470 000
递延所得税负债	547 795		545 731	220 647
其他非流动负债			16 500 000	29 629 832
非流动负债合计	78 499 613	293 730 812	141 072 973	348 025 933
负债合计	852 826 208	1 120 880 540	1 474 773 591	1 773 173 302
所有者权益：				
实收资本	249 768 480	249 768 480	249 768 480	374 652 720
资本公积	344 314 282	353 343 207	353 343 207	229 722 798
盈余公积	95 210 249	102 243 197	113 821 555	135 304 274
未分配利润	299 617 304	311 127 497	405 620 765	571 635 149
外币报表折算差额	−4 845 225	−4 875 283	−6 043 617	−12 250 650
归属母公司股东权益合计	984 065 090	1 011 607 099	1 116 510 391	1 299 064 292
少数股东权益	110 092 342	67 727 642	74 219 971	91 271 596
所有者权益合计	1 094 157 433	1 079 334 741	1 190 730 363	1 390 335 888
负债和所有者权益总计	1 946 983 642	2 200 215 282	2 665 503 954	3 163 509 191

表 8-11 红双喜公司利润表　　　　　　　　单位：元

项目	20×2 年	20×3 年	20×4 年
一、营业收入	1 743 112 347	2 170 444 393	2 354 433 784
二、营业成本	1 635 645 816	2 086 636 760	2 234 224 095
其中：营业成本	1 409 343 139	1 767 638 525	1 859 589 297
营业税金及附加	8 223 874	8 819 853	7 473 556
销售费用	86 475 344	104 523 790	108 479 459
管理费用	116 185 748	165 174 611	209 375 002
财务费用	4 133 969	25 958 871	35 916 873
资产减值损失	11 283 741	14 521 110	13 389 909

续表

项目	20×2 年	20×3 年	20×4 年
加：公允价值变动收益（损失以"－"号填列）	9 605 057	2 654 196	－1 526 514
三、营业利润	124 558 743	96 808 073	121 434 595
加：营业外收入	35 299 306	120 917 433	141 880 703
减：营业外支出	3 852 939	7 218 522	3 792 502
四、利润总额	156 005 110	210 506 985	259 522 795
减：所得税费用	26 029 963	30 102 671	39 183 365
五、净利润（净亏损以"－"填列）	129 974 147	180 404 313	220 339 531
归属母公司股东的净利润	120 470 892	181 634 611	225 080 075
少数股东损益	9 504 255	－1 230 298	－4 740 544
六、其他综合收益	8 998 868	－1 168 334	－6 207 034
综合收益总额	138 974 015	179 235 979	214 132 497
归属母公司普通股东综合收益总额	8 998 868	180 466 277	218 873 041
归属少数股东的综合收益总额	129 975 147	－1 230 298	－4 740 545

表 8-12　红双喜公司现金流量表 单位：元

项目	20×2 年	20×3 年	20×4 年
一、经营活动产生的现金流量			
销售商品、提供劳务收到的现金	1 821 019 525	2 079 134 534	2 560 309 650
收到的税费返还	109 599 275	154 374 534	172 852 650
收到其他与经营活动有关的现金	40 030 168	119 074 252	152 089 806
经营活动现金流入小计	1 970 648 968	2 352 583 320	2 885 252 106
购买商品、接受劳务支付的现金	1 316 879 896	1 801 680 436	2 285 240 240
支付给职工以及为职工支付的现金	196 899 481	249 461 167	321 252 535
支付的各项税费	68 638 417	81 211 479	71 070 726
支付其他与经营活动有关的现金	86 847 725	107 187 234	189 268 514
经营活动现金流出小计	1 669 265 518	2 239 540 315	2 866 832 015
经营活动产生的现金流量净额	301 383 450	113 043 005	18 420 091
二、投资活动产生的现金流量			
收回投资所收到的现金	395 258 452	18 104 436	
取得投资收益所得到的现金	18 398 798	5 610 000	10 580 516

续表

项目	20×2 年	20×3 年	20×4 年
处置固定资产、无形资产和其他长期资产收回的现金净额	2 980 872	6 000	1 810 972
处置子公司及其他营业单位收到的现金净额		19 044 853	
投资活动现金流入小计	416 638 121	54 665 289	22 391 488
购建固定资产、无形资产和其他长期资产支付的现金	137 966 524	308 268 368	184 367 670
投资支付的现金	441 729 444	14 859 369	
取得子公司及其他营业单位支付的现金净额			
投资活动现金流出小计	583 003 989	323 127 738	184 367 670
投资活动产生的现金流量净额	−166 365 868	−268 462 448	−161 976 182
三、筹资活动产生的现金流量：			
吸收投资所收到的现金	4 900 000	7 726 628	800 000
取得借款收到的现金	266 233 540	188 000 000	622 269 618
收到的其他与筹资活动有关的现金	12 596 103		96 157 533
发行债券收到的现金			
筹资活动现金流入小计	283 729 643	195 722 628	719 227 151
偿还债务所支付的现金	215 383 245	52 447 895	400 499 962
分配股利、利润或偿付利息所支付的现金	111 315 504	89 062 270	64 058 129
筹资活动现金流出小计	326 698 750	156 677 618	567 323 442
筹资活动产生的现金流量净额	−42 969 106	39 045 010	151 903 709
四、汇率变动对现金的影响	−8 778 612	−13 193 920	−20 547 553
五、现金及现金等价物净增加额	83 269 863	−129 568 354	−12 199 935

表 8-13　红双喜公司利润表和现金流量表补充数据　　　单位：元

项目	20×2 年	20×3 年	20×4 年
实际现金股利发放额	99 907 392	74 930 544	37 465 272
利息费用	11 464 771	13 942 407	27 025 594
固定资产折旧	42 321 339	45 790 312	54 709 373
无形资产摊销	1 165 312	3 254 656	4 694 932
长期待摊费用摊销	619 197	1 189 746	1 558 352
金融性投资收益：			
持有交易性金融资产取得的投资收益			5 985

续表

项目	20×2 年	20×3 年	20×4 年
处置交易性金融资产的投资收益	11 350 321	−148 184	
衍生金融工具收益	−4 777 257	2 209 120	8 173 009
持有至到期投资收益	121 946		

表 8-14　红双喜公司资产负债表补充数据　　　　单位：元

项目	20×1 年	20×2 年	20×3 年	20×4 年
应收账款账面余额	407 306 045	474 879 392	626 673 426	703 028 595
存货账面余额	280 252 945	344 332 720	478 253 817	798 013 833
交易性金融资产公允价值变动递延资产	703 102	26 899		
可供出售金融资产公允价值变动递延负债			545 731	220 647
本年度支付上年度分配现金股利		99 907 392	74 930 544	37 465 272

表 8-15　红双喜公司非经常性损益项目　　　　单位：元

项目	20×2 年	20×3 年	20×4 年
非流动资产处置损益	−1 375 828		1 087 554
计入当期损益的政府补助，但与公司正常经营业务密切相关，符合国家政策规定、按照一定标准定额或定量持续享受的政府补助除外	13 084 289	14 127 554	14 042 303
除同公司正常经营业务相关的有效套期保值业务以外，持有交易性金融资产、交易性金融负债产生的公允价值变动损益，以及处置交易性金融资产、交易性金融负债和可供出售金融资产取得的投资收益	16 300 067	4 715 132	8 173 009
除上述各项之外的其他营业外收入和支出	27 906	−3 016 106	3 436 390
少数股东权益影响额	−557 290	−185 398	−971 047
所得税影响额	−4 855 243	−2 508 230	−4 571 031
合计	**22 623 901**	**13 132 953**	**21 197 179**

对该公司的财务比率分析如下：

1. 公司短期偿债能力

（1）计算公司 20×4 年的流动比率 $= \dfrac{流动资产}{流动负债} = \dfrac{1\,988\,590\,698}{1\,425\,147\,369} = 1.40$；

（2）计算公司 20×4 年的速动比率＝$\dfrac{\text{速动资产}}{\text{流动负债}}＝\dfrac{1\,988\,590\,698-783\,263\,327-49\,805\,678}{1\,425\,147\,369}＝0.81$；

（3）计算公司 20×4 年的现金比率＝$\dfrac{\text{现金类资产}}{\text{流动负债}}＝\dfrac{468\,310\,197+1\,127\,682}{1\,425\,147\,369}＝0.33$；

（4）计算公司 20×4 年的现金流量比率＝$\dfrac{\text{经营活动现金流量净额}}{\text{流动负债}}＝\dfrac{18\,420\,091}{1\,425\,147\,369}＝0.01$；

（5）计算公司 20×4 年的流动负债保障倍数＝

$\dfrac{\text{息税折旧摊销前利润}}{\text{流动负债}}＝\dfrac{121\,434\,595+27\,025\,594+54\,709\,373+4\,694\,932+1\,588\,352}{1\,425\,147\,369}＝0.15$。

公司三年的短期偿债能力见表 8-16。

表 8-16　红双喜公司三年的短期偿债能力

项目	20×2 年	20×3 年	20×4 年
流动比率	1.70	1.20	1.40
速动比率	1.28	0.83	0.81
现金比率	0.71	0.36	0.33
流动负债保障倍数	0.22	0.12	0.15

2. 长期偿债能力

（1）计算公司 20×4 年的资产负债率＝$\dfrac{\text{负债总额}}{\text{资产总额}}\times100\%＝\dfrac{1\,773\,173\,302}{3\,163\,509\,191}\times100\%＝56.05\%$；

（2）计算公司 20×4 年的有息资本比率＝$\dfrac{\text{带息的流动负债}+\text{带息的长期负债}}{\text{带息的流动负债}+\text{带息的长期负债}+\text{股东权益}}\times$

$100\%＝\dfrac{274\,143\,091+301\,818\,181+1\,887\,272+100\,097\,242}{274\,143\,091+301\,818\,181+1\,887\,272+100\,097\,242+1\,390\,335\,888}\times1005＝32.78\%$；

（3）计算公司 20×4 年的长期资本负债率＝$\dfrac{\text{长期负债}}{\text{长期负债}+\text{股东权益}}\times100\%$；

$＝\dfrac{348\,025\,933}{348\,025\,933+1\,390\,335\,888}\times100\%＝20.02\%$；

（4）计算公司 20×4 年的偿债保障比率＝$\dfrac{\text{经营活动现金流量净额}}{\text{负债总额}}＝\dfrac{18\,420\,091}{1\,773\,173\,302}＝0.01$。

公司三年的长期偿债能力见表 8-17。

表 8-17　红双喜公司三年的长期偿债能力

项目	20×2 年	20×3 年	20×4 年
资产负债率	50.94%	55.33%	56.05%
有息资本比率	22.81%	27.72%	32.78%
长期资本负债率	21.39%	10.59%	20.02%
偿债保障比率	0.27	0.08	0.01

3. 流动资产运营能力

（1）计算公司 20×4 年的存货周转率（周转次数）$= \dfrac{营业成本}{存货平均余额} =$

$\dfrac{1\,859\,589\,297}{(459\,264\,604+783\,263\,327)/2} = 2.99$（次）；

（2）计算公司 20×4 年的应收账款周转率（周转次数）$= \dfrac{营业收入}{应收账款平均余额} =$

$\dfrac{2\,354\,433\,784}{(585\,652\,701+650\,015\,745+9\,564\,000+273\,590)/2} = 3.78$（次）；

（3）计算公司 20×4 年的流动资产周转率（周转次数）$= \dfrac{营业收入}{流动资产平均余额} =$

$\dfrac{2\,354\,433\,784}{(1\,598\,613\,404+1\,988\,590\,698)/2} = 1.31$（次）；

（4）计算公司 20×4 年的应付账款周转率（周转次数）$= \dfrac{营业成本}{应付账款平均余额} =$

$\dfrac{1\,859\,589\,297}{(142\,879\,425+255\,570\,148+571\,188\,161+520\,164\,356)/2} = 2.50$（次）。

公司三年的流动资产运营能力见表 8-18。

表 8-18　红双喜公司三年的流动资产运营能力

项目	20×2 年	20×3 年	20×4 年
存货周转率	4.67	4.47	2.99
应收账款周转率	4.24	4.18	3.78
流动资产周转率	1.3	1.45	1.31
应付账款周转率	2.8	2.72	2.50

4. 非流动资产营运能力

（1）计算公司 20×4 年的固定资产周转率（周转次数）$= \dfrac{营业收入}{固定资产平均净值} =$

$\dfrac{2\,354\,433\,784}{(648\,515\,297+734\,607\,025)/2} = 3.40$（次）；

（2）计算公司 20×4 年的非流动资产周转率（周转次数）$= \dfrac{营业收入}{非流动资产平均净值} =$

$\dfrac{2\,354\,433\,784}{(1\,066\,890\,550+1\,174\,918\,492)/2} = 2.10$（次）。

公司三年的非流动资产运营能力见表 8-19。

表 8-19　红双喜公司三年的非流动资产运营能力

项目	20×2 年	20×3 年	20×4 年
固定资产周转率	3.89	3.97	3.40
非流动资产周转率	2.37	2.33	2.10

5. 全部资产运营能力

计算公司20×4年的总资产周转率（周转次数）$= \dfrac{\text{营业收入}}{\text{资产平均净值}} = \dfrac{2\ 354\ 433\ 784}{(2\ 665\ 503\ 954 + 3\ 163\ 509\ 191)/2}$
$= 0.81$（次）。

公司三年的全部资产运营能力见表8-20。

表8-20 红双喜公司三年的全部资产运营能力

项目	20×2年	20×3年	20×4年
固定资产周转率	0.84	0.89	0.81

6. 业务获利能力

（1）计算公司20×4年的销售毛利率 $= \dfrac{\text{营业收入} - \text{营业成本}}{\text{营业收入}} \times 100\% =$

$\dfrac{2\ 354\ 433\ 784 - 1\ 859\ 589\ 297}{2\ 354\ 433\ 784} \times 100\% = 21.02\%$；

（2）计算公司20×4年的销利润率 $= \dfrac{\text{营业利润}}{\text{营业收入}} \times 100\% = \dfrac{121\ 434\ 595}{2\ 354\ 433\ 784} \times 100\% = 5.16\%$；

（3）计算公司20×4年的销净利率 $= \dfrac{\text{净利润}}{\text{营业收入}} \times 100\% = \dfrac{220\ 339\ 531}{2\ 354\ 433\ 784} \times 100\% = 9.36\%$。

公司三年的业务获利能力见表8-21。

表8-21 红双喜公司三年的业务获利能力

项目	20×2年	20×3年	20×4年
销售毛利率	19.15%	18.56%	21.02%
销售利润率	7.15%	4.46%	5.16%
销售净利率	7.46%	8.31%	9.36%

7. 资产获利能力

（1）计算公司20×4年的总资产报酬率 $= \dfrac{\text{净利润}}{\text{资产平均总额}} \times 100\% =$

$\dfrac{220\ 339\ 531}{(2\ 665\ 503\ 954 + 3\ 163\ 509\ 191)/2} \times 100\% = 7.56\%$；

（2）计算公司20×4年的股东权益报酬率 $= \dfrac{\text{净利润}}{\text{平均股东权益}} \times 100\% =$

$\dfrac{220\ 339\ 531}{(1\ 190\ 730\ 363 + 1\ 390\ 335\ 888)/2} \times 100\% = 17.07\%$。

公司三年的资产获利能力见表8-22。

表8-22 红双喜公司三年的资产获利能力

项目	20×2年	20×3年	20×4年
总资产报酬率	6.27%	7.42%	7.56%
股东权益报酬率	11.96%	15.89%	17.07%

8. 市场获利能力

（1）计算公司 20×4 年的每股收益 = $\dfrac{\text{净利润}-\text{优先股股利}}{\text{普通股平均股数}} = \dfrac{225\,080\,075}{374\,652\,720} = 0.60$（元）；

（2）计算公司 20×4 年的每股净资产 = $\dfrac{\text{期末股东权益}}{\text{期末普通股股数}} = \dfrac{1\,299\,064\,292}{374\,652\,720} = 3.47$（元）。

公司三年的市场获利能力见表 8-23。

表 8-23　红双喜公司三年的市场获利能力　　　　　　　单位：元

项目	20×2 年	20×3 年	20×4 年
每股收益	0.48	0.73	0.60
每股净资产	4.05	4.47	3.47

素 质提升 <<<<<<<<<<<<<<<<<<<<<<<<<<<<<<<<<<<<<<<<<<<

专利、商誉、发明创造应该如何估值

我们评价供应商的利润、资产和各种财务比率，是基于一套大家共同遵守的会计准则，即借贷记账法、历史成本原则和权责发生制，以这些准则对企业的资产、负债、所有者权益这些有形资产进行确认、记录、计量、报告是行之有效的，但这些会计准则对于企业创新而产生的专利、商誉、市场开发、创造发明、人才等无形资产的揭示和估价却苍白无力，不能真实、公正地反映企业的财务状况和真实的企业业绩。在这样一个日新月异的社会，这就提出了一个非常重要的问题，即专利、商誉、发明创造应该如何估值和计价。

这是一个非常难以解决的问题，因为现在没有统一的方法来对这些知识产权和无形资产进行估价，更何况知识产权得以实现商业价值还有很长一段路需要走，而且也不是每一项知识产权都有商业价值，还有许多科学家的发明创造被全人类免费使用。

【项目评价与反馈】

请每位学生独立完成本项目的学习内容和工作任务，以百分制分数（满分 100）对个人进行单独评价。

序号	考核项目要求	权重	评分标准	自评得分	教师评价
1	遵守纪律，能按时独立完成工作任务	10%	在该项目学习结束时没有完成工作任务的，每延时 2 学时扣 2 分，直至扣完为止，延迟超过 1 周的本项目成绩得 0 分。		
2	案例导入阅读	10%	阅读 5 遍得 10 分，每少一遍扣 2 分，未阅读得 0 分		

续表

序号	考核项目要求	权重	评分标准	自评得分	教师评价
3	任务一	15%	正确 15 分；基本正确 10 分；有缺陷 5 分；不正确 0 分		
4	任务二	15%	正确 15 分；基本正确 10 分；有缺陷 10 分；不正确 0 分		
5	任务三	20%	正确 20 分；基本正确 15 分；有缺陷 5 分；不正确 0 分		
6	实例分析阅读	10%	阅读 5 遍得 10 分，每少一遍扣 2 分，未阅读得 0 分		
7	素质提升阅读	10%	阅读 5 遍得 10 分，每少一遍扣 2 分，未阅读得 0 分		
8	总结拓展	10%	用词准确（2 分），逻辑清晰（2 分），语言简练（2 分），语意完整（2 分），要点明确（2 分）		

请根据以上打分情况，对本项目的学习效果进行总体评述（从素质的自我提升方面，应知、应会的职业能力提升方面进行书评，分析自己的不足之处，并描述对不足之处的改进措施，其结果计入总结拓展得分项）

综合得分		学生自评得分×50%+教师评价得分×50%

 【同步训练题】

8.1　定义毛利润。

8.2　如果花费 3 000 元买了一辆车，又以 3 400 元出售。这两者的差额称作什么？

8.3　可以表现营业额的另一个词是什么？

8.4　判断下列说法的正确性。

（1）毛利润是营业利润减去支出。（　　　）

（2）公司所得税是营业开支。（　　）

（3）只有支付的开支才能包括在损益表中。（　　）

（4）营业外收入不包括在营业利润中，因为不用缴税。（　　）

（5）股利从税后利润中支付。（　　）

（6）提取储备金是以防紧急事项。（　　）

（7）储备金是公司赚取并保留的利润。（　　）

（8）损益账户也是一种储备账户。（　　）

8.5　完成下列选择题（多选少选均不得分）。

（1）如何定义流动资产？（　　）

A. 应收账款和应付账款 　　　　　B. 存货、应收账款和应付账款

C. 存货、应收账款和现金 　　　　D. 存货、现金和应付账款

（2）如何定义营运资金？（　　）

A. 应收账款和现金加流动负债 　　B. 应收账款和现金减流动负债

C. 流动资产加流动负债 　　　　　D. 流动资产减流动负债

（3）营运资金表明了什么？（　　）如果没有营运资金，企业将无法存续。

A. 企业的偿债能力 　　　　　　　B. 企业的盈利性

C. 企业是如何融资的 　　　　　　D. 企业是如何控制的

（4）如果公司有较高的储备金意味着什么？（　　）

A. 有大量投资 　　　　　　　　　B. 有大量现金

C. 过去是盈利的 　　　　　　　　D. 发行了新股

（5）资产负债表中的固定资产表明了什么？（　　）

A. 成本是多少 　　　　　　　　　B. 现在的市价

C. 市价减折旧 　　　　　　　　　D. 成本减折旧

（6）低杠杆比率的公司是如何融资的？（　　）

A. 内部融资 　　　　　　　　　　B. 外部融资

C. 低息贷款 　　　　　　　　　　D. 股本金

8.6　写出下列术语的定义。

（1）流动资产。

（2）应收账款。

（3）债权人。

（4）流动负债。

（5）营运资金。

8.7　股票溢价和重估价准备是如何产生的？它们与其他储备金有什么区别？

8.8　列举预算过程的优点和缺点。

8.9　观察现金流量预测（表8-24），回答下列问题。

（1）给予客户的赊销额是多少？

（2）供应商给予的赊销额是多少？

（3）什么是期初银行存款余额？

（4）这项业务是盈利的吗？

（5）是否有充足的现金？

（6）是否需要透支，如果是，那么需要多少钱和多长时间？

（7）你认为哪两个主要因素影响现金状况？

（8）当年的总销售额会是多少？

表8-24　现金流量预测（1—12月）　　　　　　单位：元

月份	1	2	3	4	5	6	7	8	9	10	11	12	总额
收入													
现金销售	10 000	10 000	10 000	10 000	10 000	10 000	10 000	10 000	10 000	10 000	10 000	10 000	120 000
赊销收入		10 000	10 000	10 000	10 000	10 000	10 000	10 000	10 000	10 000	10000	10 000	110 000
其他													0
总收入	10 000	20 000	20 000	20 000	20 000	20 000	20 000	20 000	20 000	20 000	20 000	20 000	230 000
应付账款													
现金采购													
支付欠款		6 000	6 000	6 000	6 000	6 000	6 000	6 000	6 000	6 000	6 000	6 000	66 000
员工工资		4 000	4 000	4 000	4 000	4 000	4 000	4 000	4 000	4 000	4 000	4 000	44 000
一般开支	3 000	3 000	3 000	3 000	3 000	3 000	3 000	3 000	3 000	3 000	3 000	3 000	36 000
租金和利息	7 000			7 000			7 000			7 000			28 000
资产采购			10 000										10 000
总支出	10 000	13 000	23 000	20 000	13 000	13 000	20 000	13 000	13 000	20 000	13 000	13 000	184 000
现金流													
盈余/赤字	0	7 000	-3 000	0	7 000	7 000	0	7 000	7 000	0	7 000	7 000	46 000
期初余额	5 000	5 000	12 000	9 000	9 000	16 000	23 000	23 000	30 000	37 000	37 000	44 000	
期末余额	5 000	12 000	9 000	9 000	16 000	23 000	23 000	30 000	37 000	37 000	44 000	51 000	

未来12个月内现金流量预测：一半的销售为限期一个月的赊销

8.10　思考公司可用于改善其现金状况的所有方法，完成表8-25。回顾前面学过的现金预算，思考用什么方法可以改善现金状况。

表8-25　改善现金状况的方法

增加现金流入量	减少现金流出量
注入资金或贷款	
刺激销售额增加	

8.11　利用下面的信息，选择任何合适的软件包编制现金预算。

（1）销售收入：每月20 000元，一半付现金，另一半赊销一个月。

（2）采购：每月 6 000 元，卖方准予赊销一个月。

（3）工资：每月 4 000 元，从第二个月开始支付。

（4）一般开支：每月出 3 000 元。

（5）租金和利息：7 000 元，从第一个月开始每季度支付一次。

（6）采购：第三个月采购新设备，花费 10 000 元。

（7）期初余额：5 000 元。

（8）如果所有的销售都采用赊销，并且给所有的顾客两个月的赊销期，将会怎样？

8.12　简要回答下列问题。

（1）两种有效利用比率的方法是什么？

（2）了解公司是否有抵押贷款为什么很重要？

（3）公司注册处保存有什么信息？

8.13　下面的内容是从一个新供应商的账目中摘录出的，已经用 Excel 商务计划模板处理过。详见表 8-26 和表 8-27。计算每年的下列比率，并对所得结果进行评价。

①毛利率；②净利润率；③息税前收益/销售额；④资本利润率；⑤资产收益率

表 8-26　损益表（第一年和第二年摘要）　　　　　　　　　　　单位：元

项目	第一年	第二年
销售额	2 154 000	3 196 000
总收入	2 154 000	3 196 000
减销售成本	1 420 000	1 420 000
总销售成本	1 420 000	1 420 000
毛利润	734 000	895 000
总开支	571 600	618 800
营业利润	162 400	276 200
长期贷款利息	10 000	9 000
税前净利润	152 400	267 200
税	52 700	93 400
税后净利润	99 700	173 800

8.14　利用同步训练题 8.13 中的信息计算下列比率。

（1）杠杆比率＝总负债/所有者权益；

（2）流动比率＝流动资产/流动负债；

（3）速动比率＝（流动资产－存货）/流动负债。

这些比率告诉了你有关公司所有权和稳定性两方面的什么信息？

8.15　利用同步训练题 8.14 中的信息计算售出存货、收到应收账款及支付应收账款各需要几个星期。资产的利用率是多少？公司的效率有多高？

表 8-27　资产负债表（第一年和第二年摘要）　　　　　单位：元

项目	第一年	第二年
净资产收益率		
固定资产成本	215 000	418 000
总固定资产	215 000	418 000
累计折旧	40 000	50 000
账面净值	175 000	368 000
存货	125 200	148 200
应收账款	317 400	352 100
银行存款和现金	109 100	99 100
总流动资产	551 700	599 400
减流动负债应付账款	77 500	145 300
总流动负债	77 500	145 300
净流动资产	474 200	454 100
净资产总额	649 200	822 100
融资方式股票	300 000	300 000
一般储备金	249 200	432 100
长期贷款	100 000	90 000
	649 200	822 100

8.16　当评价新的供应商时，稳定性和绩效都是需要考虑的关键问题，试讨论这种说法。如何将财务信息运用于供应商的评价程序中？

8.17　请选择正确的选项。

（1）财务稳定性的含义是什么？（　　　）

A. 供应商有足够的固定资产　　　　　B. 供应商有稳定的利润率

C. 供应商有稳定的杠杆比率　　　　　D. 供应商能够持续经营

（2）你如何衡量公司效率的高低？（　　　）

A. 通过人均产量　　　　　　　　　　B. 通过生产中的废物量

C. 通过控制营运成本　　　　　　　　D. 通过控制存货和质量

（3）比较不同供应商的基础是什么？（　　　）

A. 最低价格　　　　　　　　　　　　B. 最低成本

C. 最低总购置价格　　　　　　　　　D. 最低总购置成本

（4）如果供应商通过了 ISO 9000 认证，意味着什么？（　　　）

A. 其拥有经过外部认证的、有质量保证的产品

B. 其拥有经过外部认证的、有质量保证的体系

C. 其拥有经过外部认证的优秀生产过程

D. 其拥有经过外部认证的过程统计控制体系

8.18 填写表8-28，说明有关 FACE 2 FACE 的不同要素的信息是从何获取的？

表8-28 同步训练题 8.18 样表

标准	信息来源
F 固定资产	例如资产负债表
F 财务	
A	
A	
C	
C	
E	
E	

8.19 评价表8-29中的供应商财务比率，并说明你会选择哪个供应商。你还需要其他什么信息？

表8-29 三个供应商的财务比率

项目	供应商1	供应商2	行业标准
净利润	24%	26%	25%
资产回报	13%	19%	18%
流动比率	2∶1	1.2∶1	2∶1
速动比率	1.1∶1	0.5∶1	1∶1
应收账款收款期	28 天	15 天	28 天
库存周转率	45 天	16 天	48 天
应付账款支付期	18 天	50 天	20 天
价格	2 900 元	3 000 元	
运费	1 200 元		

8.20 请观察表8-30财务比率，以便为与意向供应商的洽谈会做准备。一位同事建议在参观供应商公司期间，应该获取供应商的现金流预测。①列出你的比率分析结果和你最初对供应商的稳定性所做出的评价；②设计出一系列问题，在做出最后决定前向供应商提出；③说明现金流量表在评估过程中的意义。

表 8-30　供应商财务比率

项目	31/3/2021	31/3/2020
关键比率		
毛利润	40%	37.5%
净利润	5%	8%
资金收益率	9%	12%
流动比率	3∶1	2∶1
速动比率	1.1∶1	1∶1
库存周转率	5 个月	4 个月
应收账款回收期	1.6 个月	2 个月
应付账款支付期	3.1 个月	4.2 个月
负债率	15%	10%

控制供应链成本

 【项目介绍】

控制整个供应链的成本是供应链管理（采购）的重要工作任务之一，在进行采购谈判时，企业总是希望知悉供应商的价格底牌，为此需要核算供应商的标准成本（任务一）、核算基于费用分摊率的作业成本（任务二）、核算供应商产品的盈亏平衡点（任务三）。

【知识目标】

（1）掌握价格要素与成本要素的区别；

（2）能够对控制过程成本的主要问题进行分析；

（3）了解盈亏平衡分析的目的和实施方法。

【技能目标】

（1）能够核算供应商的标准成本；

（2）能够核算基于费用分摊率的作业成本；

（3）能够核算供应商产品的盈亏平衡点和盈亏平衡销售额。

【素质目标】

（1）知道使用责任会计管理供应链成员企业的权责分配；

（2）知道责任会计管理可以减少附加到最终用户身上的总成本。

案 例引入

低成本之王——比亚迪的竞争优势

在新能源汽车领域，比亚迪无疑是领先者。比亚迪的竞争优势之一就是其卓越的成本控制能力，被誉为业界的"低成本之王"。

性价比高无疑是比亚迪F3热销的唯一原因，这款车的最低售价仅为4.98万元。比亚迪似乎轻易就能够做到把价格压低到令对手望尘莫及的水平，关键的是比亚迪是如何做到这些的？它使用了什么方式来降低成本，在祭出低价的同时还能保持盈利？

模仿无疑是比亚迪控制成本的捷径之一。由于F3从底盘、车身到内饰都源于花冠，这为比亚迪省掉了至少20亿元的开发成本。这样一来，比亚迪F3的车型开发成本几乎为零，若生产50万辆，则每辆车的开发成本降低了4万元。

在收购秦川汽车之后的几个月里，王传福迅速收购了北汽集团的一家模具厂，成立了北京比亚迪模具有限公司。如今，比亚迪F3、F6的所有模具均来自这家企业。由于拥有自己的模具厂，比亚迪节省了不菲的模具开发费用，正常按国际价格计算一种车型的模具开发成本为3亿元，估计比亚迪F3的模具开发成本只有1亿元，节省了2亿元，摊到50万辆车上计算，每辆车的成本减少了4 000元。

在技术转让费方面，合资企业在使用品牌时，外方是要收品牌使用费的，估计每辆车至少也要3 000元，而比亚迪在这块的成本支出为零。

比亚迪垂直整合能力惊人，自主生产发动机、底盘、模具、整车电子、内饰甚至车漆，除东安三菱4G18发动机和变速箱、玻璃和轮胎外，比亚迪大多数整车零配件是自给自足的，这就把零部件企业的利润转移到工厂中。

人工成本的有效控制，更是比亚迪的看家本领。尽管引进国外自动化生产线已经成为本土造车的"标配"，但是在比亚迪，却仍然是"该用机器的地方用机器，需要人力的地方用人力"，用大量的劳动力和必要的机器替代全自动生产线，尽量使用大量夹具和人工来节省设备的巨大投资。

从比亚迪的案例可以看到，任何产品或服务的价格都是由多种不同要素构成的。为了确保企业盈利运转，必须知道企业的运营成本，并确保这些成本能够由向消费者索要的价格补偿。了解实际成本不仅对战略决策十分重要，还可能帮助优化成本、识别哪些产品盈利和哪些产品亏损。

回想一下你刚刚购买的任何物品，不论是用于工作的，还是用于家庭的，既可以是刚刚为公司购买的飞机发动机，也可以是为午餐准备的三明治。看一看你为之付了多少钱，这些钱中实际上有多少是为成本支付的？

上面的问题看似简单，但要想准确回答却相当困难。因为采购成本不仅仅包括生产制造过程的成本，还包括从供应商的成品库至到达消费者手中所含有的运输费、仓储费、包装费、配送费用，以及占用资金的费用，还可能包括机会成本。

任务一　核算供应商的标准成本

【任务描述】

成本核算的目的就是要将实际成本与标准成本进行比较，找出成本差异的原因，以期在价格谈判中掌握主动权。现红双喜公司的2359号部件由供应商甲提供，其消耗由材料（数量及价格）、劳务（数量及价格）和管理费用构成，其标准成本和实际成本分别见表9-1和表9-2。请核算该部件的标准成本和实际成本，并寻找产生差异的原因。假设实际材料用量是35 kg，且价格未变，工人实际工作4 h，工资为5.5元/h。

表 9-1 2359 号部件的标准成本

要素	用量×价格	总成本
材料	30 kg ×2 元/kg	60
人工	5 h × 5 元/h	25
管理费用		15
总计		100

表 9-2 2359 号部件的实际成本

要素	用量×价格	总成本
材料	35 kg ×2 元/kg	70
人工	4 h×5.5 元/h	22
管理费用		8
总计		100

【任务分析】

采购方应该了解价格包括哪些内容，以及在采购产品和服务过程中发生的所有成本（包括供应商的和买方本身的各项成本）。根据以上分析以及【任务描述】的要求，建议完成该任务的操作思路如下：

步骤1：查找产品的生产成本公式，即产品生产成本＝材料成本+人工成本+管理费用；

步骤2：查找材料成本公式和人工成本公式；

步骤3：设计一个表格，将 2359 号部件的标准成本和实际成本及其结构组成填入不同的列中，以示比较；

步骤4：写出比较结果；

步骤5：找出有利的差异和不利的差异并用表格标示出来；

步骤6：寻找材料成本差异的原因，并用表格标示出来；

步骤7：寻找人工成本差异的原因，并用表格标示出来；

步骤8：寻找管理费用差异的原因；

步骤9：分析比较的结果，对谈判价格做出预判。

【相关知识】

任何产品或服务的价格都是由多种不同要素构成的。掌握产品或服务的成本是削减、计划和控制成本的第一步。

9.1.1 成本和价格

"成本"与"价格"究竟有何差别？通常使用这两个词时，它们的含义相同。在本书中，我们分别对它们进行这样的定义：

（1）成本：制造或提供一项产品或服务时发生的支出。

（2）价格：获得（或提供）一项产品或服务所支付的（或收到的）价钱、价值。

由此可知，成本比所支付的价格要少。产品或服务的价格通常是由成本和利润两部分构成的，因此，成本和利润的关系可以定义如下：价格＝供应商的成本＋供应商的利润。

表9-3是两个不同的供应商提供的计算机报价，假设你在考虑将选择购买哪一个供应商的产品，且假定规格都是一样的，你将买哪一种？价格是多少？

表 9-3　两个供应商的计算机报价　　　　　　　　　　　　　单位：元

成本因素	供应商 1	供应商 2
价格	759	599
运送	包含在内	50
软件	包含在内	150

供应商1提供的价格高于供应商2。但是，由于价格包含的内容不同，仅仅在价格的基础上比较是不公平的。"总采购价格"不同于提供的价格。供应商2的总价格是799，比供应商1的价格高出许多。

1. 总购置成本

尽管买方按照价格付款，但是至此所提到的所有成本都是供应商生产和提供产品或服务的成本。总购置成本包括说明成本、设计成本、谈判成本、收货成本、仓储成本、行政成本、付款发票成本等。因此，对买方而言，其总支付或总成本是：供应商成本＋供应商利润＋购置成本。

2. 计算总购置成本

总购置成本是指在采购过程中发生的所有成本，包括从最初产生购买产品/服务需求到最终付诸使用的全过程。在比较不同的供应商时，相比于售价，总购置成本是一种更好的依据。

9.1.2　成本要素

成本主要由三方面要素构成：①材料：在企业运营过程中消耗的要素；②劳务：员工报酬的成本；③管理费用：我们在项目九的损益表中将其称为"营业费用"，它是指在企业运营过程中发生的所有其他费用。

1. 直接成本和间接成本

所有的成本可以归类为直接成本和间接成本。直接成本是指能够很容易地追溯到具体的产品或服务的成本。如果以三明治的生产为例，直接材料成本是面包、三明治的馅料和包装，直接人工成本就是人工制作三明治的时间成本。

间接成本是指不能轻易地归于某一具体的产品或服务，需要所生产的所有产品或所提供的所有服务共同承担的成本。仍旧以三明治为例，电费或房租就属于间接成本。下面有一些关于这两类成本的例子，具体见表9-4。

表9-4 直接成本、间接成本示例

要素	直接成本	间接成本
材料	生产中所用材料	清洁材料、备件、文具用品
人工	生产工人的工资	办公室职员、监督者、管理者、餐厅人员的工资
管理费用	版税、专利权、著作权	工厂或商店的租金，照明和暖气费用，保险费用

表9-4反映的是不同类型企业如何将同样的成本归于不同类别的例子，这种归类取决于成本是否能够追溯到具体的产品或服务中去。例如，一家清洁承包公司不会将清洁材料归为间接成本，因为清洁材料是在提供清洁服务时直接消耗的。

2. 固定成本和可变成本

另一种定义直接成本的方法是可变成本，因为它们属于随着产量变化而变化的成本。间接成本也通常被定义为固定成本，因为它们是不受产量变化影响的成本。如果对某项成本究竟是固定成本还是可变成本不确定，可以问自己这样一个问题：如果不进行生产，如在停工维修期间，这项成本是否还需要支出。如果答案是肯定的，即需要支出，那它就是固定成本。

图9-1中的例子反映了单位产量上升到6 000单位时的成本，包括固定成本和可变成本，其中：①固定成本：5 000万元（图9-1）；②可变管理费用：每单位1万元（图9-2）；③可变材料：每单位2万元（图9-2）；④可变人工：每单位2万元（图9-2）。

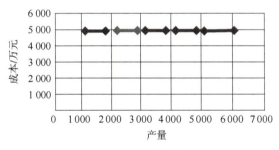

图9-1 固定成本

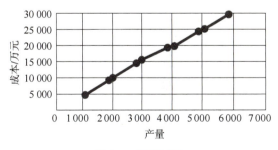

图9-2 可变成本

拓展知识

成本结构对风险的影响

企业的成本中，固定成本和可变成本的组成会影响企业对经济变化和市场变化时的敏感度。我们来看下面这两个相似的企业，它们有着相同的营业额和利润，唯一的区别是两者的成本类型（注意，下面的例子并没有按照损益表的结构来编排），见表9-5。

表9-5　直接成本、间接成本对利润的影响（一）　　　　单位：万元

项目	A公司	B公司
销售额	30 000	30 000
可变成本	10 000	15 000
总贡献	20 000	15 000
固定成本	10 000	5 000
利润	10 000	10 000

观察一下，如果销售额下降会对利润水平产生什么影响。显然，销售额下降对B公司利润的影响要小于对A公司的影响，这是因为B公司的固定成本低于A公司。记住，可变成本会随着产量和销售的减少而减少，见表9-6。

表9-6　直接成本、间接成本对利润的影响（二）　　　　单位：万元

项目	A公司		B公司	
	下降10%	下降20%	下降10%	下降20%
销售额	27 000	24 000	27 000	24 000
可变成本	9 000	8 000	13 500	12 000
总贡献	18 000	16 000	13 500	12 000
固定成本	10 000	10 000	5 000	5 000
利润	8 000	6 000	8 500	7 000
利润减少	20%	40%	15%	30%

但是当销售额增长而非下降时，情况就大不相同了。下面的数字显示了当销售额增长100%时，A公司和B公司的利润所受到的影响，见表9-7。

表9-7　直接成本、间接成本对利润的影响（三）　　　　单位：万元

项目	A公司		B公司	
	原来数据	上涨100%	原来数据	上涨100%
销售额	30 000	60 000	30 000	60 000
可变成本	10 000	20 000	15 000	30 000

续表

项目	A 公司		B 公司	
	原来数据	上涨 100%	原来数据	上涨 100%
总贡献	20 000	40 000	15 000	30 000
固定成本	10 000	10 000	5 000	5 000
利润	10 000	30 000	10 000	25 000
利润增加		300%		250%

A 公司的成本构成中，固定成本的比例高于 B 公司，当营业额增长 100% 时，A 公司的净利润增长了 300%，而 B 公司只增长了 250%。如果营业额增长，固定成本占比大的企业将获得更多的利润，因为固定成本不会随着营业额的增加而增加。

【任务一知识要点】

供应商的成本包括固定成本和可变成本和利润部分。采购方还要将购置成本加在购买价格上。购置成本包括说明成本、设计成本、谈判成本、收货成本、仓储成本及机会成本等。成本有三个要素：材料、劳务和管理费用，可分为直接成本和间接成本，也可分为固定成本和可变成本。

【任务实施】

完成此项任务没有太大难度，关键在于理解产品生产成本的计算公式，同学之间可以互相讨论，也可以和指导教师一起讨论。对于任务一各步骤的执行状况，各位同学可以按表 9-8 中的步骤顺序，对照【任务考核/评价】部分给出的各步骤主要结果自行进行检查，并逐条完善。

表 9-8 任务一执行状况

任务一简述	是否执行 （是打√，否打×）	是否正确 （是打√，否打×）	错在何处 （记录在空白处）
步骤 1 查找产品生产成本公式			
步骤 2 查找材料和人工成本公式			
步骤 3 成本比较			
步骤 4 写出比较结果			
步骤 5 找出有利不利差异			
步骤 6 寻找材料成本差异			
步骤 7 寻找人工成本差异			
步骤 8 寻找管理费用差异			
步骤 9 分析结果			

【任务考核/评价】

各位同学可以对照下列本任务各步骤的主要结果，利用表9-8进行自我评价和纠正。任务一各步骤的主要结果如下：

1. 实际成本和标准成本的比较

比较结果表明，实际成本与标准成本的总数是相同的，但是具体成本要素的数额（成本结构）却不同，见表9-9。

表9-9　实际成本和标准成本的比较　　　　　　单位：元

要素	标准成本	实际成本
材料	60	70
人工	25	22
管理费用	15	8
总计	100	100

2. 有利差异和不利差异

可以计算出成本差异，这些差异可能是不利的，如实际成本比标准成本高；也可能是有利的，如实际成本比标准成本低，见表9-10。

表9-10　有利的和不利的差异　　　　　　单位：元

要素	标准成本	实际成本	差异
材料	60	70	不利的
人工	25	22	有利的
管理费用	15	8	有利的
总计	100	100	

3. 引起材料成本差异的原因

通过分析发现，价格没有变化，但是材料用量多了5 kg，造成了实际成本多出5×2＝10（元）的结果，见表9-11。

表9-11　引起材料成本差异的原因　　　　　　单位：元

成本类别	用量×价格	总成本
标准成本	30 kg×2 元/kg	60
实际成本	35 kg×2 元/kg	70

4. 引起人工成本差异的原因

通过分析发现，工作时间和工资都发生了变化：工作时间少了1 h，工资也比标准高。进一步分析这种变化，可以看到，节省了1 h的工作时间（1×5 标准成本＝5），但是相应于实际 4 h 的工作量，每小时多支付 0.5×4=2（元）。这两方面的作用相结合，产生了 3 元的节约，见表 9-12。

表 9-12　引起人工成本差异的原因　　　　　　　　单位：元

成本类别	用量×价格	总成本
标准成本	5 h×5 元/h	25
实际成本	4 h×5.5 元/h	22

5. 引起管理费用差异的原因

管理费用与标准成本不同的原因有两个：一个原因可能是管理费用每一细目的数额不同于标准成本；另一个原因可能是实际比预算多出或减少了某些细目，还需要进一步分析。

6. 结果分析和价格预判

实际成本中，材料成本高的原因是用料增加 5kg，如果帮助供应商提高材料的使用效率，减少用料，则可以进一步减少采购价格，使双方共赢。

任务二　核算基于费用分摊率的作业成本

【任务描述】

由任务一可知间接费用是产品成本或过程作业成本的组成部分，但对管理费用如何被分摊到产品成本中还不是非常清楚。任务二即核算考虑了费用分摊率的作业成本或产品成本。已知供应商 XYZ 公司的预算信息，见表 9-13，单位产品的作业流程成本见表 9-14，请计算不同分摊率下的产品成本。

表 9-13　供应商 XYZ 公司的预算信息

管理费用	24 000 元
直接人工工时	8 000 h
机器运转时间	4 000 h
产量	3 000 单位

表 9-14　单位产品的作业流程成本

直接材料	40 元
直接人工	48 元
实际耗费的人工工时	4 h
实际耗费的机器运转时间	3 h

【任务分析】

间接费用是指企业的差旅费、保险费、折旧、租金利息等支出，这些费用在核算产品成本时，都要被分摊到每个产品中，但分摊方法有很多种。根据以上分析及【任务描述】的要求，建议完成该任务的操作思路如下：

步骤1：查找产品的生产成本公式，即产品生产成本=材料成本+人工成本+管理费用；
步骤2：查找管理费用计算公式，即管理费用=单位产品中分摊依据的数量×分摊率；
步骤3：计算直接人工工时分摊率；
步骤4：计算机器运转时间分摊率；
步骤5：计算单位产品分摊率；
步骤6：计算按直接人工工时分摊的管理费用；
步骤7：计算按机器运转时间分摊的管理费用；
步骤8：计算按单位产品分摊的管理费用；
步骤9：计算按直接人工工时分摊时的单位产品成本；
步骤10：计算按机器运转时间分摊时的单位产品成本；
步骤11：计算按单位产品分摊时的单位产品成本；
步骤12：比较不同分摊率下的成本结果，选择恰当的成本预算。

【相关知识】

9.2.1 核算成本和控制成本

如果不了解生产产品或提供服务过程中发生了多少成本，就不可能控制或削减成本。任何成本的减少对企业的利润都有积极的作用。

1. 标准成本核算

控制成本的一种方法体系是标准成本核算。对成本各项要素的标准成本进行预算，计算出具体产品或服务的总标准成本，这可以作为制订价格的基础。然而，更重要的一点可能是实际成本可以与标准成本进行比较，计算出差异，从而找出究竟是计划成本中的哪些部分发生了大幅度变化。

标准成本核算体系可以在任何背离标准成本的偏差发生时，向管理层发出预警。这样就避免了成本的任何大幅度增长直到年底才被发现。差异分析应当重点关注究竟是用量导致差异，还是价格导致差异。标准成本核算的主要困难是标准的设定是一个复杂而且费时的过程。一旦生产大量不同产品或是当生产不断发生变化时，都需要修订标准。

2. 目标成本核算

目标成本核算是识别、控制和削减成本的一种新途径。它是一种战略性利润和成本管理过程，可以是价格导向、客户导向和设计导向，同时可以用于削减整个供应链中发生的成本。

目标成本体系在产品设计阶段就开始运作，即产品设计时必须设定目标成本。供应商在设计阶段的早期介入可以帮助减少生产问题。简单来说，目标成本核算决定了将在搜寻、制造和运送产品上花费的数额，以及必要的利润回报。采购者在制订和实现目标成本过程中扮演着主要角色，但他们并非孤军奋战。更多的时候，采购、财务、工程设计以及供应商等多方共同参与目标成本的确定。

在多数情况下，目标成本建立在三个要素的基础上：

（1）客户需求：如果电脑制造商发现对客户而言，电脑的处理速度才是最重要的，而颜色和形状并不重要，那么就应该将资源用于提高电脑的处理能力方面。

（2）竞争：这需要调查竞争对手的成本结构而不仅仅是他们的售价，它能让你了解竞争对手是如何削减成本以及如何从供应商那里争取到更低的价格。这些理解能够提示你的组织可以在哪些方面取得比竞争对手更优的成本。

（3）内部成本核算结构：这需要引入作业成本法，才能在新的设计中避免一些不必要的步骤和部分，并制订出更精确的成本。

9.2.2 过程成本

直接成本能够很容易地计算出来，那么间接成本呢？为此我们需要学习成本核算信息是如何运用于计算整个运营过程的总成本的。

1. 吸收成本计算法

吸收成本计算法是用来计算一项工作或流程的完全成本，使价格能够建立在成本加成的基础上。为了反映生产（或服务）的完全成本，所有间接成本都应该按比例分摊到每件产品或每项作业流程上。

1）管理费用的摊销

在大多数情况下，全部间接成本的年度预算由所有部门或成本中心共同分摊。分摊的依据可以是房屋面积、员工人数或是成本中心的数目。例如，房租和费用可以根据各成本中心的房屋面积分摊；但是员工餐厅的成本就要依据员工的人数分摊。各种不同的分摊方法并没有绝对的对与错，只要根据不同的情况选择最为平衡及最为适宜的方法就是可行的。

2）计算分摊率

在各项产品或作业中分摊费用时，要确定分摊率。这类分摊方法的依据包括机器运转时间、工时数、单位成本、直接材料百分率、人工成本百分率或原始成本百分率。基于时间的机器运转率和人工工时率常常被认为是分配费用最合理的比率。每一项作业流程依据选定的分摊率分担管理费用。同样，这里也没有绝对正确或错误的方法。

3）分摊不足或过度分摊

在一个财政年度内，分摊到作业流程中的管理费用应当能够补偿年度管理成本。由于管理费用分摊率是事先利用各项预算数据计算得出的（这样分摊率才可以应用于整个财政年度内作业成本的计算），这样，到了年末，就可能出现管理费用分摊不足或过度分摊的状况。分摊不足是一年内管理费用没有完全分摊到作业中去，过度分摊则是本年管理费用分摊额超过了实际金额。

4）吸收成本计算法的弊端

吸收成本计算法是一种传统的成本核算方法。成本加成定价并不考虑竞争者的定价，也不考虑消费者愿意支付的价格。以一种没有充分依据的方式将管理费用在各部门或成本中心间分摊，结果可能与部门实际耗费的管理费用毫不关联。管理费用分摊率是根据各部门业务活动估计值计算出来的，因此也有可能并不精确。

2. 作业成本法

作业成本法是比吸收成本计算法更为准确的一种新的成本核算方法。它重点考察并追溯每项间接成本，直至具体的"成本对象"。成本对象耗费作业，作业使用资源，这样就产生了成本。

作业可以被定义为随着时间推移发生的一项指定过程或任务，并且产生了具体成效。通过组织员工或机器的运作，投入转化为产出。作业是成本的耗费者，而作业成本法不仅显示了作业成本的多少，还显示了成本是否是有效的以及成本是否为组织增加了价值。

作业分析分析企业的所有作业，确定作业是否能够为企业增值，是主要的还是次要的，这样做的目的之一是凭借减少毫无附加值的作业来削减成本。作业成本法的步骤如下：

（1）确定所有作业的成本：所有的成本都追溯到具体的每项作业，确定每一项作业的总投入成本。

（2）确定成本动因：单位作业成本通过识别每项作业的主要产出或成本动因计算出来。

（3）计算产品成本：依据每项不同作业所耗费的资源，可以计算出产品成本。

3. 吸收成本计算法和作业成本法的比较

两种成本核算方法有很大的差别。相对于吸收成本法，作业成本法能更准确地计算出生产每件产品所耗费资源的实际成本。

【任务二知识要点】

监控成本对企业非常重要。管理者可以通过标准成本核算体系分析成本的变动，并找到产生差异的原因。目标成本核算从制订价格开始，然后计算出目标成本应当是多少。运用吸收成本法和作业成本法对计算实际成本很有帮助。计算机技术也为建立精细成本核算体系提供了可能。

【任务实施】

完成此项任务没有太大难度，关键在于理解管理费用分摊率的概念和计算公式，同学们可以互相讨论，也可以和指导教师一起讨论。对于任务二各步骤的执行状况，各位同学可以按表9-15中的步骤顺序，对照【任务考核/评价】部分给出的各步骤主要结果自行进行检查，并逐条完善。

表9-15　任务二执行状况

任务二简述	是否执行（是打√，否打×）	是否正确（是打√，否打×）	错在何处（记录在空白处）
步骤1 查找成本公式			
步骤2 查找费用分摊公式			
步骤3 计算工时分摊率			
步骤4 计算机器分摊率			
步骤5 计算产品分摊率			

任务二简述	是否执行 （是打√，否打×）	是否正确 （是打√，否打×）	错在何处 （记录在空白处）
步骤6 计算工时分摊管理费			
步骤7 计算机器分摊管理费			
步骤8 计算产品分摊管理费			
步骤9 计算工时分摊成本			
步骤10 计算机器分摊成本			
步骤11 计算产品分摊成本			
步骤12 分析结果			

【任务考核/评价】

各位同学可以对照下列本任务各步骤的主要结果，利用表9-15进行自我评价和纠正。任务二各步骤的主要结果如下所示：

1. 计算管理费用分摊率

计算管理费用分摊率时，管理费用按照相应的依据进行分摊。以下有三个能够计算的分摊率。

（1）直接人工工时分摊率＝24 000/8 000＝3（元/工时）；

（2）机器运转时间分摊率24 000/4 000＝6（元/机器运转小时）；

（3）单位产品分摊率＝24 000/3 000＝8（元/单位产品）。

2. 计算不同分摊率下的单位产品成本

将分摊率应用于产品的作业流程，可以得到不同的单位产品成本，见表9-16。

表9-16 各分摊率下的单位产品成本预算

要素	直接人工工时分摊	机器工时分摊	单位产品分摊
直接材料	40元	40元	40元
直接人工	48元	48元	48元
管理费用	12（4 h×3 元/h）元	18（3 h×6 元/h）元	8（1 单位×8 元/单位）
总成本	100元	106元	96元

3. 选择恰当的产品成本预算

通过上面的运算可以看出，运用不同的分摊率得到的成本预算不同，其中按单位产品分摊率的单位产品预算成本最低为96元。因此，通过比较可知，当所有生产项目没有差别时，使用单位产品分摊率来计算是最合适的。

任务三　核算供应商产品的盈亏平衡点

【任务描述】

假设供应商的产品售价为每件 6 元，其中可变成本为每件 4 元，固定成本为 10 000 元，请完成：

（1）估算供应商的盈亏平衡点和盈亏平衡销售额。

（2）假设已知销售数量为 7 000 件，请估算盈亏平衡销售额。

（3）假设供应商的目标利润为 6 000 元，请估算目标营业额。

（4）假设边际利润率为 33.33%，总营业额为 48 000 元，请计算利润。

（5）假设企业的预期销售额为 42 000 元，请计算安全边际。

【任务分析】

了解谈判对手的盈亏平衡点可以在谈判中处于更有利的位置，可以提出恰当的采购数量及价格。根据以上分析及【任务描述】的要求，建议完成该任务的操作思路如下：

步骤 1：查找盈亏平衡点计算公式；

步骤 2：根据题意，代入已知条件，计算盈亏平衡点和盈亏平衡销售额；

步骤 3：设计供应商利润表，代入已知条件（销售数量 7 000 件），计算供应商的净利润；

步骤 4：计算边际利润率，并据此计算盈亏平衡销售额；

步骤 5：查找目标销售量和单位边际贡献、固定成本、目标利润之间的关系公式，计算目标销售量；

步骤 6：根据目标销售量，计算目标营业额；

步骤 7：查找边际利润和总营业额、边际利润率的关系公式，根据已知条件计算边际利润；

步骤 8：查找利润和边际利润、固定资产之间的关系公式，根据已知条件计算净利润；

步骤 9：查找安全边际和预期销售额、盈亏平衡点之间的关系公式，根据已知条件计算安全边际。

【相关知识】

成本和毛利率、盈亏平衡点、安全边际在分析供应商资料时十分重要，了解成本变化对采购组织收益率的影响也很重要。

9.3.1　成本和利润

利润率被视为利润占营业额的比率，而营业额可以划分为成本和利润，如图 9-3 所示。假设一家企业通常运营的毛利润率为 20%。如果产品成本是 80 元，那么售价应为多少？

很多人可能得出结果为96元（不正确）。如果计算得出的结果是96元，那么实际上是在计算补偿价格，而不是毛利率。计算过程可能是这样的：80元成本加上80元的20%，即16元，结果为96元。你将会看到，这样计算的出发点就是错误的。

图9-3　利润作为营业额的一部分

补偿价格是用成本加上成本的一定比例得到售价。毛利率则完全是不同的概念，是售价的一定比例。在这个例子中，如果毛利率是售价的20%，成本就是剩下的80%。售价=80%成本+20%毛利，因此：

$$售价的80\% = 成本 = 80 元$$
$$售价的20\% = 毛利 = 20 元$$
$$售价 = 80 元 + 20 元 = 100 元$$

要使售价等于100元，那么补偿价格应为20元，实际上是成本80元的25%。从上例中可以发现毛利率和补偿价格之间存在关系。记住：成本比例与毛利比例之和应该为100%。成本比例（cost percentage）的另一种定义方式是100%减去毛利比例（margin percentage）。

而补偿比例的公式为：补偿比例=毛利比例/成本比例×100%。

应用上面的例子，则补偿比例=20/80×100%=25%

9.3.2　盈亏平衡（BE）分析

这种方法建立在边际成本计算法的基础上，是利用固定成本和可变成本计算得来的。每售出一件产品，从售价中扣除可变成本后得到的余额即为边际贡献。边际贡献应该要能补偿固定成本。一旦抵偿了固定成本后，剩下的边际贡献就是利润了。每多售出一件产品，利润都会增加。盈亏平衡点（break-even point，BEP）是收益等于成本的点，在这一点上企业即不盈利也不亏损。如果少售出一件产品，企业可能亏损；如果多售出一件产品，企业则会盈利。

只要销售价格能抵偿可变成本，边际贡献就可以用来抵偿固定成本，或者当固定成本已经被完全抵偿后就直接成为利润。盈亏平衡图（break-even Chart）由总成本曲线和收益曲线组成，这两条曲线分别反映了在不同产量水平下的总成本和总收益。盈亏平衡图如图9-4所示。

盈亏平衡点是当销售收入等于成本（可变成本+固定成本）时的销售量，即：

销售量×售价=单位可变成本×销售量+固定成本，可以求得：盈亏平衡点$= \dfrac{固定成本}{售价-单位可变成本}$

由于边际贡献=售价-单位可变成本，因此盈亏平衡点的计算式也可写成：

$$盈亏平衡点 = \frac{固定成本}{边际贡献}$$

这样就得出了必须销售的数量，销售量乘单价就可以得到盈亏平衡销售额，即盈亏平衡销售额＝盈亏平衡点×售价。

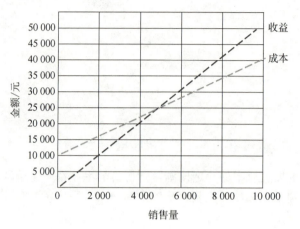

图 9-4　盈亏平衡图

拓展知识

盈亏平衡分析的应用

1. 产品增减产决策

一个企业的利润取决于以下四个因素：①可变成本；②固定成本；③售价；④销售量。上述任何一个因素的变动都会导致利润的变化。售价或销售量的上升，固定成本或可变成本的降低都会导致利润上升；反之，售价或销售量的下降，固定成本或可变成本的上升都会导致利润的下降。

"自制还是外购"决策。如果很难找到一个你信赖的供应商向你供应某种必需部件，就可以考虑自制。由于企业正常的业务已经补偿了经营中的固定成本，这样在考虑自制还是外购时，只需将自制的可变成本和外购价格相比较就可以了。尽管自制的成本可能更低，但是我们不得不考虑一些非财务方面的因素。例如，企业应当确保在不影响主业的情况下，有足够的技术和能力来生产这种零部件。

实际上，有时外购比自制更加便宜。企业需要使用的零部件数量可能相对较少，此时采取外购就可以充分利用大制造商的规模经济，而且，自制所带来的成本和冗余业务质量问题都需要加以考虑。

2. 成本结构

如果供应商给出了单位成本结构，这种成本结构可能是在估计销售额的基础上得来的。在下面的例子中，预期销售量为 1 000 单位，固定成本是每年 20 000 元。此时，成本结构为：

售价	100 元
可变成本	70 元
边际贡献	30 元
固定成本	20 元
单位利润	10 元

如果供应商接到一份 500 单位的额外订单，这时固定成本不变，但随着产量的增加，单位固定成本将减少。每单位的固定成本为 20 000/1 500＝13.3（元）。而此时的成本结构将是：

售价	100 元
可变成本	70 元
边际贡献	30 元
固定成本	13.33 元
单位利润	17.67 元

【任务三知识要点】

掌握企业利润和盈亏平衡分析，对分析企业成本结构和供应商成本结构有重要作用。这可以帮助快速求出利润，以及成本和价格的变化对利润的影响。同时，还可以判断哪种产品盈利能力强，以及帮助企业做出自制还是外购的决策。

【任务实施】

完成此项任务没有太大难度，关键在于理解盈亏平衡点计算公式及其变化，同学们可以互相讨论，也可以和指导教师一起讨论。对于任务三各步骤的执行状况，各位同学可以按表 9-17 中的步骤顺序，对照【任务考核/评价】部分给出的各步骤主要结果自行进行检查，并逐条完善。

表 9-17 任务三执行状况

任务三简述	是否执行 （是打√，否打×）	是否正确 （是打√，否打×）	错在何处 （记录在空白处）
步骤 1 查找盈亏平衡公式			
步骤 2 计算盈亏平衡点			
步骤 3 设计供应商利润表			
步骤 4 计算边际利润率			
步骤 5 查找目标销售公式			
步骤 6 计算目标销售量			
步骤 7 计算边际利润			
步骤 8 计算净利润			
步骤 9 计算安全边际			

【任务考核/评价】

各位同学可以对照下列本任务各步骤的主要结果，利用表9-17进行自我评价和纠正。任务三各步骤的主要结果如下所示：

（1）估算供应商的盈亏平衡点和盈亏平衡销售额。

$$平衡点：10\ 000/(6-4)=10\ 000/2=5\ 000（件）$$
$$5\ 000×6=30\ 000（元）$$

（2）假设你已知销售数量为7 000件，请估算盈亏平衡销售额，计算过程见表9-18。

表9-18 供应商的利润表

销售额	7 000×6	42 000元
减去可变成本	7 000×4	-28 000元
边际总贡献		=14 000元
减去固定成本		-10 000元
利润		=4 000元

①利用边际总贡献可以得到边际利润率（上面称之为毛利率）。

$$\frac{14\ 000}{42\ 000}×100\%=33.3\%$$

②再将固定成本除以边际利润率：$\frac{10\ 000}{33.33}×100≈30\ 000$（元），即求得盈亏平衡的销售额为30 000元。

（3）假设供应商的目标利润为6 000元，估算目标营业额。

它需要足够数量的边际贡献来补偿固定成本，并实现一定利润。固定成本加上目标利润，再除以单位边际贡献即得到目标销售量，再乘销售价格就得到目标营业额，即目标销售数量为8 000件，目标销售利润为48 000元。

（6 000+10 000）/2=8 000（单位），8 000×6=48 000（元），即为实现6 000元利润所需的营业额为48 000元。

由此，我们得到一种快速计算利润的方法。用单位边际贡献乘销售量得到总边际贡献，再减去固定成本，就得到利润额。我们用这种简便的方法检验上面的计算结果。

（4）假设边际利润率为33.33%，总营业额为48 000元，计算利润。

$$边际利润=48\ 000×33.33\%=16\ 000（元）$$
$$利润=边际利润-固定成本=16\ 000-10\ 000=6\ 000（元）$$

（5）假设企业的预期销售额为42 000元，计算安全边际。

如果企业的预期销售额为42 000元，但实际下跌到盈亏平衡点30 000元，此时当然是无利润的，却是盈亏平衡的。盈亏平衡点就是企业为了保证不亏损所必须实现的最低销售额。安全边际是预期销售额和盈亏平衡点之间的差额，一般用其在销售额中所占的百分比来表示：

$$预期销售额-盈亏平衡点=42\ 000-30\ 000=12\ 000（元）$$

$$安全边际 = \frac{12\ 000}{42\ 000} \times 100\% = 28.57\%$$

这意味着，销售额的下降幅度只要低于 28.57%，企业就不会亏损。安全边际越低，企业抵御经济滑坡风险越差，企业面临的风险也就越大。固定成本高的企业，安全边际往往低。

实例分析 <<<<<<<<<<<<<<<<<<<<<<<<<<<<<<<<<<<<<<<<

门店盈亏平衡计算

以某门店为例，面积为 150 平方米。年租金 16 万元、人员工资费用 15 万元/年、水电费 3 万元/年、税费 1.2 万元/年、装修费 2.9 万元、交通费 1.6 万元/年、投入成本的利息及其他费用 3.3 万元/年。进货折扣是 50%，春夏季销售额占年总销售额的 40%，一件春夏季的衣服平均是 300 元/件，售罄率为 85%，春夏季销售的平均折扣是 88 折。接下来我们一起来计算达到怎样的销售额，店铺才不会出现亏损。

计算过程为：店铺经营一年的成本为：16+15+3+1.2+2.9+1.6+3.3=43（万元）（全年费用），为了不亏损，门店年的营业额至少要与经营店铺一年的成本持平。由于销售折扣是 88 折，那么一件零售价是 100 元的衣服，经销商实际只卖了 88 元。那么，毛利润=88-50=38（元）。毛利率=（平均折扣-进货折扣）/平均折扣=（营业额-进货额）/营业额。

将以上数字整理可得出：毛利率=38/88=（88-50）/88×100%=43%。也就是说这家门店一年至少要卖出服装的金额为：43÷43%=100（万元），那么 100 万元也就是保本营业额。根据之前所知，该店铺销售折扣为 88 折，那么门店销售正价货品的金额至少要达到：100÷88%=113.6（万元）。

门店都有自己的库存售罄目标，设售罄率为 85%，设订货额为 A，以季末库存作为投入成本考虑，那么一年销售出服装的保本营业额 100 万元+库存占用资金，即达到盈亏平衡点，则有下面计算公式：动销比=（1-15%）=85%；A×（1-15%）=113.6+A×15%×50%，那么，可以算出需要订货吊牌价的金额为：113.6÷[（1-15%）-15%×50%]=146.5（万元）(保本全年订货（金额）吊牌价)。吊牌价是指印刷在吊牌上的商品价格，一般每件商品上的吊牌上都有，属于商品零售指导价。

库存吊牌价金额为：146.5×15%=22（万元），库存占用资金为：22×50%=11（万元），一年总的销售营业额为 146.5×（1-15%）=124.5（万元）（盈亏平衡点），设春夏季货品占比为 40%，那么这家店铺夏季时的销售额至少要为：124.5×40%=49.8（万元）（当季销售营业额），一年的春夏季共有 180 天，那么每天需要卖出营业额为：49.8÷180=2 767（元），每天需要卖出的衣服数量件数为：2 767÷300=9.2（件/天）；

假设该门店的平均联单率为 1.2 件/人，那么每天在门店中购买衣服的消费者人数则为：9.2÷1.2=7.6（人）。

如果每天进店的 100 个人当中有 10 个人成交，即成交率为 10%，那么每天进店的顾客人数为：7.6÷10%=76（人）（进店人数），如果进店率为 5%（进店率），测量客流量的方法是指定某人坐在店铺门口用一天的时间数出从店铺门口经过的客人的数量。

那么该家店铺门口的客流数量为：76÷5%=1 520（人）（客流量），从而计算出该家店铺每天必须有 1520 个人经过此店的门口，即当客流量为 1 520 人时，这家店铺才能保本，当客流量超过 1 520 人时，这家店铺才有盈利空间。如果目标客户群率为 34%（即目标客户群率），则客流量为 1 520÷34%＝4 470（人）。

通过这个计算过程可以看出，我们把库存占用的资金算在了开店成本里面，得出一年的销售营业额至少为 100 万元，这时店铺赚的为库存率 15%的服装，即把投入资金正好赚回来。同时，我们可以把一年的销售营业额作为店铺员工的绩效考核点，案例中店铺员工的绩效考核点为 124.5 万元，计算过程中还可以得出该家店铺订货额为 146.5 万元，年末库存为价值 22 万元的服装，占用的资金为 11 万元。

整理计算过程，并用公式表示如下：客流量＝全年费用÷毛利率÷平均折扣÷（动销比－库存率×进货折扣）×动销比×春夏货品占比÷180÷平均件单价÷联单率÷成交率÷进店率，这里所采用的店铺盈亏平衡计算公式是通过开店一年的成本算出客流量，通过测算客流量来预估这家店是否能够达到预期的盈利目的，并达到了确定员工的绩效考核点、订货基本量的参考值、净利润是多少等多种参考数值的结果。

在整个核算过程中，我们需要预先清楚门店一年的费用成本，即门店商品的平均单价、进货折扣、进店率、客单价、折扣、成交率等诸多因素。门店租金价格的高低不是主要看面积，而是看客流量，因为客流量是影响店铺营业额的最重要因素。对门店经营的各个细节进行解析后才能够比较准确地计算出店铺门口客流量达到多少时能够保本，超过多少时能够盈利。所以为店铺选址时，必须要对店铺门口的客流量进行基本的计算和分析，在确保客流量的情况下，再考虑店铺的楼层、面积、价格等影响店铺选址的诸多因素。

素质提升

链上企业分配的权责计量：责任会计管理

供应链竞争后获得的收益需要在该链上的成员企业之间进行分配，分配的方式通常是基于权责制，即承担的成本责任越大，分配到的权利就越大，这也是供应链企业之间可以链接在一起的共识之一。这就要求所有链上成员企业使用同一套会计规则对承担的成本和获得的收益进行计量，更为重要的是，供应链上下游的合作企业同意运用责任会计管理反映出的信息去除多余成本，从而减少附加到最终用户身上的总成本。

责任会计是现代分权管理模式的产物。分权管理是将生产经营决策权在不同层次的管理人员之间进行实地划分，并将决策权随同相应的经济责任下放给不同层次的管理人员，使其能对日常的经营活动及时做出有效决策的管理模式。责任会计就是指为适应经济责任制的要求，在企业内部建立若干责任单位，并对它们负责的经济活动进行规划、控制、考核与业绩评价的一整套会计制度。它实质上是企业为了加强内部经营管理而实施的一种内部控制制度，是把会计资料同各级有关责任单位紧密联系起来的信息控制系统，即责任会计制度。

责任会计应用到供应链绩效管理中，就是使供应链成员企业共用同一套会计原则，基于客户价值最大化原理，减少产品最终到达客户时的附加成本，并计量每个成员企业应当承担的成本和分享的利润，从而最终维持供应链的合作和竞争力，即在享受利益的同时必须承担责任，且权责对等，这是现代商业文明在供应链竞争中的具体体现：没有不劳而获，也不存在承担责任却不给报酬的现象。

【项目评价与反馈】

　　请每位学生独立完成本项目的学习内容和工作任务，以百分制分数（满分100）对个人进行单独评价。

序号	考核项目要求	权重	评分标准	自评得分	教师评价
1	遵守纪律，能按时独立完成工作任务	10%	在该项目学习结束时没有完成工作任务的，每延时2学时扣2分，直至扣完为止，延迟超过1周的本项目成绩得0分。		
2	案例导入阅读	10%	阅读5遍得10分，每少一遍扣2分，未阅读得0分。		
3	任务一	15%	正确15分；基本正确10分；有缺陷5分；不正确0分。		
4	任务二	20%	正确20分；基本正确15分；有缺陷10分；不正确0分。		
5	任务三	15%	正确15分；基本正确10分；有缺陷5分；不正确0分。		
6	实例分析阅读	10%	阅读5遍得10分，每少一遍扣2分，未阅读得0分。		
7	素质提升阅读	10%	阅读5遍得10分，每少一遍扣2分，未阅读得0分。		
8	总结拓展	10%	用词准确（2分），逻辑清晰（2分），语言简练（2分），语意完整（2分），要点明确（2分）		
请根据以上打分情况，对本项目的学习效果进行总体评述（从素质的自我提升方面，应知、应会的职业能力提升方面进行书评，分析自己的不足之处，并描述对不足之处的改进措施，其结果计入总结拓展得分项）					
综合得分			学生自评得分×50%+教师评价得分×50%		

【同步训练题】

9.1 定义总购置成本，并解释为什么在比较不同的供应商时，采用总购置成本比以售价作为比较依据更好？

9.2 完成下列填空题。

（1）成本加上_____可以作为制订价格的依据。

（2）买方总成本包括_____成本。

（3）成本要素有_____费用。

（4）管理成本的另一说法是_____。

（5）直接成本可以_____到_____或服务。

（6）管理者工资是一项_____成本。

（7）_____成本不随销售和产量的改变而改变。

（8）只有_____成本会随销售和产量水平增加而增加和_____。

（9）如果企业_____成本较高，则需要更高的_____来收回这部分成本。

（10）目标成本核算体系是_____和_____导向。

（11）目标成本核算体系的起点是_____。

（12）目标成本通过设定公司的_____水平来实现。

（13）应用目标成本核算体系，应当_____成本。

（14）吸收成本计算法计算生产过程中的_____成本。

（15）管理费用_____到所有成本中心。

（16）管理费用_____被用来将管理费用摊销到每项工作中。

（17）分摊_____是指分摊到工作流程的管理费用不足以抵消管理费用。

9.3 回顾图 9-1 中的曲线，回答下列问题：

（1）为什么固定成本曲线是一条水平线？

（2）解释为何可变成本曲线与固定成本曲线不同？

（3）为什么总成本曲线的起点是从固定成本曲线的起点开始？

（4）当产量为零时，固定成本是多少？

（5）当产量达到 7 000 单位时，固定成本是多少？

（6）当产量为 3 500 单位时，可变成本是多少？

（7）当产量为 3 500 单位时，总成本是多少？

9.4 完成下列选择题。

（1）不利差异是指什么？（　　　　）

A. 实际成本低于标准成本　　　　B. 标准成本低于实际成本

C. 实际成本等于标准成本　　　　D. 实际成本低于预算成本

（2）下列哪一项关于标准成本核算的描述最准确？（　　　　）

A. 预算价格的体系　　　　B. 预算成本的体系

C. 监控价格的体系　　　　D. 监控成本的体系

9.5 思考前面的标准成本核算的例子，讨论下面的问题。

（1）在材料使用量中，有哪些原因导致差异产生？

（2）导致劳动时间缩短的同时，工资上涨的原因是什么？

9.6 观察本课程核算标准成本部分中第一个例子中列出的成本表，完成下列任务。

（1）使用不同的成本核算方法计算成本。

（2）请计算如果在成本上加上20%的利润，向消费者索要的价格是多少。

（3）回答应当向消费者索要哪个价格？为什么？

9.7 吸收成本计算法和作业成本法进行管理费用分摊在运用时有什么不同？

9.8 除了制订价格，作业成本法还有什么作用？

9.9 计算一定毛利率下的补偿比率（表9-19）。

表9-19 计算一定毛利率下的补偿比率

毛利率	补偿比率
20%	
25%	
40%	

9.10 一个供应商边际利润率为20%，他们（的价格）在成本上增加了多大比例？

9.11 一个供应商边际利润率为25%，营业额为每年500 000元，其成本是多少？利润是多少？

9.12 在本项目的盈亏平衡图（图9-4）中，盈亏平衡点是哪一点？固定成本是多少？

9.13 假设一家企业的销售量为7 000件，单价为6元，可变成本为4元，固定成本是10 000元。

（1）如果企业直接材料成本每单位降低1元，企业实现的利润是多少？盈亏平衡点是哪一点？

（2）相应地，如果企业单位售价涨到8元，销售量为6 000件，利润将如何变化？

9.14 假设一家意向供应商根据其当前的估计销售量10 000元提供了表9-20中的成本结构。但是这没有考虑到该供应商可能从你的企业获得的新订单，该订单数目为每年2 500件。同时，供应商预期的固定成本不会有任何增加。请问如果供应商得到了这份新订单，他将多获得多少额外利润？单位成本结构将是怎样的？

表9-20 成本结构

售价	10元
可变成本	4元
边际成本	6元
固定成本	4元
利润	2元

评估供应链资本货物

【项目介绍】

供应链的资本货物采购与其他货物和服务的采购差别显著，因为它需要大量的资金投入，并且将对公司未来盈利能力产生持续影响，为此需要核算全生命周期成本（任务一），并对投资项目的收益进行评估（任务二），从而最终决定是否投资。

【知识目标】

（1）掌握货币的时间价值；

（2）掌握资本货物采购过程与项目评估方法；

（3）掌握信息技术在资本货物采购和投资过程中的作用。

【技能目标】

（1）能够核算全生命周期成本；

（2）能够评估企业投资项目的收益；

（3）能够对投资项目进行取舍。

【素质目标】

（1）知道投资项目的商业价值是社会主义核心价值体系的组成部分；

（2）掌握社会主义核心价值观的基本内容。

江苏宝馨科技公告拟投资项目

供应链资本货物采购与其他货物及服务的采购有许多不同，它涉及的成本要大得多，所收购的资产在购入后可以使用多年，给企业带来长远利益。从本质上讲，它是一项投资，而不仅仅是一次采购。只是在采购时需要购入大量设备、技术和开展基建工程。资本货物采购与生产中用到的很快就耗尽、随时间有规律地更新的物料或消费品不同。

江苏宝馨科技股份有限公司成立于 2001 年，位于泰州市靖江市经济技术开发区。经过二十多年的稳健发展，已成长为以智能制造和新能源为主攻方向的综合性产业集团。业务领域涵盖：重卡换电、储能、综合能源、电网灵活性调峰项目的投资与运营；割胶机器人、农保无人机、湿制程设备等智能化设备的研发设计、生产制造和销售；各种精密钣金结构件、大气检测设备、水处理设备的研发设计、生产制造和销售等。

宝馨科技 2023 年 1 月 18 日发布公告称，公司拟签署项目投资合同暨对外投资。

（1）项目名称：宝馨科技 6 GW 高效异质结电池及相关产品高端制造项目（具体名称以发展改革委备案登记为准）。

（2）项目公司：安徽宝馨光能科技有限公司全资子公司。

（3）项目建设内容：6 GW 高效异质结光伏电池及 6 GW 光伏组件、新能源高端装备相关产品的研发、生产及制造等。项目分两期实施，其中，第一期 2 GW 高效异质结光伏电池及 2 GW 光伏组件由项目公司在自有房产土地上实施。第二期 4 GW 高效异质结光伏电池及 4 GW 光伏组件由项目公司在新增项目用地上实施。

（4）项目投资总额：计划总投资约 55 亿元，其中，固定资产投资约 40 亿元。第一期计划总投资额约 17 亿元，第二期计划总投资额约 38 亿元，最终投资总额以实际投资金额为准。

（5）位置和面积：项目均位于怀远经济开发区，其中，第二期新增用地面积约 350 亩（以与甲方指定主体签署的租赁协议为准）。

（6）本项目实施主体为安徽宝馨光能科技有限公司的全资子公司，为解决本项目实施所需资金，双方约定对安徽宝馨光能科技有限公司进行增资。具体的增资、回购等内容以另行签订的增资协议为准。

（7）公司本次对外投资的出资方式为货币出资，资金主要来源于自有或自筹资金。

光伏异质结电池及组件是公司新能源产业的重点业务发展方向，本项目的实施是在公司怀远一期 2GW 异质结电池项目的基础上，扩大高效异质结电池片及组件等具有较大发展潜力的新产品的产能，实现提质降本增效，全面提升生产管理水平，这将提高公司的综合盈利能力，还可以发挥公司光伏业务的协同效应，从而进一步巩固市场地位，提高公司的盈利能力。

任务一　核算全生命周期成本

【任务描述】

红双喜公司拟采购一台生产设备，供应商 A 和供应商 B 报价分别见表 10-1。假设两种机器都可以使用五年，贴现率为 5%，请问两种机器的全生命周期成本分别是多少？假如你是采购部经理，应该决定买哪个供应商的设备？

表 10-1　两种相似机器的成本组成　　　　　　　　　　　　单位：元

项目	A 选择	B 选择
价格	1000 000	960 000
运输和安装费用	已计入价格	10 000

续表

项目	A 选择	B 选择
年维护/维修费用	2 000	9 500
年运转费用	4 000	8 000
处理费用	3 000	2 800

【任务分析】

全生命周期成本核算是一种比较资产从设计到处理的所有成本的方法，通过折算，可以精确比较不同的选择方案，而不仅仅是比较售价。根据以上分析及【任务描述】的要求，建议完成该任务的操作思路如下：

步骤 1：查找设备的总支出公式，即总支出＝价格＋运输费＋维护/维修费＋运营费用＋处理费；

步骤 2：设计计算表格，可以按年度填入各年的价格、运输费、维护/维修费、运营费用、处理费用和总支出；

步骤 3：填入供应商 A 各年的价格、运输费、维护/维修费、运营费用、处理费用和总支出，其中总支出的计算见步骤 1；

步骤 4：填入供应商 B 各年的价格、运输费、维护/维修费、运营费用、处理费用和总支出，其中总支出的计算见步骤 1；

步骤 5：查找贴现因子的计算公式；

步骤 6：计算各年贴现因子，并填入 A 选择和 B 选择中对应的列中；

步骤 7：查找贴现值的计算公式；

步骤 8：计算各年的总支出的贴现值，即第 i 年的支出贴现值＝第 i 年总支出×第 i 年的贴现率，分别填入 A 选择和 B 选择对应的列中；

步骤 9：查找全生命周期成本的计算公式；

步骤 10：加总各年的总支出的贴现值，分别并填入 A 选择和 B 选择中全生命周期成本标示的栏目中；

步骤 11：比较供应商 A 的设备的全生命周期成本和供应商 B 的设备的全生命周期成本，选择全生命周期成本低的供应商的设备。

【相关知识】

10.1.1 资本货物采购决策

资本设备的购买决策与其他采购决策有很大不同。后者仅仅需要决定规格，选择合理的价格和供应商，而资本货物采购比这复杂得多，还有其他一些需要考虑的因素。

与其他购入品不同，一种资本货物的购买可以推迟到以后某个时期，直到公司有足够的资金，或者后来决定取消采购计划。资本货物采购需要考虑的一个最重要的因素是投资是否值得。公司必须确定它在充分利用股东的资金，该项资产投资项目的回报率必须比那些安全投资（如存入银行）的回报率高。

除了购买新设备，也可以考虑其他一些选择。例如，可以购买二手设备，这样能降低成本。另外，也可以租借或租用设备。这些选择可以除去一些疑虑：计划购入的设备可能很快过时，对相关产品或服务的需求会不会持久，该设备是否多余。买方通常购买的不仅有资产，还有服务（如维护协议等），这样，决策过程将变得更为复杂。

10.1.2　资本货物采购过程

与许多需求一样，最初需求将来自用户，通常由采购部门进行寻找和信息收集。资本货物采购过程也需要许多其他部门参与：财务部门核实资金预算是否已经拨出，也许还要决定如何用最佳方式为该项投资筹措资金；也需要技术顾问、生产人员、研发部门的参与。

在大型组织里，可能会为此成立一个多职能采购小组，从而对不同的选择方案进行研究。这个过程可能还会涉及供应商展示产品或样品。在做出决策和购买之前，必须评价和评估多种选择方案的财务信息和经济意义。应征求各部门专业人员的意见，然后做出决定。采购小组将起到至关重要的作用，但可能需要其他人员从各自的专业角度提供支持，见表10-2。

表 10-2　资本货物采购过程及参与人员或部门

步骤	参与人员或部门
1. 请求（request）	使用部门
2. 采购（sourcing）	采购人员，使用部门
3. 授权（authorization）	财务人员
4. 研究（investigation）	采购团队
5. 评价（appraisal）	财务人员，采购人员
6. 估计价格（evaluation）	财务人员，采购人员
7. 决策（decision）	采购团队
8. 签订购买合同（purchasing contract）	采购人员

10.1.3　全生命周期成本核算

资本资产有很长的收益期，在它们发挥作用的生命期内，将会产生许多费用：如维护和备件费用等。比较两家供应商的投标，如果一家售价低，但备件价格高，哪一家是更有价值的选择呢？从长远看，是购买便宜但容易出故障的设备还是昂贵的但更可靠的呢？全生命周期成本核算可以帮助我们做出正确的选择。全生命周期成本核算是计算一项资本资产从引入到消亡时间段内的全部成本的方法。我们将按资产生命期的不同阶段划分主要的成本项目。全生命周期成本核算中的阶段可以划分为：①购前成本：包括供应源搜寻、研发与设计费用；②购买价格或建设费用：包括运输和安装及采购部门的成本；③运作和维护费用：包括所有的直接投入物料、劳务及管理费用；④处理或"退役"费用：用于以一种对环境友好的方式处理废旧资产的费用。

【任务一知识要点】

资本货物采购涉及许多决策，包括是否购买此项资产，或是否需要考虑其他选择方案。组织内将有许多人参与这样一个重要的决策过程。全生命周期成本核算是一种比较资产从设计到处理的所有成本的方法，通过折算，可以精确比较不同的选择方案，而不是仅仅比较售价。

【任务实施】

完成此项任务没有太大难度，关键在于理解全生命周期成本的计算公式和贴现率、贴现值的计算公式。同学之间可以互相讨论，也可以和指导教师一起讨论。针对任务一各步骤执行状况，各位同学可以按表 10-3 中的步骤顺序，对照【任务考核/评价】部分给出的各步骤主要结果自行进行检查，并逐条完善。

表 10-3　任务一执行状况

任务一简述	是否执行 （是打√，否打×）	是否正确 （是打√，否打×）	错在何处 （记录在空白处）
步骤 1 查找总支出公式			
步骤 2 设计表格			
步骤 3 填供应商 A 年支出			
步骤 4 填供应商 B 年支出			
步骤 5 查找贴现因子公式			
步骤 6 计算各年贴现因子			
步骤 7 查找贴现值公式			
步骤 8 计算贴现值			
步骤 9 查找全生命周期成本公式			
步骤 10 加总各年贴现值			
步骤 11 比较选择			

【任务考核/评价】

各位同学可以对照下列本任务各步骤的主要结果，利用表 10-3 进行自我评价和纠正。任务一各步骤的主要结果如下所示：

1. 选用供应商 A 的全生命周期成本

选用供应商 A 的全生命周期成本见表 10-4。

表 10-4　选用供应商 A 的全生命周期成本

年份	0	1	2	3	4	5
价格	1 000 000 元					
运输费用	0					

续表

年份	0	1	2	3	4	5
维护/维修费用		2 000 元	2 000 元	2 000 元	2 000 元	2 000 元
运营费用		4 000 元	4 000 元	4 000 元	4 000 元	4 000 元
处理费用						3 000 元
总支出	1 000 000 元	6 000 元	6 000 元	6 000 元	6 000 元	9 000 元
贴现因子 5%	1	0.952 4	0.907 0	0.863 8	0.822 7	0.783 5
全生命周期成本	1 028 327 元					

2. 选用供应商 B 的全生命周期成本

选用供应商 B 的全生命周期成本见表10-5。

表10-5　选用供应商 B 的全生命周期成本

年份	0	1	2	3	4	5
价格	960 000 元					
运输	10 000 元					
维护/维修		9 500 元	9 500 元	9 500 元	9 500 元	9 500 元
运营费用		8 000 元	8 000 元	8 000 元	8 000 元	8 000 元
处理						2 800 元
总支出	970 000 元	17 500 元	17 500 元	17 500 元	17 500 元	20 300 元
贴现因子 5%	1	0.952 4	0.907 0	0.863 8	0.822 7	0.783 5
全生命周期成本	1 047 960					

3. 比较和选择

从表10-4 和表10-5 的计算过程可知，虽然 B 选择价格低，但年度生命周期费用比 A 选择要高得多。全生命周期费用表明应该选择总费用最少的设备。因为支出发生在未来，这些未来支出的现值被贴现因子减少了。

最终应该选择 A 供应商的设备。

任务二　评估投资项目的收益

【任务描述】

假设红双喜公司为扩大生产，可以采用两台不同的机器，两机机器的成本都是 100 万元，但产生的现金流入不同，具体见表10-6，假设贴现率为5%。如果你是投资部经理，请你用投资回收期法、会计收益率法、净现值法和内部收益率法对这两个项目进行评价，并进行恰当选择。

表 10-6　两个投资项目的投资和现金流　　　　　　　　　　单位：元

		机器 1	机器 2
最初投资		1 000 000	1 000 000
净现金流入	第一年	500 000	200 000
	第二年	500 000	300 000
	第三年	100 000	300 000
	第四年	0	800 000

【任务分析】

根据常识，我们都会选择利益最大的项目，只是"利益最大"的标准不同，最常使用的是考虑时间价值的净现值。根据以上分析以及【任务描述】的要求，建议完成该任务的操作思路如下：

步骤 1：查找投资回收期公式；

步骤 2：设计投资回收期计算表格，分别对机器 1 和机器 2 计算投资回收期；

步骤 3：查找会计收益率公式；

步骤 4：设计会计收益率的计算表格，分别对机器 1 和机器 2 计算会计收益率；

步骤 5：查找净现值计算公式；

步骤 6：设计净现值计算表格，分别对机器 1 和机器 2 计算净现值；

步骤 7：查找内部收益率计算公式；

步骤 8：设计内部收益率计算表格，分别对机器 1 和机器 2 计算内部收益率；

步骤 9：比较不同方法的计算结果，并对项目进行选择；

【相关知识】

10.2.1　资本货物采购评估

对任何公司来讲，投资一个大的项目都会产生内在风险。因为未来的不确定性，对长期投资项目，风险更大。将投资评估方法应用于评价项目，可以确定该项目的收益率是否达到了公司要求的收益率。通过比较可以挑选出最有利可图的项目，拒绝任何不能盈利的项目，以更好地利用股东的资金。常用的四种不同的投资评估方法为：①投资回收期；②会计收益率；③净现值；④内部收益率。

10.2.2　投资回收期

这种方法最快捷，也最容易理解。它计算一个项目的现金流入需要多久才能偿还最初的投入。

投资回收期方法的缺点是它忽视了回收期之后的所有现金流入，因而会偏向短期项目，它也没有考虑货币的时间价值，但它的好处是计算简单，易于理解。

10.2.3 会计收益率

会计收益率是项目生命期内的平均利润。它由净现金流入减去投资成本所得差除以项目的生命期平均成本所得。这样就算出了项目的收益对投资的比率，它考虑的是收益而不是现金流入。会计收益率的公式可以根据项目的实际情况采取不同的形式。

10.2.4 净现值

许多人愿意一次性得到一大笔钱，而不是数年内每年有一笔稳定的收入。这是什么原因呢？一是因为目前拥有一大笔钱的效用比未来不确定性收益的效用要高许多；二是因为货币的时间价值，现在的钱比将来的钱更有价值。

考虑到货币的时间价值，净现值方法对未来的现金流入进行贴现。经贴现的现金流入之和减去投资成本就是净现值（NPV）：投资的利润。贴现因子用下式计算：$\dfrac{1}{(1+r)^n}$。其中，r 为利息率或贴现率，是一个小数，n 表示贴现年数。例如，如果贴现率是 10%，则一年期的贴现因子是：$\dfrac{1}{(1+10\%)^1} = \dfrac{1}{1.1^1} = 0.909\ 09$；两年期的贴现因子是 $\dfrac{1}{(1+10\%)^2} = \dfrac{1}{1.1^2} = 0.826\ 45$。

下面的例子就用到这些贴现因子：①如果一年末将收入 1 000 元，则现值就是 1 000 乘贴现因子：$100 \times 0.909\ 09 = 909.09$（元）；②如果两年后将收入 1 000 元，则现值就是：$1\ 000 \times 0.826\ 45 = 826.45$（元）。

每年的现金流入都要乘相应的贴现因子，贴现年数越多，贴现因子越小，反映了货币价值越小。贴现因子在书籍里都可以查到，也可以照上面的方法计算。贴现率是安全投资在投资期内可以得到的利息，有时也称作"资金成本"，因为这部分利润是为了投资已经放弃了的利润。它也可能是为给投资提供资金而借贷的成本。项目收益应是扣除该利息损失或借贷成本之后所得的盈余。

任何净现值大于或等于 0 的项目都可以接受。当净现值为 0 时，该项目和安全投资利润率相等。当净现值大于 0 时，净现值就有额外利润；而当其小于 0 时，就意味着损失，没有得到安全投资利润率。净现值全面考虑了货币的时间价值、项目的生命期、投资成本以及预期利润的货币价值。其缺点是计算的准确性取决于选取贴现率的准确性。如果贴现率没有准确地反映实际利率，或在项目生命期内实际利率发生改变，对于一个项目的计算结果就可能是亏损而不是盈利了。

10.2.5 内部收益率

内部收益率（IRR）是净现值为零时的贴现率，或可以定义为一个项目的收益率。它应用广泛，因为是一个百分数，容易进行比较。公司常常规定一个最低报酬率，即它们进行投资需要的最低回报率。如果一个项目的内部收益率大于最低回报率，就可以被接受；反之，就会被拒绝。内部收益率计算很复杂，使用科学计算器或电脑集成软件包计算就容易得多。

如果几个项目最初投资和时间跨度不同，内部收益率和净现值计算结果就可能相互矛盾。这是由数学模型里所作的假设造成的。在净现值计算中，假设所有的现金流入都投资于回报率等于贴现率的项目；而内部收益率计算中，假设现金流入投资于回报率等于内部收益率的项目。

【任务二知识要点】

投资评估方法是很有价值的工具，但也有缺点。为有效评价一个项目，应使用各种不同的方法，而不是仅仅依赖于一种。净现值和内部收益率都考虑了货币的时间价值，当它们被用于项目比较时，结果应该相同。但如果项目规模不同，由于数学模型里的假设不同，计算结果就可能相互矛盾。

【任务实施】

完成此项任务没有太大难度，关键在于理解项目评估方法的概念和计算公式，同学之间可以互相讨论，也可以和指导教师一起讨论。针对任务二各步骤执行状况，各位同学可以按表 10-7 中的步骤顺序，对照【任务考核/评价】部分给出的各步骤主要结果自行进行检查，并逐条完善。

表 10-7　任务二执行状况

任务二简述	是否执行 （是打√，否打×）	是否正确 （是打√，否打×）	错在何处 （记录在空白处）
步骤 1 查找投资回收期公式			
步骤 2 计算投资回收期			
步骤 3 查找会计收益率公式			
步骤 4 计算会计收益率			
步骤 5 查找净现值公式			
步骤 6 计算净现值			
步骤 7 查找内部收益率公式			
步骤 8 计算内部收益率			
步骤 9 比较选择			

【任务考核/评价】

各位同学可以对照下列本任务各步骤的主要结果，利用表 10-7 进行自我评价和纠正。任务二各步骤的主要结果如下所示。

1. 投资回收期法的过程和结果（表 10-8）

表 10-8　投资回收期示例

	机器 1		机器 2	
最初投资	1 000 000 元		1 000 000 元	
收益	净现金流入	总流入	净现金流入	总流入
第一年	500 000 元	500 000 元	200 000 元	200 000 元
第二年	500 000 元	1 000 000 元	300 000 元	500 000 元
第三年	100 000 元	1 100 000 元	300 000 元	800 000 元
第四年	0		800 000 元	1 600 000 元
投资回收期	2 年		3.25 年 *	

* 到第 3 年末，只收回 800 000 元，还需 200 000 元才能补偿投资。我们假设第四年回收的 800 000 元是按时间均匀收回的，于是需要 1/4 年才能收回 200 000 元。

仅从投资回收期看，机器 1 似乎是更好的投资。然而，投资回收期法没有考虑货币的时间价值。

2. 会计收益率法的过程和结果（表 10-9）

表 10-9　会计收益率（ARR）示例

	机器 1	机器 2
年利润	（11 00 000−1 000 000）/3 = 33 333（元）	（1 600 000−1 000 000）/4 = 150 000（元）
ARR/%	33 333×100/500 000 = 6.66%	150 000×100/500 000① = 30%

注：①500 000 元由投资成本 1 000 000 元除以 2 得到。这种方法的缺点是不同的计算方式太多，而且也没有考虑货币的时间价值和项目规模。

3. 净现值法的过程和结果（表 10-10）

表 10-10　净现值法对项目进行评估

	机器 1		机器 2	
最初投资	1 000 000 元		1 000 000 元	
收益	现金流入×贴现因子=现值 （贴现率5%）		净现金流入 总流入	
第一年	500 000×0.952 4	476 200 元	200 000×0.952 4	190 480 元
第二年	500 000×0.907 0	453 500 元	300 000×0.907 0	272 100 元
第三年	100 000×0.863 8	86 380 元	300 000×0.863 8	259 140 元
第四年	0×0.822 7	0	800 000×0.822 7	658 160 元
现值	1 016 080 元		1 379 880 元	
减去成本	1 000 000 元		1 000 000 元	
NPV	16 080 元		379 880 元	

4. 内部收益率法的过程和结果（表10-11）

表10-11　内部收益率的计算

	机器1	机器2
内部收益率	6%	17%

5. 比较和选择

下面是用各种不同投资评估方法计算的结果（表10-12）。

表10-12　不同投资评估方法的计算结果

项目	机器1	机器2
投资回收期	2年	3.25年
会计收益率	6.66%	30%
净现值	16 080元	379 880元
内部收益率	6%	17%

除了投资回收期，其他方法计算结果都表明机器2是更有利的投资。

实例分析 <<<<<<<<<<<<<<<<<<<<<<<<<<<<<<<<<<<<<<<<

苏源酒厂的生产线投资

苏源酒厂是一家生产葡萄酒的中型企业，该厂生产的葡萄酒酒香纯正，价格合理，长期以来供不应求。为扩大生产能力，该酒厂准备新建一条生产线。

张景是该厂的助理会计师，主要负责筹资和投资工作。总会计师王斌要求张景收集新建生产线的资料，并对项目投资进行财务评价，以供厂领导决策考虑。张景经过十几天的调查研究，得到以下有关资料：

（1）投资新的生产线需一次性投入1 000万元，建设期为1年，预计可使用10年，报废时无残值收入；按税法要求，该生产线的折旧年限为8年，使用直线法折旧，残值率为10%。

（2）购置设备所需资金通过银行借款筹措，借款期限为4年，每年年末支付利息100万元，第4年年末用税后利润偿付本金。

（3）该生产线投入使用后，预计可使工厂第1—5年的销售收入每年增加1 000万元，第6—10年的销售收入每年增长800万元，耗用的人工和原材料等成本为收入的60%。

（4）生产线建成后，工厂每年需支付流动资金200万元（购买原材料及支付工资）。

（5）所得税税率为30%。

（6）银行借款的资金成本为10%。

张景需要完成以下工作：①预测新的生产线投入使用后，该工厂未来10年增加的净利润；②预测该项目各年的现金净流量；③计算该项目的净现值，以评价项目是否可行。张景将工作总结如下：

1. 分析项目全生命周期的收支状况

（1）项目计算期 = 1+10 = 11（年）

①建设期资本化利息 100（万元）。

②固定资产原值 = 1 000+100 = 1 100（万元）。

③年折旧 = 1 100×90%/8 = 123.75（万元）。

（2）经营期第 2—4 年每年总成本增加额 = 付现成本+折旧+利息 = 1 000×60%+123.75+100×10% = 823.75（万元）

（3）经营期第 5—6 年每年总成本增加额 = 付现成本+折旧 = 1 000×60%+123.75 = 723.75（万元）

（4）经营期第 7—9 年每年总成本增加额 = 付现成本+折旧 = 800×60%+123.75 = 603.75（万元）

（5）经营期第 10 年总成本增加额 = 付现成本 = 1 000×60% = 480（万元）

（6）经营期第 11 年总成本增加额 = 付现成本+处理固定资产净损失 = 480+1 100×10% = 590（万元）

（7）经营期第 2—4 年每年净利润增加额 =（收入−总成本）×（1−所得税税率）=（1 000−823.75）×（1−30%）= 123.375（万元）；

（8）经营期第 5—6 年每年净利润增加额 =（收入−总成本）×（1−所得税税率）=（1 000−723.75）×（1−30%）= 193.375（万元）；

（9）经营期第 7—9 年每年净利润增加额 =（收入−总成本）×（1−所得税税率）=（800−603.75）×（1−30%）= 137.375（万元）；

（10）经营期第 10 年每年净利润增加额 =（收入−总成本）×（1−所得税税率）=（800−480）×（1−30%）= 224（万元）；

（11）经营期第 11 年每年净利润增加额 =（收入−总成本）×（1−所得税税率）=（800−590）×（1−30%）= 147（万元）；

2. 计算各年的现金净流量

（1）NCF_0 = −1 000（万元）。

（2）NCF_1 = −200（万元）。

（3）NCF_{2-4} = 净利润+折旧+利息 = 123.375+123.75+100 = 347.125（万元）。

（4）NCF_{5-6} = 净利润+折旧 = 193.375+123.75 = 317.125（万元）。

（5）NCF_{7-9} = 净利润+折旧 = 137.375+123.75+100 = 261.125（万元）。

（6）NCF_{10} = 净利润 = 224（万元）。

（7）NCF_{11} = 净利润+回收垫资流动资金+残值损失 = 147+200+100 = 457（万元）。

3. 计算项目的净现值（表 10-13）

表 10-13　项目净现值的计算过程

投资年限	现金流入/万元	贴现率/10%	净现值/万元
0	−1 000	1	−1 000.00
1	−200	0.909 090 909	−181.82
2	347.125	0.826 446 281	286.88

续表

投资年限	现金流入/万元	贴现率/10%	净现值/万元
3	347.125	0.751 314 801	260.80
4	347.125	0.683 013 455	237.09
5	317.125	0.620 921 323	196.91
6	317.125	0.564 473 930	179.01
7	261.125	0.513 158 118	134.00
8	261.125	0.466 507 380	121.82
9	261.125	0.424 097 618	110.74
10	224	0.385 543 289	86.36
11	457	0.350 493 899	160.18
净现值			591.97

4. 结论

该项目净现值为正，投资建设新的生产线是可行的。

张景将此报告交给总会计师王斌，得到了他的赞赏。另外，从此实例中也可以看出，一项资本货物采购需要考虑的一个最重要的因素是所有投入是否值得，其估算过程是非常专业的。

岗 位素养 <<<<<<<<<<<<<<<<<<<<<<<<<<<<<<<<<<<

投资项目需符合社会主义核心价值观

中国共产党的十八大提出，倡导富强、民主、文明、和谐，倡导自由、平等、公正、法治，倡导爱国、敬业、诚信、友善，积极培育和践行社会主义核心价值观。富强、民主、文明、和谐是国家层面的价值目标，自由、平等、公正、法治是社会层面的价值取向，爱国、敬业、诚信、友善是公民个人层面的价值准则，这24个字是社会主义核心价值观的基本内容。

供应链企业的项目投资是一件非常复杂的事情，本项目中成本及收益的核算只是做出正确选择的必要条件之一，实际的评估事项包含更多的复杂事项，例如风险、环保、技术工艺、竞争企业、法律法规、社会保障、劳动保护、生产安全、风俗良德等。项目投资的本质是商业行为，商业能够成功是在于为客户创造价值，企业获得的价值量等于客户价值减去企业运营成本。如果企业获得的价值量为负，则表明该项目投资注定以失败告终。从这个角度讲，投资项目的商业价值是社会主义核心价值体系的一部分。

【项目评价与反馈】

请每位学生独立完成本项目的学习内容和工作任务，以百分制分数（满分100）对个人进行单独评价。

序号	考核项目要求	权重	评分标准	自评得分	教师评价
1	遵守纪律，能按时独立完成工作任务	10%	在该项目学习结束时没有完成工作任务的，每延时 2 学时扣 2 分，直至扣完为止，延迟超过 1 周的，本项目成绩得 0 分		
2	案例导入阅读	10%	阅读 5 遍得 10 分，每少一遍扣 2 分，未阅读得 0 分		
3	任务一	25%	正确 25 分；基本正确 20 分；有缺陷 15 分；不正确得 0 分		
4	任务二	25%	正确 25 分；基本正确 20 分；有缺陷 15 分；不正确得 0 分		
5	实例分析阅读	10%	阅读 5 遍得 10 分，每少一遍扣 2 分，未阅读得 0 分		
6	岗位素养阅读	10%	阅读 5 遍得 10 分，每少一遍扣 2 分，未阅读得 0 分		
7	总结拓展	10%	用词准确（2 分），逻辑清晰（2 分），语言简练（2 分），语意完整（2 分），要点明确（2 分）		

请根据以上打分情况，对本项目的学习效果进行总体评述（从素质的自我提升方面，应知、应会的职业能力提升方面进行述评，分析自己的不足之处，并描述对不足之处的改进措施，总结结果计入总结拓展得分项）

综合得分		学生自评得分×50%+教师评价得分×50%

【同步训练题】

10.1　将各部门在资本货物采购中扮演的角色填入表 10-14 中。

表 10-14　各部门在资本货物采购中扮演的角色

	使用部门	采购部门	财务部门
在资本货物采购中扮演的角色			

10.2　货币的时间价值的意义是什么？

10.3　什么是贴现因子？

10.4　一件设备的年维护费用是一固定值 3 000 元。将来的年维护费用会多一些还是少一些？

10.5　请讨论"购买一项资本资产是一项投资，只有证明它对股东有益时，才令实施。"这一陈述。

10.6　解释全生命周期成本核算如何应用在评估一项资本货物采购建议中。

10.7　完成下列选择题。

（1）货币的时间价值意味着什么？（　　　）

A. 未来的钱比今天的钱更有价值　　　B. 今天的钱比不上未来的钱有价值

C. 今天的钱和未来的钱一样有价值　　D. 今天的钱比未来的钱更有价值

（2）下面哪个选项最确切地描述了投资回收期？（　　　）

A. 容易理解，但难于计算

B. 容易计算，但会偏向长期项目

C. 容易理解，但忽略了回收期后的所有现金流入

D. 偏向短期项目，计算困难

10.8　你如何定义净现值？

10.9　当使用净现值评估方法时，你接受或拒绝一个投资项目的标准是什么？

10.10　解释最低报酬率和内部收益率的关系？

10.11　使用你自己常用的软件，输入下列数据。一个项目的最初投资是 70 000 元，并在基年（第 0 年）支出。净现金流入见表 10-15。

表 10-15　净现金流入　　　　　　　　　　　　单位：元

第一年	10 000
第二年	20 000
第三年	30 000
第四年	30 000
第五年	10 000

（1）设贴现率为 6%，计算该项目的净现值和内部收益率。

（2）如果贴现率分别为 8% 和 12%，结果怎样？

10.12　你要为一位新来的同事写一份项目评估方法指南。请描述四种不同的方法以及每种方法的优缺点。

分析供应链商务数据

 【项目介绍】

数据经济时代，商业活动的成功更依赖于对商业数据及时、准确的分析。为了帮助客户和投资者更直观地理解数据，需要用恰当的图表来表达数据（任务一），以防引起误解；为了有计划地应对不确定性，你需要准确预测销售收入（任务二）；为了提高采购原料的质量，你需要帮助供应商控制其生产过程中的产品质量（任务三），而这些都依赖于对数据进行准确分析。

【知识目标】

（1）会解释基本统计数据；

（2）会在供应链管理项目中应用统计分析；

（3）知道评价预测的可靠性与精确度。

【技能目标】

（1）能够选择恰当的图表来表达数据；

（2）能够选择恰当的预测方法进行商务活动中的预测工作；

（3）能够应用统计学知识控制产品质量。

【素质目标】

知道数据分析人员必须具备独特的素质：严谨的态度、好奇心、逻辑思维、模仿力和创新力等。

日常采购不能缺少数据分析

中国移动通信集团陕西有限公司2021年在全省进行互联网约车服务采购。为此，采购部门通过使用历史数据分析建模、模拟场景价格比价，准确模拟出用车时段、时长、里程场景数据，将不同计费方式和计费单价的供应商拉到同一水平进行比价，很好地解决了折扣报价无法合理比价的问题。

1. 市场调研的数据分析

（1）即时用车次数占比53%，预约用车次数占比28%，送机接机次数占比18%，半日租及日租次数占比仅为2%，即时用车和预约用车为主要用车形式，根据上期统计使用率结合业务部门需求，拟定了本期采购即时用车、接送机、半日租、日租分项价格权重，见表11-1。

表11-1 用车分项价格权重

用车类别	车型	包1分项价格权重	包2分项价格权重
即时用车	A+级轿车	33%	50%
	B级轿车	10%	22%
	商务车	8%	12%
接送机	A+级轿车	40%	12%
	B级轿车		
	商务车		
日租	A+级轿车	2%	1%
	B级轿车		
	商务车		

（2）用车时长分析。省公司本部及省会城市用车时长主要为20~40分钟，各地市主要为10~30分钟。

（3）用车里程分析。省公司本部和省会分公司用车里程主要为10~20公里，各地市主要为5~15公里。

（4）用车时段分析。全省用车时段忙时依次为：15—17时、10—12时、13—14时、7—9时。而18—19时、20—22时，23—次日6时几乎没有用车需求。

2. 模拟适用场景报价

根据上期用车分析，结合整体需求，创新模拟场景报价+折扣方式进行报价，具体如下：

（1）即时用车：取中间值，即按照省会普通时段单次用车15公里，30分钟进行模拟计算；

（2）接送机：按照35公里，60分钟进行费用计算；

（3）日租：按照100公里，8小时进行费用计算；

（4）含税综合单价=∑（模拟场景公开牌价×折扣报价×分项价格权重）+平台管理费+车上乘员保险。

任务一 用图表展示数据

【任务描述】

红双喜公司在三个工厂（分别位于江苏、山东和浙江）的员工人数（分类数据，即员工所在工厂）见表11-2。请使用柱形图、曲线图和扇形图来直观表达这些数据，同时请说明每种图显示了什么，隐藏了什么？每种图会怎样误导一个不熟练的读者？

表 11-2　三个工厂（分别位于江苏、山东和浙江）的员工人数

工厂	第一年	第二年	第三年	第四年
江苏	340	370	290	360
山东	450	560	500	420
浙江	265	300	450	480
合计	1 055	1 230	1 240	1 260

【任务分析】

根据信息技术的普及课程，金山公司的 Excel 软件作图还是非常方便的。根据【任务描述】的要求，可以确定完成该任务的操作思路如下：

步骤 1：打开 Excel 软件；

步骤 2：将表 11-2 的内容填入 Excel 工作表；

步骤 3：将鼠标光标点到空白处，打开插入菜单，点击图表，依次选择需要表达的图表类型；

步骤 4：点击简单柱形图，编辑图表中各种属性，画出简单柱形图；

步骤 5：点击比较柱形图，编辑图表中各种属性，画出比较柱形图；

步骤 6：点击面积图，编辑图表中各种属性，画出面积图；

步骤 7：点击百分比柱形图，编辑图表中各种属性，画出百分比柱形图；

步骤 8：点击堆积锥形图，编辑图表中各种属性，画出堆积锥形图；

步骤 9：点击成分柱形图，编辑图表中各种属性，画出成分柱形图；

步骤 10：点击堆积折线图，编辑图表中各种属性，画出堆积折线图；

步骤 11：点击饼图，编辑图表中各种属性，画出饼图；

步骤 12：点击圆环图，编辑图表中各种属性，画出圆环图；

步骤 13：总结各种图表的特点；

步骤 14：总结画图表的经验。

【相关知识】

大量的原始数据资料杂乱无章且很难理解。一些数据总结可能隐藏一些重要的细节，为支持某一特定观点，总结报告可能会有所侧重。

11.1.1　数据类型

如果数据看起来是可靠的，就可以用于分析。描述统计（descriptive statistics），也就是统计在描述数字数据中的应用。下面来学习图表、平均值和指数的使用，以及如何将它们应用于商业领域。

平均值和图表的选择取决于数据描述变量的类型。分类数据（categorical data）用于描述属于且仅属于一个类别的样本。如一篮子水果中的每一个都只属于一个种类：苹果、柑

橘，等等。离散数据（discrete data）是指仅能取整数值的数据变量：如一个家庭中的孩子数。连续数据（continuous data）是那些涉及一种度量的数据，如长度或质量。说它们是连续的是因为它们可以取上下两个值之间的任意值。如例用天平称量一袋水果，记录的质量是与其真实质量相差最近的数值。若称量结果为 200 g，则意味着实际质量可能是 199.9 g 和 200.5 g 之间的任一数值。

11.1.2　图表

图表用于以下两个目的：①揭示数据变化规律；②以一种易于理解的方式总结和呈现数据。

图表已成为我们每天见到的报告和演讲稿的一个必需部分。用于此目的的图表应该简单且易于解释，并能快速传递信息。试图让一幅图传递太多的信息只会损害它的可读性。基本的图表种类有：①曲线图；②柱形图；③坐标图；④直方图；⑤扇形图；⑥雷达图。

11.1.3　平均值

日常生活中用到的词"平均"，并不含有任何统计学概念，但常用它代替多个迥异的统计量。这里介绍三个"中央位置"量：①众数（mode）；②中值（median）；③算术平均值（mean）。

1. 众数

众数是"最常见的值"。严格地说，它是"出现频率最高"的值。请分析下列数据：

2，2，2，2，2，50，54，55，55，55，62

这列数据的众数值是 2，但它没有对这些数据做出精确的整体描述。众数易于理解和计算，但它有很多缺点：①它没有考虑极值，它将最常见数值以外的所有值都忽略了；②当两个或更多的值出现次数相同时，也有可能出现多个众数。这就意味着两个总体被混合了，例如，来自两个不同供应商的元件；③除了在极少数情况下，它不能用于进一步的统计计算。

2. 中值

中值将分布分成两半。50%的数字小于中值，50%的数字大于中值。因而，如果所有数字按大小顺序排列，中值就是中间那一个：如有三个数，中值就是第二个，如有五个数，中值就是第三个数。由此就可以推断出一组 n 个数据，中值的位置在 $\frac{n+1}{2}$。

在刚才谈到的那组数据：2，2，2，2，2，50，54，55，55，55，62 里，有 11 个数值，因此中值就是第（11+1）/2（即第六个），也就是数字 50，但若有偶数个值，如 10，15，15，18，18，110，会出现什么情况呢？本例中，有六个数，中间位置在（6+1）/2=3.5，因此中值在第三和第四个数之间，为（15+18）/2=16.5。这种情况下，任何数都不等于中值。

3. 算术平均值

算术平均值就是将一系列数相加除以数据个数得出的平均值，它是人们最熟悉的平均值，在基础数学中可以用到。还是看前面提到的那列数，其算术平均值为：

（2+2+2+2+2+50+54+55+55+55+62）/11=341/11=31

11.1.4　分布的衡量参数

平均值表示了一组数据的中间值，但是，仅用它本身还不能对一组数据做出完整描述。例如，一个城市可能宣称一年内每天中午的平均气温是 20 ℃，但没有说冬天气温是−10 ℃，夏天温度超过 40 ℃。平均气温非常宜人，但一年内可能仅出现一两天，大部分时间是严寒或酷暑。

这里讨论分布（或分散）的三个参数：①极差（range）；②半四分位差（semi‑interquartile range，SIR 或称为 semi‑interquartile deviation）；③标准偏差（standard deviation，SD）。请注意，下面的计算方法只适合处理少量数据。

1. 极差

这是分布理论里最早引入的一个参数：计算很简单，用最大值减去最小值所得的差就是极差。在数据组 2，2，2，2，2，50，54，55，55，55，62 里，极差是 62−2＝60。数据组 10，15，15，18，18，110 的极差是 110−10＝100。这个参数概念很容易理解，但因为其仅由两个数值决定，它会被极端或"无赖"数值影响。

2. 半四分位差

当数值按大小顺序排列时，中值就是中间的数值，下四分位和上四分位将代表数据序列 1/4 和 3/4 处的值，也就是在位置 $\dfrac{n+1}{4}$，$\dfrac{3(n+1)}{4}$ 处。

3. 标准偏差

标准偏差是本书介绍的三个分布（或分散）参数里最重要的一个，它是数值离开算术平均值的平均偏差（或"差距"），这里的"平均"不是上面提到的任何一种简单平均，而是一种均方根平均。计算公式是：

$$\sqrt{\sum d^2/n} = \sqrt{\sum (x-m)^2/n}$$

式中，d 是样本与算术平均值之差；n 是样本容量；m 是算术平均值。下面的公式与之等价，但简化了计算，标准差计算过程见表 11‑3。

$$\sqrt{\sum x^2/n - m^2}$$

标准偏差是分布里最常给出的参数，在更深入的统计工作中非常重要，这一点在以后的学习中将会介绍。

分布或分散的所有参数描述了数据的"聚集度"。分布的上述参数取值小就意味着数据都集聚在算术平均值附近；相反，则说明数据彼此差别很大。为确定一个分布或分散的参数究竟是大还是小，可将它与参数平均值及此时所期望的分散度进行比较。

例如，1 kg 的咖啡包装，若实际质量的标准偏差为 100 g，标准偏差就是平均值的 10%，数值很大。因为法律对质量等这些参数有相关规定，咖啡包装时的充填量应该比较精确。

【小训练11-1】

【例11-1】 找出数组2, 2, 2, 2, 2, 50, 54, 55, 55, 55, 62的四分位数。

解： 第一步将数字排序，标上序号

位置　　1　2　3　4　5　6　7　8　9　10　11

数值　　2, 2, 2, 2, 2, 50, 54, 55, 55, 55, 62中有11个数。

下四分位数（Q_1）位置在：$\dfrac{1(n+1)}{4}=\dfrac{1(11+1)}{4}=3$，也就是第三个值，2。

上四分位数（Q_3）位置在：$\dfrac{3(n+1)}{4}=\dfrac{3(11+1)}{4}=9$，也就是第九个值，55。

半四分位差定义为：$\dfrac{Q_1-Q_3}{2}$或者$\dfrac{Q_3-Q_1}{2}$，取正值。

在此例中，半四分位差是：$\dfrac{55-2}{2}=\dfrac{53}{2}=26.5$。

半四分位差（或四分位偏差）不会受极端或"无赖"值的影响，因此它是比极差更好的一个描述分布（或分散）的参数。但它并不使用所有可得到的数据，在更深入的分析中的应用有限。

【例11-2】 计算数组2, 2, 2, 2, 2, 50, 54, 55, 55, 55, 62的标准偏差（表11-3）。

表11-3　标准差计算过程

数值 x	x^2
2	4
2	4
2	4
2	4
50	2 500
54	2 916
55	3 025
55	3 025
55	3 025
62	3 844
和：341	平方和：18 355

解： ①将数值列表，算出每个数的平方；②算出每列之和，有11个数，样本值之和为341，算术平均值是341/11＝31；③样本平方和为18 355。使用上述公式计算出标准偏差 SD＝26.60。

$$\sqrt{\sum x^2/n - m^2} = \sqrt{18\ 355/11 - 31^2} = \sqrt{1\ 668.636 - 961} = 26.6$$

11.1.5　指数

指数用于表示一个群体数字特征的变化。例如，食品零售物价指数反映食品的价格变化，沪深证券市场指数显示股票价格变化。表 11-4 为零售物价指数实例，每个指数都描述了一群商品或产品的价格变化，任何指数在基期都为 100。

表 11-4　零售物价指数实例

2010 年 7 月	指数	变化/%		
	2000 年 1 月值为 100	1 个月	3 个月	1 年
所有项目	181.5	0.2	1.2	3.0
除去住宅贷款利息	180.2	0.1	1.3	2.9
食品	151.7	0.7	1.5	1.4
酒店餐饮	221.2	0.3	0.8	3.2
小卖部快餐	269.0	0.7	0.9	4.0
家具	155.2	1.6	3.3	2.1
汽车保险	244.5	0.7	0.9	6.0
汽车税及保险	283.8	1.3	3.0	4.5
铁路运输	225.2	1.9	1.9	3.0
书报	222.1	0.1	1.8	7.5

在表 11-4 中，基期为 2000 年 1 月，将此时各项的指数值定为 100。我们看看小卖部快餐的变化，2010 年 7 月指数为 269.0，简单地说，2000 年值 1 元的小卖部快餐在 10 年后的 2010 年 7 月值 2.69 元。由此我们可以推断小卖部快餐价格"平均"上涨 169%，但这并不意味着"所有的"快餐价格上涨幅度相同。

1. 指数的用途

根据过去的变化，指数可用来预测未来价格变化。合同，特别是长期合同，可能要求一定金额在未来支付，它们可能会含有针对原材料或商品的价格上涨的价格变化条款。例如，一个空运合同中可能有针对燃油价格上涨的条款，燃油价格指数变化百分比可以用来修正合同价格。

2. 计算单项指数

假设 2009 年某产品的价格是 250 元，2010 年为 300 元，2011 年为 320 元。以 2009 年为基年来计算价格的变动值，具体过程见表 11-5。

表 11-5　计算价格的变动值

2009 基年	$\dfrac{250}{250} \times 100 = 100$
2010 年	$\dfrac{300}{250} \times 100 = 120$
2011 年	$\dfrac{320}{250} \times 100 = 128$

2010 年，某产品价格上涨 20%，而从 2009 年到 2011 年，某产品价格上涨 28%，但这并不意味着从 2010 年到 2011 年末涨幅为 8%。要计算 2011 年相对于 2010 年的涨幅，可以 2009 年为基年：$\dfrac{320}{300} \times 100 = 106.66$，也就是上涨了 6.66%。

【任务一知识要点】

描述统计让数据更容易理解和表现，包括平均值及一些分布参数，如极差、标准偏差和半四分位差等。价格变化可以用价格指数反映，它说明相对于基年的变化，既可用于说明通胀影响之外的因素导致价格和利润的变化，也可用于预测和分析合同的价格变动条款。

【任务实施】

完成此任务没有太大难度，但需要认真仔细，若有问题，同学们可以相互讨论，或者和指导教师一起讨论。对于任务一各步骤的执行状况，各位同学可以按表 11-6 中的步骤顺序，对照【任务考核/评价】部分给出的各步骤主要结果自行进行检查，并逐条完善。

表 11-6 任务一执行状况

任务一简述	是否执行（是打√，否打×）	是否相同（是打√，否打×）	不同在何处（记录在空白处）
步骤 1 打开 Excel 软件			
步骤 2 建立表格			
步骤 3 点击图表			
步骤 4 画简单柱形图			
步骤 5 画比较柱形图			
步骤 6 画面积图			
步骤 7 画百分比柱形图			
步骤 8 画堆积锥形图			
步骤 9 画成分柱形图			
步骤 10 画堆积折线图			
步骤 11 画出饼图			
步骤 12 画出圆环图			
步骤 13 画出图的特点			
步骤 14 总结经验			

【任务考核/评价】

各位同学可以对照下列本任务各步骤的主要结果，利用表 11-6 进行自我评价和纠正。任务一各步骤的主要结果如下：

1. 根据数据用 Excel 软件画出的柱形图、曲线图和扇形图

具体效果如图 11-1~图 11-8 所示。

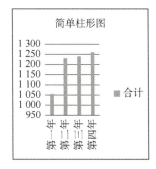

图 11-1　简单柱形图

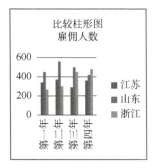

图 11-2　比较柱形图

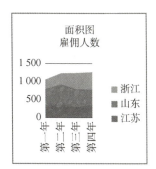

图 11-3　面积图

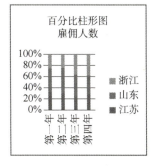

图 11-4　百分比柱形图

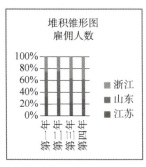

图 11-5　堆积锥形图

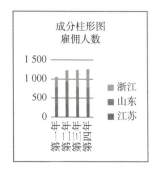

图 11-6　成分柱形图

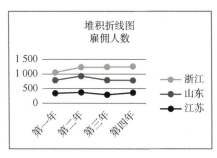

图 11-7　堆积折线图

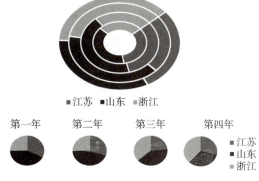

图 11-8　圆环图和饼图

2. 不同图表的特点

（1）简单柱形图（simple bar chart）仅仅显示每年雇佣的员工总数，以及它随时间的变化，它没有说明总数在各个工厂的分配情况。

（2）比较柱形图（comparative bar chart）显示了每个工厂每年雇佣的员工人数，便于对各工厂进行比较，没有明显说明任一年雇佣的员工总数。

（3）成分柱形图（component bar chart）显示了每年雇佣的员工总数，表明了员工的分配情况。但读者很难进行某一特定工厂员工人数的年度详细比较，也无法明显看出每个工厂员工占总员工数量的比例变化情况。

（4）百分比柱形图（percentage bar chart）很清楚地表明了每个工厂每年的员工比例，但它根本没有提及实际雇用的总人数以及任一工厂员工数。

（5）柱形图里采用堆积圆锥（stacked cones）会让人产生误解。因为圆锥是三维的，人们会下意识地比较体积而不是高度。这样会高估底部江苏的份额，低估顶部浙江的份额。

（6）面积图（area chart）与堆积柱形图相近，它会诱导人使用插值法估计，如第 3.5 年时每个工厂的员工人数。

（7）堆积折线图（stacked line chart）与面积图一样——只是没有阴影。然而，不熟练的读者可能会认为标着江苏的曲线表示的是江苏和山东的总数。还可能错误地把代表浙江的曲线看作三家工厂的总数。

（8）饼图（pie char）传递的信息与比例柱形图相同，但可能更易于理解。它确实暗示员工总数保持不变，因为每一个圆的面积相等。如果要画出一组绝对准确的图，就应该给出告示或改变圆的半径，这样面积就与总员工人数成比例了。

（9）圆环图（doughnut chart）可能比较少见。因为第一年是一个小圈，而第四年是一个大圈，乍一看，该图似乎说明员工人数每年都有显著增加。当然，圆环图是一种饼图，不能表明实际数量，只能表明比例。这种图可能与比例柱形图或饼图组传递的是相同的信息。

3. 通过练习可以得出的结论

（1）相同的数据可以以多种方式表现。

（2）为选择最好的传递方式，应该做到：

①确定你想强调数据的哪一方面；

②用电子数据表试试多种方法；

③如果可以画出黑白图表，就不要使用彩色来表达信息；

④估计目标读者的熟练度，选用不会产生误导的表现方式；

⑤选择能使想表达的要点一目了然的表现方式；

⑥让同事帮忙核看图表，以保证其中不含有不需要的信息。

任务二　回归预测销售收入

【任务描述】

为了完成下一年度的原料采购预算工作，红双喜公司的采购部经理需要知道下一年度的预计销售收入是多少，根据以往的经验，销售额增长 Y 是由于广告投入 X 引起的，已知销售收入 Y 和广告投入 X 之间的关系数据见表 11-7，销售部门的预计广告投入是 3.7 百万元，请预测销售收入是多少。进一步的研究表明，销售收入还和市场竞争后的价格有关，相关数据见表11-8。假设下一年产品价格为9.7元/个，请进一步预测销售收入。

表 11-7　销售收入和广告的关系数据　　　　　　　单位：百万元

X	0.0	0.5	1.0	1.5	2.0	2.5	3.0	3.5	4.0	4.5	5.0	5.5	6.0
Y	10	11	21	25	33	47	60	80	101	119	146	175	206

表 11-8　销售收入、广告投入和价格之间的关系

销售额/百万元	广告投入/百万元	单价/元
100	2	10.0
120	2.5	9.0
150	2.8	9.4
160	3.2	10.0
170	3.3	9.6
175	3.35	9.5

【任务分析】

根据信息技术普及课程，金山公司的 Excel 对于初学者来说还是不错的数据分析及预测软件；同时，根据【任务描述】的要求，建议完成该任务的操作思路如下：

步骤 1：打开 Excel 软件；

步骤 2：单击工具栏第一个"文件"按钮，可以看到最下方的"选项"；

步骤 3：单击"选项"按钮，进入 Excel 选项界面，可以看到"加载项"；

步骤 4：单击加载项按钮，选择"分析工具库"，单击下方的"转到"按钮；

步骤 5：进入加载项界面后，勾选"分析工具库"前面的方框，单击"确定"按钮；

步骤 6：单击工具栏中"数据"，可以看到工具栏最右边有"数据分析"工具；

步骤 7：单击"数据分析"按钮，在分析工具中找到回归，接着单击"确定"按钮；

步骤 8：进入回归分析界面，首先选择"Y 值输入区域"，单击箭头处即可开始选择 Y 值；

步骤 9：选择"X 值输入区域"，单击箭头便可开始选择 X 值；

步骤 10：勾选"置信度"前面的方框，设置置信度为95%，单击"确定"按钮即可开始回归分析；

步骤 11：回归分析完成后，在界面上看到回归分析结果后，记录下来；

步骤 12：根据回归的参数，即预计下一年的广告投入和价格，预测下一年的销售输入。

【相关知识】

预测是这样进行的：寻找存在于当前数据中的模式，根据模式建立预测未来数据的公式和方程。方法的选用可以依据一段时间（称为时间序列）内的"趋势"，也可以基于称作"回归"的商业模型，而回归的基础是不同变量之间的关系。

11. 2. 1　预测可靠性

未来任何事件都是不确定的，未来时间越远，不确定性越大。如果根据预测数据做出决策，我们不仅需要它尽量准确，同样重要的是，知道它可能存在不精确之处。许多很难预测的或可能会突然变化的外部因素会影响预测，这包括大的经济环境、产品市场、竞争者、新的技术、利率和汇率等。

11. 2. 2　预测方法

通常有三种形式的预测：①市场调查；②定性方法；③定量方法。本书中我们不需要深入研究前两种方法，在这里介绍它们只是为了论述体系的完整性。我们将深入学习第三种方法，即定量分析方法。定量分析有以下两个"分支"：

（1）趋势外推法，包括：①移动平均；②指数平滑；③时间序列；④季节调整；

（2）因果关系法，包括：①回归分析；②学习曲线理论。下面我们来分别详细地分析这些方法。

11. 2. 2. 1　趋势外推法

1. 移动平均

移动平均预测是指根据某种指标过去若干时期的数额，求其平均数，但在时间上不断往后移动的一种趋势外推预测法。其计算公式为：

$$预测值 = \frac{最近各期某指标数值之和}{期数}$$

关于期数取多大没有一定之规，通常取 3 期或者 4 期为宜。表 11-9 是根据松软干酪 3 周的平均消费量预测第 4 周的消费量。

表 11-9　移动平均预测消费量

期数	消费量/kg
第 1 周	4.00
第 2 周	2.50
第 3 周	1.75
第 4 周（预测值）	（4.00+2.50+1.75）/3 = 2.75

2. 指数平滑

在预测下期需求时，越新的需求数据越重要。从数学意义上讲，也就是给以前的数据以不同的权重，且权重随着时间呈指数增长，最近的数据权重最大，而越早期的数据，权重越小。对本期预测的误差乘以平滑系数所得积加上对本期的预测值即为对下期的预测值，具体公式是：预测误差 = 实际观测值−预测值。

平滑系数（或"常数"）在公式中用记号 α 表示，它介于 0 与 1 之间。平滑系数的实际值主观选取，取决于预测最好时的取值。α 值越大（即越接近 1），预报就对当前情况越敏感。较小的 α 值给予近期观察值的权重小，但可以认为它把预测建立在更多的观察结果基础之上。

3. 时间序列

图 11-9 是 2010—2013 年某一城镇的季度销售额。销售额在明显上升，但似乎有某种趋势。其中的销售额变化明显有两部分：趋势和季节变化，还有与趋势相比很小的随机变化。

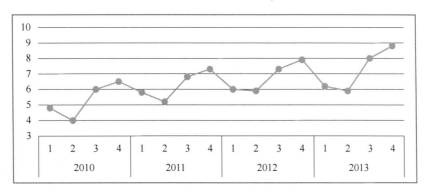

图 11-9　2010—2013 年某一城镇的季度销售额

一个时间序列有三个要素：①趋势；②季节变化，也叫周期变化或季度变化；③随机变化。用数学语言描述时间序列，分为两种不同的方式：①加法方式；②乘法方式。其中加法方式的写成公式如下：预测值＝趋势＋季节变化＋随机变化；乘法方式的公式如下：预测值＝趋势×季节变化＋随机变化。

4. 季节调整

一些数据，如季节周转量或失业率，以及其他一些数据，通常以原始和季节调整两种形式发布。季节调整数据是在假设没有季节变化的情况下应该出现的数据，可以用两种方法计算季节调整数据：

（1）使用乘法模型：$\dfrac{未调整的数据}{季节指数}$；

（2）使用加法模型：未调整的数据−季节变化。

【小训练 11-2】

【例 11-3】 某商品在本年度的实际销售额是 22 000 元，对其预测值为 20 000 元。α 取值为 0.25，预测下年销售额。

解： 下年预测销售额＝本年预测销售额＋α（预测误差）＝ 20 000＋0.25（22 000−20 000）＝ 20 000＋0.25×2 000＝20 500（元）

【例 11-4】 第三季度营业额是 360 000 元，反映季节变化的指数见表 11-10，请计算调整营业额。

表 11-10　反映季节变化的指数

季度	第一	第二	第三	第四
时期变化	80	110	120	90

解：计算调整营业额。注意到这些变化实际上是季节指数，120 指的是 120% 或将其表示成 1.2。

调整营业额为：$\dfrac{360\ 000}{1.2} = 300\ 000$（元）。

11.2.2.2 因果关系法

如果有一个方程说明一个变量 x 的变化如何影响另一个变量 y，就可以说 x 的变化会引起 y 可预测的变化，那么这就是一种因果关系。

1. 回归分析

这种方法研究两个或多个变量，努力确定变量之间是否存在关系，进而建立可用来预测的公式。简单回归只涉及两个变量，如一种产品的销量取决于该商品的售价，分析价格水平不同时产品的实际需求，建立回归方程。如果模拟得不够精确，可能再引入其他变量进行试验，以提高精确度，如广告投入。大多数电子数据表有曲线拟合功能，如金山公司的 Excel 软件。

（1）一元线性回归的形式是：$Y = ax + b$

（2）多元线性回归的形式是：$Y = a_1 x_1 + a_2 x_2 + \cdots + a_n x_n + b$

2. 学习曲线理论

学习曲线理论考虑这样一个事实：完成一件新工作比完成一件熟悉的工作更费时。随着工作的重复进行，每次所需的时间会减少。每次时间减少量也会不断变小，直到最后工作需要的时间到达某一水平，能够减少的时间可以忽略。时间减少是因为操作人员对工作更熟悉，他们出现更少的失误，返工时间减少，工艺本身也会得到改进。

（1）计算学习速度。

在进行其他计算之前，首先要计算学习速度。如果组装第一件衣柜需要 10 h，第二件需要 6 h；那么组装每件衣柜的平均时间就从 10 h 减少到了 8 h。（组装两件共花 16 h，因此组装每件衣柜的平均时间是 8 h）。组装衣柜的平均时间以学习速度递减。这可以通过平均时间占第一次所需时间的百分比来计算：

如果（8/10）×100% = 80%，则组装衣柜的学习速度就是 80%。

（2）计算所花时间。

学习曲线理论认为，随着工作次数加倍，平均累积时间会减少，见表 11-11，随着学习的不断进行，平均累计组装时间最后大幅度降低。供应商建立新工艺需要时间和资源，如果学习曲线理论适用于该工艺，那么所付时间和劳务成本都会随时间减少。只有工艺是劳动密集型的，而且当劳动成本很高时，才可以应用学习曲线。这条原理有两个主要应用方面：①价格谈判中，可以以劳务成本减少为由降低价格；②在单位时间内可以生产出更多的货物，这意味着更快捷的配送和更低的单位成本。

表 11-11 学习组装衣柜的时间

组装件数/个	累积平均时间/h	全部累积时间：组装所有衣柜共需时间/h	组装额外件数所需时间/h
1	10	10	10
2	8（10×80%）	2×8 = 16	16-10 = 6

续表

组装件数/个	累积平均时间/h	全部累积时间：组装所有衣柜共需时间/h	组装额外件数所需时间/h
4	6.4（8×80%）	4×6.4=25.6	25.6-16=9.6
8	5.12（6.4×80%）	8×5.12=40.96	40.96-25.6=15.36
16	4.096（5.12×80%）	16×4.096=65.536	65.536-40.96=24.576

【任务二知识要点】

有用的预测方法包括移动平均、回归分析和学习曲线理论，用手工计算会很费时间，而用计算机软件不但更快，还可以画出图形和检验统计。理解这些数据的意义和它们的计算方法，可以帮助我们确定所获得信息的精确性。

【任务实施】

完成此任务没有太大难度，若有问题，同学们可以相互讨论，也可以和指导教师一起讨论。对于任务二各步骤的执行状况，各位同学可以按表11-12中的步骤顺序，对照【任务考核/评价】部分给出的各步骤主要结果自行进行检查，再逐条完善。

表11-12 任务二执行状况

任务二简述	是否执行（是打√，否打×）	是否相同（是打√，否打×）	不同在何处（记录在空白处）
步骤1打开 Excel 软件			
步骤2查找选项			
步骤3查找加载项			
步骤4单击左下"转到"栏			
步骤5勾选分析工具库			
步骤6查找数据分析			
步骤7查找回归			
步骤8输入 Y 值			
步骤9输入 X 值			
步骤10输入置信度			
步骤11记录回归方程			
步骤12预测销售收入			

【任务考核/评价】

各位同学可以对照下列本任务各步骤的主要结果，利用表11-12进行自我评价和纠正。任务二各步骤的主要结果如下：

1. 仅考虑广告投入的影响预测销售收入

将表 11-4 中的数据输入 Excel，按照【任务分析】要求的步骤操作，进行一元线性回归，可以得到 $Y=32.385X-17.615$，将预计广告费投入 3.7 百万元代入，可以得到预测销售收入为 102.21 百万元。

2. 进一步考虑价格的影响预测销售收入

将表 11-5 中的数据输入 Excel，按照【任务分析】要求的步骤操作，进行二元线性回归，可以得到回归方程为销售额 = -20.47+（55.01×广告投入）+（0.94×价格），将预计广告费投入 3.7 百万元和价格 9.7 元代入，可以得到预测销售收入为 192 百万元。

不同的预测方法得到的结果不一样，这很正常，可以取平均值，也可以进一步分析（如考查数据来源及其可靠性、分析方法是否合理等）。

任务三　控制生产过程中的产品质量

【任务描述】

红双喜公司采购部发现某供应商的产品质量经常出现问题，为了随时掌握采购物料的产品质量，也为了实现双方共赢，公司决定帮助该供应商建立基于生产过程的即时质量监控过程。请你设计这个质量控制流程，采用过程统计控制的方法进行每天的质量监控，以便于及时发现产品质量问题。设该供应商产品质量标准是产品长度，采购时的质量要求是平均长度为 4.00 mm，标准偏差为 0.60。每天抽样 4 次，每次抽样 1 件产品并测量长度，抽样产品数据见表 11-13（提供 9 天的抽样数据）。

表 11-13　供应商生产过程的抽样产品数据　　　　　单位：mm

抽样	1月1日	1月2日	1月3日	1月4日	1月5日	1月6日	1月7日	1月8日	1月9日
1	4.03	4.04	4.06	3.96	4.03	3.99	4.00	3.97	3.98
2	4.00	4.06	4.20	4.00	4.10	4.10	4.10	4.04	4.00
3	4.05	3.98	4.00	4.17	4.07	4.10	4.10	4.05	4.05
4	4.10	3.95	4.05	4.01	4.05	4.20	4.10	4.10	4.00

【任务分析】

一个质量控制流程应该包括行动及其顺序、目标数据（限制值）、人员（谁来完成）和时间（什么时间完成）。根据以上分析以及【任务描述】的要求，可以确定完成该任务的操作思路如下：

步骤 1：设立质检员；

步骤 2：确定抽样时间；

步骤 3：设立平均值控制上限；

步骤 4：设立平均值控制下限；

步骤5：设立极差值控制上限；

步骤6：设立极差值控制下限；

步骤7：每天准时抽样并完成；

步骤8：计算平均值并记录；

步骤9：计算极差值并记录；

步骤10：将每天抽样平均值标记在平均值控制图中；

步骤11：将每天抽样极差值标记在极差值控制图中；

步骤12：分析和判断当天的产品质量是否在控制范围内。

【相关知识】

11.3.1　推断统计学

生活中没有可以完全确定的事，在商业中更是如此。但我们可以计算出未来事件出现一个特定结果的可能性。它可能不如确切知道将会发生什么好，但至少能清楚地知道可能发生的结果。这不仅比完全不知道好，它还能提示面临的风险。

11.3.1.1　概率的基本定理

为简单起见，我们需做出以下假设：①每一事件只有有限种结果；②一个事件的不同结果是相互排斥的。例如，如果只有A、B和C三家工厂争取某一合同，合同也只能给一家工厂，那么如果A获得合同就意味着B和C得不到。③事件是独立的。例如，当决定开球的顺序时，主裁判们在每场比赛之前抛硬币，某特定队长抛硬币获胜的可能性不受他上一次成功或失败的影响（除非他使用自己的硬币）。如果这些假设是正确的，那么有五条定理：

（1）有些事情是完全确定的。

如果你丢下笔，它总会落下，从不会飘起。用数学语言表述为"它落下的次数占100%，飘起的次数占0%"。

（2）如果只有数种可能的结果，则所有结果的概率之和一定为100%。

考虑赢得一个合同的可能性，只有两种可能的结果：得到或得不到。这样，假设根据以前的经验，得到它的概率是40%，得不到的概率一定是60%，二者之和为100%。用数学语言可将该定理表述为：不成功概率=100%-成功概率。

（3）乘法定理。

其是指两个不同的独立事件中产生两个特定结果的概率等于每种结果概率的乘积。例如，一家代理商想增加某种改进的小家电品牌的销路，向两家连锁超市A和B的采购人员呈交了意向书。以前的经验表明，A接受这种新品牌的可能性是60%，B接受的可能性为40%。那么A和B同时接受这种品牌的概率就是24%。我们可以将两个单独的概率相乘得到：40%×60%=0.24。

（4）加法定理。

如果一件事件有相互排斥的结果，A和B是其中两种可能的结果，那么结果是A或B的概率计算方法如下：

A 或 B 出现的概率＝A 的概率+B 的概率

例如，A、B、C、D 申请一次晋升，且只有一个人能得到。A 获晋升的概率是 50%，B 的为 30%，C 为 15%，D 为 5%。那么 A 或 B 获得晋升的概率为：50%+30%＝80%。

（5）条件概率。

条件概率是在给出了某种额外信息——如前几次事件的结果的情况下，对某一特定结果出现的概率的估计值。

例如，每个盒子里有六个苹果，其中一个有看不见的缺陷。随机从中取出一个苹果，然后随机从中取出第二个苹果。计算在下列情况下，第二个苹果有缺陷的概率：

①如果第一个苹果是好的；

②如果第一个苹果是坏的。

如果第一个苹果是好的，那么盒子里就剩下 5 个苹果，其中一个是坏的。在第一个是好的情况下，第二个是坏的概率是 1/5＝20%。

如果第一个苹果是坏的，那么在剩下的苹果中就没有坏的苹果，第二个就不可能是坏的。在第一个是坏的的情况下，第二个苹果是坏的概率是 0%。

11.3.1.2 期望值

期望值是一种理论算术平均值。下面是一种使用概率计算期望值的方法。例如，一店主连续四周每天记录售出商品的数量。为理顺现金流转状况，他需要知道每天的预期收入，假设每件商品通常售价是 5 元。具体计算过程见表 11-14 和表 11-15。

表 11-14　商品售出的比例

售出商品的数量	天数比例
100	30%
200	40%
300	20%
400	10%

表 11-15　商品售出的数量

售出商品的数量	概率	数量×概率
100	30%	30
200	40%	80
300	20%	60
400	10%	40
总计	100%	210

这告诉我们，该店主预期平均每天售出 210 件商品；预期每天平均销售额就是 5×210＝1 050（元）。

期望值 = $\sum xp(x)$，其中 x 为可能出现的数值；$p(x)$ 为 x 出现的概率。

11. 3. 1. 3　期望货币值

期望货币值（expected monetary value，EMV）是一个特定战略的货币价值的理论平均。期望货币值在决策中也很有用，它可以评价某一选择的财务意义。

$$EMV = \sum xp(x)$$

式中，x 为可能出现的结果的经济价值；$p(x)$ 为 x 出现的概率。

11. 3. 1. 4　概率分布

所谓概率分布是指描述随机变量值 x_i 及这些值对应概率 $p(x_i)$ 的表格、公式或图形。

1. 二项分布

二项分布是对只具有两种互斥结果的离散型随机事件的规律性进行描述的一种概率分布。只有满足下列所有条件，才可以使用二项分布：①只有两种可能的结果：例如能或不能得到合同；②无差别试验或事件的次数是已知的；③期望结果的出现概率恒定不变。也就是说，一个事件的结果不会影响下一事件的结果。一个销售实习生每打一次推销电话，就会从中学到经验，取得进步。这样，他推销成功的次数就不宜用二项分布预测了，因为他打电话推销成功的可能性每次都在增加。但对于一个有经验的推销员，他推销成功的概率就相对稳定，二项分布就是适用的。二项分布有两个参数：①成功概率；②试验次数。

2. 泊松分布

泊松分布模型是二项分布的一个极端例子。当一个随机事件，如某电话交换台收到的呼叫、来到某公共汽车站的乘客、不常用库存物料的需求等，以固定的平均瞬时速率随机且独立地出现时，那么这个事件在单位时间内出现的次数或个数就近似地服从泊松分布。事件只有两种结果：失败或成功，且试验或事件次数很大。泊松分布概率密度函数只有一个参数：在一个批量或一段时间内事件出现的平均次数。

3. 正态分布

正态分布也叫高斯分布，但不是所有的连续变量的分布都接近正态分布：一个果园里的苹果的重量近似正态分布，自然人口中成年男性的体重也服从正态分布。正态分布图是对称的，呈现"钟形"形状，只有一个期望值在中间。随着与中间位置的距离增大，频率密度迅速降低，如图 11-10 所示。

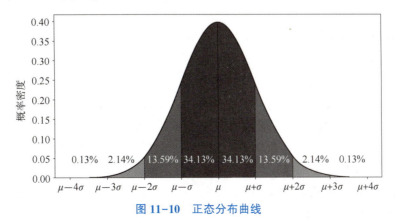

图 11-10　正态分布曲线

【小训练 11-3】

【例 11-5】 假如你需要一台复印机，可以和相关公司签订服务协议，每年支付100 元使用费。而如果选择购买复印机，若复印机坏了，则平均维修费用为 200 元。它每年坏 1 次的可能性是 10%，坏 2 次的可能性是 5%，坏多于 2 次的可能性可以忽略。现在是否值得签订服务协议呢？

解： 如果不签订协议，则复印机每年运行可能有三种结果：不出现故障、出现 1 次故障、出现 2 次故障。根据前面的第二条定理："所有结果的概率之和一定为 100%"。因此，不出现故障的概率就是 100%-10%-5%=85%。每次维修的费用是 200 元，因此，相应的费用就是 0 元、200 元和 400 元。期望货币值的计算过程见表 11-16。

表 11-16　期望货币值的计算过程

故障数量	维修费用/元	概率	费用×概率/元
0	0	85%	0
1	200	10%	20
2	400	5%	20
期望货币值			40

数据告诉我们，一种策略（签订协议）费用是 100 元，另一种（不签订）的期望费用是 40 元。

【例 11-6】 某产品平均长度为 3.36 mm，标准偏差为 0.50 mm，求质量控制限制。

解： 控制中线表示该质量指标所有数据的平均值或期望值。上下限值一般取中线上下 3 倍标准偏差的值。

因此，控制线为：①中线为 3.36；②上限应取 3.36+3×0.50=4.86；③下限应取3.36-3×0.5=1.86。这个计算在后面的质量控制中能够用到。

11.3.2　质量控制中的统计方法

质量是组织的一个重要课题，特别是在竞争的环境下。此处，我们将研究统计分析如何通过对样本的定期监控来改善质量。这要用到我们前面学过的正态分布，从而实现无缺陷地生产。

检验带来的问题，除了成本高，全数检验（total inspection）的缺点还在于它并不能完全保证质量，主要是因为操作人员会因厌倦和疲劳而导致操作失误。且为做检验，必须破坏掉一些产品。例如，测试灯泡的寿命，就意味着测试之后它们就没有用了。所以，必须抽样检验，但这又会引起抽样中的偏差问题。生产结束后再进行检验的一个明显问题是，如果缺陷产品比例很大，在发现缺陷之前可能已经生产了大量产品，这样就得报废缺陷产品，而采用统计方法可以解决这些问题。

常用的质量控制方法是过程统计控制（statistical process control）。过程统计是在产品的生产过程中检测样本，因此，如果质量下降，操作人员就可以采取措施，在必要的时候停止生产。需要评估的指标可能是重量、尺寸或厚度，这取决于具体产品。在许多情况下，"采取措施"可能仅仅是做细微的调整，而生产和配送继续进行；然而，如果不及时做这些调整，之后的补救措施就可能导致生产线的停止或一连串生产的浪费。

1. 过程统计控制的理论依据

究竟为什么使用过程统计控制？确实，机器一旦投入运转，它们将按照需要的标准自动生产。事实上，在任何生产过程中，都会有偏移，一种产品的任意一个度量值都会在平均值两侧变动：变动可能是由于随机因素，也可能是由于某些特殊原因。

（1）随机因素在整个生产过程中都可能出现，这会引起它的取值在平均值附近变动，这是预料之中的。

（2）特殊原因会使变量值落在设定的限值之外，对这些变动需要分析和矫正。特殊原因有：①使用的原料变质；②机器变化；③操作人员绩效改变。

2. 设定限值

抽样之后，检测样本的平均值和极差，然后计算出样本的平均值和标准偏差。一旦完成这些工作之后，就可以设定限值，以取得要求的绩效水平，中线表示该质量指标所有数据的平均值或期望值。上下限值取中线上下3倍标准偏差的值。这直观地表示了期望的变动幅度。控制线预示了该工艺如何运行，因为它们建立在工艺实际运转状况，而不是"期望的"状况的基础上。

实际操作中，样本值的极差常用来近似标准偏差，因为标准偏差的计算很复杂。根据抽样数量，取极差的一个比例。极差图的下限常取0，因为偏移可以尽量小，重要的是极差的上限，它可以反映偏移是否变得过大。

3. 控制图

控制图是判断一工艺过程是处于受控状态还是失控状态的有力、简单直观的工具。处于受控状态的过程只表现出控制限以内的随机偏移，而失控过程则会因为特殊原因的出现，表现出异常的变动。平均值和极差分别画在平均值图和极差图中。控制图可帮助确定工艺过程的平均值和极差是否处在恒定的水平上。因为这些图表能够区别出偏移是随机的还是由特殊原因引起的，可以让我们集中精力解决那些真正需要解决的问题。

极差图显示了样品之间某度量值的变化。极差为0，意味着所有的样品完全相同。如果样品间差别变大，极差大于0，这就意味着质量不稳定，它也是过程失控的一个指示器。一个有效的工艺过程，其度量值画在平均值图中会很接近平均值，极差图中的数值也会很接近0。

4. 操作人员的作用

操作人员抽取少量样品，比如5个样品，在图中画出平均值和极差。每个工作日他都重复这样做。例如，某天他抽取样品的长度值为2.2，2.1，2.05，2.0，3.1，则样品的平均长度为11.45÷5=2.29；极差为3.1-2=1.1。

将每天抽取样本的平均值和极差画入相应的图中，（图11-11和图11-12，描述了9天的抽样结果）。如果发现图中有数值超过了上下限，可能表明工艺失去控制，操作人员应立即采取必要措施。

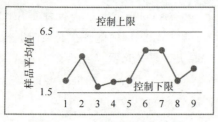

图 11-11　样品平均值的控制限

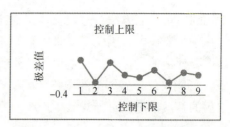

图 11-12　样品极差的控制限

【任务三知识要点】

统计方法，如正态分布的概率，可以用于改进产品质量。过程统计控制是一种评估样品指标、绘制平均值及极差曲线的方法。这些曲线能够很好地直观显示工艺是否处于受控状态。任何导致工艺失控的特殊变化，都可以查出并矫正。通过统计手段，生产几乎可以无缺陷地进行。

【任务实施】

完成此任务有一定难度，同学们可以相互讨论，或者和指导教师一起讨论。对于任务三各步骤执行状况，各位同学可以按表 11-17 中的步骤顺序，对照【任务考核/评价】部分给出的各步骤主要结果自行进行检查，并逐条完善。

表 11-17　任务三执行状况

任务三简述	是否执行 （是打√，否打×）	是否相同 （是打√，否打×）	不同在何处 （记录在空白处）
步骤 1 设立质检员			
步骤 2 确定抽样时间			
步骤 3 设立平均控制上限			
步骤 4 设立平均控制下限			
步骤 5 设立极差控制上限			
步骤 6 设立极差控制下限			
步骤 7 每天准时抽样			
步骤 8 计算均值			
步骤 9 计算极差			
步骤 10 标记平均控制图			
步骤 11 标记极差控制图			
步骤 12 分析判断			

【任务考核/评价】

一个控制流程应该包括行动及其顺序、目标数据、人员（谁来完成）和时间（什么时间完成）。各位同学可以对照下列本任务各步骤的主要结果，利用表 11-17 进行自我评价和纠正。任务三各步骤的主要结果如下：

（1）设立质检员，明确任务。即每天在规定时间完成产品抽样并检验，记录及上报数据。

（2）确定抽样时间。每天 8:30、10:30、14:30、16:30 进行。

（3）设立平均值控制线。由于产品平均长度为 4.00 mm，标准偏差为 0.60，则控制线为：①中线将是 4.00；②上限应取 4.00+3×0.6=5.80；③下限应取 4.00-3×0.6=2.20。

（4）设立极差值控制线。为了控制产品质量，极差上限宜为 0.5 个标准差，即极差上限为 0.3；为了使偏移尽可能小，极差的下限常取 0。

（5）计算平均值和极差并记录（表 11-18）。

表 11-18 抽样产品的平均值和极差

抽样	1月1日	1月2日	1月3日	1月4日	1月5日	1月6日	1月7日	1月8日	1月9日
1	4.03	4.04	4.06	3.96	4.03	3.99	4.00	3.97	3.98
2	4.00	4.06	4.20	4.00	4.10	4.10	4.10	4.04	4.00
3	4.05	3.98	4.00	4.17	4.07	4.10	4.10	4.05	4.05
4	4.10	3.95	4.05	4.01	4.05	4.20	4.10	4.10	4.00
均值	4.045 0	4.007 5	4.077 5	4.062 5	4.062 5	4.065 0	4.075 0	4.040 0	4.007 5
极差	0.10	0.11	0.20	0.32	0.07	0.34	0.10	0.13	0.07

（6）每天将抽样平均值和极差标记在平均值控制图（图 11-13）和极差控制图（图 11-14）中。

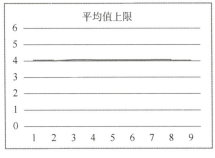

图 11-13 样品平均值的控制图

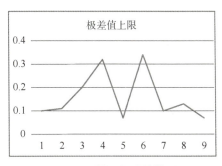

图 11-14 样品极差的控制图

（7）分析和判断当天的产品质量是否合格。均值在合理范围内，但极差分别于 1 月 4 日和 1 月 6 日超过极差上限，应采取必要措施（比如减产）或增加抽检数量来寻找原因。

实例分析 <<<<<<<<<<<<<<<<<<<<<<<<<<<<<<<<<<<<<<

庞德软件利用数据分析走出困境

庞德软件是一家销售企业管理软件的公司，虽然整个行业欣欣向荣，但是这家公司的业务却陷入泥沼，销售额连续 8 个季度下滑。为了扭转此局面，庞德软件花重金招聘了过往销售业绩极为出色的老李担任销售总监。

上任伊始，老李为了摸清情况，召集销售、产品、售前、人事、市场部门开了一个沟通会议，没想到这个会议变成了吐槽大会。销售部门报怨人事部门给的候选人素质不高，经验太少。人事反击说是你们管理不善，有经验的老员工频繁离职，新入职的员工培训不够，不能快速成长。销售又抱怨公司产品功能不完善，在市场上的竞争力不足。而产品部门则回应，已上线项目的客户反应良好，是你们销售能力不行。还有销售抱怨售前顾问不给力或者支持力度不够，还说市场部门组织的活动效果太差，获得的销售线索太少，等等。

老李没想到实际情况比预想的更严重，老李不禁想起小白来。小白，毕业于浙江大学，正在创立自己的商业数据分析公司，小白曾经向老李介绍了数据分析在商业决策中的作用和案例，尤其是描述性分析、诊断性分析、预测性分析和处方式分析这四个层次和所用的具体方法。于是，老李找到小白，希望小白能通过数据分析的方法为公司提供改善销售状况的出路。

1. 描述性分析

在进入庞德软件公司后，小白先对公司的业务现状和数据情况做了初步调研。庞德软件公司上线了CRM、ERP、HR等系统，针对商机、合同、付款、客户、价格、销售员的入职时间、接受过的培训等信息都是有详细记录的，这就为后续开展数据分析工作打下了坚实的基础。

小白首先对去年销售员整体的业绩情况做了分析：总体销售指标为1.2亿元，已签单1亿元，指标达成了83%，目前有100个销售员，平均每个销售员的签单金额为100万元，这样看起来还不错。但是再看下一项数据就会发现比较大的问题，仅有20%的销售员完成了销售指标。去年销售员业绩概况见表11-19。

表11-19 去年销售员业绩概况

总体业绩指标	1.2亿元
签单金额	1亿元
指标完成率	83%
销售员数量	100个
销售员平均签单金额	100万元
完成指标的销售员占比	20%

查看去年销售员签单金额分布，发现这个问题体现得更明显，销售业绩主要是靠几个明星销售员来达成的。上年销售员签单金额分布如图11-15所示。

继续分析新老客户平均交易金额和胜率之间的关系，可以看出新客户虽然单子大，但是赢单的概率较低；反之，老客户虽然单子小，但是胜率很高。新老客户平均交易金额和胜率如图11-16所示。

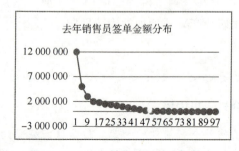

图11-15 上年销售员签单金额分布

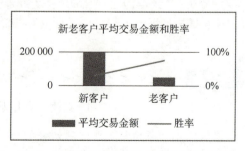

图11-16 新老客户平均交易金额和胜率

再看去年整体销售漏斗的表现，整体销售漏斗（所有潜在客户）金额高达 5 亿元，而每个销售员平均的漏斗金额有 500 万元，但是平均签单金额仅有 100 万元，胜率仅为 20%。另外，去年已完结的交易数量为 1 000 个，而销售员平均完成交易数量仅为 10 个，数量偏少；同样，平均的交易金额仅为 10 万元，平均客户价值仅为 20 万元，在企业管理软件行业，这两个数字都是偏小的。上年销售漏斗表现概况见表 11-20。

表 11-20　上年销售漏斗表现概况

总体销售漏斗金额	5 亿
销售员平均漏斗金额	500 万
胜率	20%
已完结交易数量	1 000 个
销售员平均完结交易数量	10 个
平均交易金额	10 万元
客户数	500 个
平均客户价值	20 万元

下面再看新老客户对收入的贡献，可以看到老客户虽然平均交易金额较小，但是对整体收入的贡献还是远远高于新客户的。新老客户收入贡献如图 11-17 所示。再看交易金额分布及其胜率，可以看出单子金额越大，胜率越低，交易金额分布和胜率如图 11-18 所示。

通过分析不同产品的收入分布和胜率可知，A、B、C 这三种产品收入贡献较高，并且胜率也相对较高，证明公司在产品、价格等方面在市场上有较明显的竞争优势，可以重点突破。不同产品的收入分布和胜率如图 11-19 所示。

2. 诊断性分析

经过初步的描述性分析，对现有 CRM、ERP、HR、售后、市场五大系统或数据源中的数据做了梳理，共有 137 个变量或 KPI。想通过传统的数据分析方法分析如此之多的变量是很困难的，只能使用机器学习技术；通过此项技术，可计算出不同变量（机器学习称为特征）对结果值（即销售业绩）的影响到底有多大，具体结果如图 11-20 影响排名前 12 的KPI。销售员的指标达成率分布如图 11-21 所示。

图 11-17　新老客户收入贡献

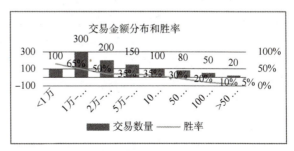

图 11-18　交易金额分布和胜率

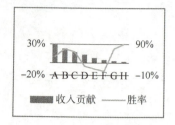

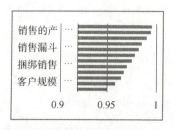

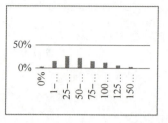

图 11-19　产品收入分布和胜率　　图 11-20　影响排名前 12 的 KPI　　图 11-21　销售员的指标达成率分布

根据图 11-21，可以把销售业绩分为三类：平庸，中等和优秀；其中平庸为业绩完成不到 50% 的；中等为业绩完成 50%~99% 的；优秀为业绩完成 100% 的。从表 11-21 可以看到，优秀组和平庸组在这 12 个关键 KPI 方面的差异。

表 11-21　不同等级销售员 KPI 表现

KPI	优秀销售员表现	平庸销售员表现
销售的产品种类	12 个	4 个
合作伙伴的参与度	65%	32%
平均交易规模	25 万元	12 万元
销售漏斗与指标的比率	2%	0.7%
每季度创造的销售机会	3 次	1 次
放弃的交易	22%	43%
捆绑销售的交易	47 万元	12 万元
胜率	55%	16%
销售漏斗中老客户的占比	22%	55%
客户规模（用户数）	10 000 人	1 500 人
客户数量	7 个	3 个
销售漏斗中畅销品的占比	29%	1%

可以看出，对业绩影响最大的变量为销售员销售的产品种类：业绩优秀的销售员，是所有产品都销售的；而业绩平庸的销售员，则只销售自己熟悉的产品。另外，业绩优秀的销售员，与合作伙伴的关系很紧密，销售线索可能来自合作伙伴，甚至合同都是与合作伙伴联合与客户签订的；而业绩平庸的销售员，只依靠公司内部市场部提供的销售线索。第三重要的是平均合同金额。业绩优秀的销售员合同金额是平庸的销售员的 2 倍多；而较大的合同金额通常是因为每个合同销售的产品更多。第四重要的是销售漏斗金额与销售指标的比率。业绩优秀的销售员会在全年保持稳定的销售机会创造率，其每月创造的销售漏斗金额是平庸销售员的 3 倍还多。

3. 预测性分析

再细致分析不同销售员这 12 个变量表现。不同销售员 KPI 表现见表 11-22。

表 11-22   不同销售员 KPI 表现

KPI	81号销售员	82号销售员	83号销售员	84号销售员	85号销售员	86号销售员	87号销售员
销售的产品种类	—	▽	△	—	—	—	—
合作伙伴的参与度	△	—	—	△	▽	—	—
平均交易规模	—	▽	—	—	—	△	—
销售漏斗与指标的比率	▽	—	▽	△	—	▽	▽
每季度创造的销售机会	—	—	—	—	△	—	—
放弃的交易	△	▽	·	—	—	—	—
捆绑销售的交易	△	▽	▽	—	—	△	—
胜率	—	—	△	—	▽	—	▽
销售漏斗中老客户的占比	—	▽	—	—	—	△	—
客户规模（用户数）	△	▽	—	—	—	—	—
客户数量	—	△	▽	—	—	—	△
销售漏斗中畅销品的占比	—	—	△	—	▽	▽	△

注：▽表示低于平均；"—"表示平均；△表示高于平均。

通过表可以看出，尺有所短，寸有所长。比如，85号销售员看起来大部分变量都处于平均水平或之下，但是其也有闪光点，这些人里只有他每季度创造的销售机会超过平均水平，那其他人就可以向他学习如何提升这一点。表 11-22 虽然可看出不同销售员在单个变量的表现，但是很难据此直接判断出其未来是否能完成业绩指标。如果可以做到这点，就能把可能不达标的人提前找出来，进而给予其必要的帮助。

这里就需要用到预测性分析，通过建立预测性模型，根据其关键 KPI 的表现情况，即可以预测其业绩达标情况。小白根据历史数据训练出的预测模型的预测准确率已经达到了 95%。

4. 处方式分析

预测模型完成后，即开始发挥作用。根据模型预测，刚入职一年的销售员小王很难完成今年的业绩指标，虽然其很努力，每月创造的销售机会比均值高不少，销售漏斗金额与销售指标的比率也不错，但是在部分关键指标上表现不佳，如交易的平均金额、合作伙伴参与度、捆绑销售的交易等。

对销售业绩影响最大的因素之一就是合同的平均金额，目前均值 180 000 元，但是其只有 25 000 元。另外，看起来他与合作伙伴合作的程度不太深，公司合同中平均 60% 是与合作伙伴一起订下来的，而他的比率是 0；而有合作伙伴参与的订单金额是没有合作伙伴参与的订单金额的 6 倍，胜率也更高。因此，小王的直接主管与他沟通后，建议他着重提升合同的金额，并给出了以下改进措施：

首先，主管给了小王负责区域的合作伙伴名单，以及以往公司与每个合作伙伴签署的平均金额，小王需要更积极地联系合作伙伴。其次，主管建议小王要提升捆绑销售软件的数量，公司平均有 40% 的软件都是捆绑销售出去的。主管给了小王捆绑销售占比较高的产品清单，以及在与合作伙伴合作和捆绑销售方面做得好的同事名单，要求小王与他们多沟通，学习他们是如何做到的。

经过一年的时间，庞德软件公司的业绩得到了明显的提升，见表11-23；团队平均表现更加优秀，见表11-24。

表11-23　整改后整体业绩表现

项目	前年	去年
总体业绩指标	1.2亿元	1.3亿元
签单金额	1亿元	1.38亿元
指标完成率	83%	106%
销售员数量	100个	100个
销售员平均签单金额	100万	138万
完成指标的销售员占比	20%	60%

表11-24　整改后团队平均表现

KPI	前年	去年
销售产品种类	8种	10种
合作伙伴参与度	46%	57%
平均交易规模	20万元	65万元
每季度创造的销售机会	2次	4次
放弃的交易	38%	29%
捆绑销售的交易	26%	44%
胜率	45%	59%
销售漏斗中老客户的占比	50%	38%
客户规模（用户数）	2 500个	7 500个

素质提升 <<<<<<<<<<<<<<<<<<<<<<<<<<<<<<<<<<<<<<<<<<<<<

数据分析师的必备五大素质

一名合格的数据分析师必备一些基本能力和素质，它们包括：

1. 严谨负责的态度

如果一名数据分析师不具备严谨、负责的态度，受其他因素影响而更改或大意处理数据，隐瞒企业存在的问题，那么会对企业的发展非常不利，甚至会造成严重的后果。

2. 持久强烈的好奇心

只有在强烈好奇心的推动下，隐藏在数据内部的真相才能被积极主动地发现和挖掘出来，而且好奇心必须是持久的，若仅仅满足于当下的状态，没有刨根问底的精神，就会很容易、轻易地下结论，而这种结论的正确率往往并不高。

3. 清晰有序的逻辑思维

从事数据分析时所面对的商业问题都是比较复杂的，需要数据分析师能够掌握问题的整体以及局部的结构，在深思熟虑之后，能够理清结构中相互的逻辑关系，只有这样才能切实、客观、科学地找到商业问题的答案。

4. 游刃有余的模仿力

数据分析师也需要借鉴、参考他人优秀的分析思路和方法，这就是所谓的模仿力。成功的模仿需要领会他人方法之精髓，透彻理解并分析原理，通过表面看到实质，从而将他人的成功经验与思维精华内化为自己的知识。

5. 独特新颖的创新力

创新是一名优秀的数据分析师应具备的素质，只有不断创新，才能提高自己的分析水平，使自己站在更高的角度上分析问题，为整个研究领域乃至社会带来更多的价值。在数据领域的分析方法和研究课题千变万化，若墨守成规，则无法很好地解决层出不穷的问题。

 【项目评价与反馈】

请每位学生独立完成本项目的学习内容和工作任务，以百分制分数（满分100）对个人进行单独评价。

序号	考核项目要求	权重	评分标准	自评得分	教师评价
1	遵守纪律，能按时独立完成工作任务	10%	在该项目学习结束时没有完成工作任务的，每延时2学时扣2分，直至扣完为止，延迟超过1周的，本项目成绩得0分		
2	案例导入阅读	10%	阅读5遍得10分，每少一遍扣2分，未阅读得0分		
3	任务一	15%	正确15分；基本正确10分；有缺陷5分；不正确得0分		
4	任务二	20%	正确20分；基本正确15分；有缺陷10分；不正确得0分		
5	任务三	15%	正确15分；基本正确10分；有缺陷5分；不正确得0分		
6	实例分析阅读	10%	阅读5遍得10分，每少一遍扣2分，未阅读得0分		
7	素质提升阅读	10%	阅读5遍得10分，每少一遍扣2分，未阅读得0分		
8	总结拓展	10%	用词准确（2分），逻辑清晰（2分），语言简练（2分），语意完整（2分），要点明确（2分）		

续表

请根据以上打分情况，对本项目的学习效果进行总体评述（从素质的自我提升方面，应知、应会的职业能力提升方面进行书评，分析自己的不足之处，并描述对不足之处的改进措施，其结果计入总结拓展得分项）	
综合得分	学生自评得分×50%+教师评价得分×50%

【同步训练题】

11.1 使用电子制表软件包，至少以两种不同的方式表现相关信息。你认为哪种最好？8 个月内三种构件的价格见表 11-25。

表 11-25　8 个月内三种构件价格　　　　　单位：元

构件	1 月	2 月	3 月	4 月	5 月	6 月	7 月	8 月
A	40	40	41	45	40	42	42	43
B	88	89	91	91	96	96	96	93
C	36	36	36	38	39	39	39	43

11.2 下列数据的众数和算术平均值是什么？众数是该数据组的一个有效描述吗？

10，15，15，18，18，110

11.3 完成下列计算题。

（1）使用现有的软件计算下列数据的标准偏差。

10，15，15，18，18，110

（2）比较它与下列数组的标准偏差。

2，2，2，2，2，50，54，55，55，55，62

（3）两个标准偏差告诉你关于这两个数组的哪些信息？

11.4 观察表关于价格指数的数据并回答后面的问题（表 11-26）

表 11-26　关于价格指数的数据

1999 年	100
2000 年	98
2001 年	110
2002 年	128

（1）1999—2002 年中哪一年是基年？

（2）2000 年价格变化百分比是多少？

（3）2002 价格与基年比上涨了多少？

（4）2001—2002 年，价格上涨百分比是多少？

11.5　一个缺陷在检查中被发现的概率是 0.30，那么它不被发现的概率是多少？

11.6　A 供应商按时配送的概率是 0.60，B 供应商按时配送的概率是 0.50。

（1）A 供应商和 B 供应商都按时配送的概率是多少？

（2）A 供应商和 B 供应商都不按时配送的概率是多少？

（3）A 供应商和 B 供应商至少一个按时配送的概率是多少？

11.7　你有两种不同的机器可供选择，一种贵一些，可靠一些，另一种便宜一些。A 机器价格为 50 000 元，出故障可能性为 1%，出故障会导致停产一天，损失 1 000 元。B 机器价格为 40 000 元，出故障可能性为 30%，出故障会导致停产两天，损失 2 000 元。哪一台是更好的选择？你认为该模型在实际操作中的局限性是什么？购置机器的费用和故障损失均是成本。

11.8　概率分布可用于帮助解决商业问题，职业采购人员应如何运用它？

11.9　参照前面讲的多元回归以及任务二任务描述中提供的信息，根据案例中给出的数据，回答下列问题：

（1）如果广告费是 3 000 000 元，价格为每个产品 9.7 元，销售量是多少？

（2）你认为你给出的答案的精确度如何？原因是什么？

11.10　完成表 11-27 的填写并回答问题。

表 11-27　生产件数及其相关时间

生产件数	累积平均时间	总时间
1	40	40
2	36	

（1）学习速度是多少？

（2）生产第二件产品需要多少时间。

11.11　预测是必要的商务活动。解释采购中如何应用预测方法。

11.12　假设广告和需求之间的关系是线性的，已知如下信息：截距 $b = 960$，斜率 $a = 45$，预测值上限为 500 000 万元。

（1）解释每一个系数的意义，以及它们如何影响广告和需求之间的关系。

（2）如果广告投入为 900 000 万元，为预测需求，这些数据需要多高的精确度？原因是什么？

11.13　完成下列填空题。

（1）过程统计控制检验_____中的货物。

（2）当工艺过程失去控制时，在必要的情况下，可以_____生产。

（3）过程统计控制建立在_____分布确定的概率基础之上？

（4）所有取值的 99.97%落在平均值_____倍标准偏差范围内。

11.14　解释的随机因素和特殊因素导致的变化之间的区别。

11.15　两种控制图分别是什么？使用两种图的必要性是什么？

11.16　分析下面表示产品 Z 重量的图 11-22 和图 11-23，回答后面的问题。

（1）产品 Z 的抽样的平均值是多少？

（2）极差图中下限为何定为 0？

（3）根据图中的信息，你能对该工艺过程做出怎样的判断？该工艺过程是否处于受控状态？

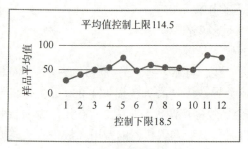

图 11-22　样品平均值控制图

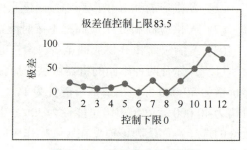

图 11-23　样品极差值控制图

参考文献

［1］胡恩华．企业战略管理［M］．北京：科学出版社，2017．

［2］张智光．管理学原理：领域、层次与过程［M］．北京：清华大学出版社，2018．

［3］彭虹，黄玮．市场营销学［M］．北京：科学出版社，2019．

［4］［美］菲利普·科特勒．科特勒营销策略［M］．北京：中信出版社，2007．

［5］马士华，林勇．供应链管理［M］．北京：高等教育出版社，2003．

［6］赵林度，王海燕．供应链与物流管理［M］．北京：科学出版社，2003．

［7］黄小原．供应链模型与优化［M］．北京：科学出版社，2010．

［8］杨敏杰．绩效管理［M］．上海：上海交通大学出版社，2021．

［9］黄福华．物流绩效管理［M］．北京：中国物资出版社，2009．

［10］王少东，褚旋．企业绩效管理［M］．北京：清华大学出版社，2022．

［11］霍佳震，周敏．物流绩效管理［M］．北京：清华大学出版社，2009．

［12］聂琨．绩效管理与绩效考核研究［M］．长春：吉林出版集团股份有限公司，2022．

［13］李琳．绩效管理实训教程［M］．成都：西南财经大学出版社，2021．

［14］马士华，李华焰，林勇．平衡记分法在供应链绩效评价中的应用研究［J］．工业工程与管理，2002（4）：5-9．

［15］李贵春，李从东，李龙洙．供应链绩效评价指标体系与评价方法研究［J］．管理工程学报，2004，18（1）：104-106．

［16］徐贤浩，马士华，陈荣秋．供应链绩效评价特点及其指标体系研究［J］．华中理工大学学报（社会科学版），2000，14（2）：69-72．

［17］罗鄂湘，王荣荣，吴海宽．供应链集中度、库存管理与中小制造企业经营绩效［J］．技术与创新管理，2020，41（2）：197-202．

［18］叶春森，吕秉，陈宸．供应链集成视角下信息技术的环境与社会绩效研究［J］．江南大学学报（人文社会科学版），2019，18（6）：110-117．

［19］叶飞，徐学军．供应链伙伴关系间信任与关系承诺对信息共享与运营绩效的影响［J］．系统工程理论与实践，2009，29（8）：36-49．

［20］陈美，李敏，等．服装生产供应链绩效评价体系构建与案例探析［J］．北京：毛纺科技，2018，46（12）：6-12．

［21］柳叶雄．绩效管理实战手记［M］．北京：中华工商联合出版社，2014．

［22］高玉卓．最常用的150个绩效管理模板［M］．北京：人民邮电出版社，2014．

［23］王怀民．绩效管理：理论、体系与流程［M］．北京：北京大学出版社，2022．

［24］赵文明，赵建伟．员工绩效考核与绩效管理实务手册［M］．北京：中国致公出版社，2005．

［25］白光利，马岗．未来供应链：产业互联网时代的供应链［M］．北京：清华大学出

版社，2023.

　　［26］［美］J·保罗·迪特曼. 供应链变革：制定和实施集成供应链［M］. 北京：机械工业出版社，2014.

　　［27］周洁红. 农产品供应链与物流管理［M］. 北京：科学出版社，2019.

　　［28］辛童. 华为供应链管理［M］. 杭州：浙江大学出版社，2020.

　　［29］李永飞. 电子商务供应链管理：微课版［M］. 北京：高等教育出版社，2003.

　　［30］宫迅伟，刘婷婷，邓恒进. 供应链2035：智能时代供应链管理［M］. 北京：机械工业出版社，2023.

　　［31］刘大为. 电商供应链联盟企业绩效评价研究［M］. 杭州：浙江大学出版社，2014.